中国特色高水平高职学校和专业建设计划建设成果
浙江省高职院校重点暨优质校建设成果
浙江省高校"十三五"优势专业保险专业建设成果
浙江省普通高校"十三五"新形态教材项目

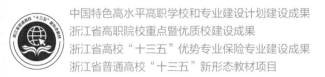

保险客户服务与管理

INSURANCE CUSTOMER SERVICE AND MANAGEMENT

主 编 韩 雪

ZHEJIANG UNIVERSITY PRESS
浙江大学出版社

图书在版编目（ＣＩＰ）数据

保险客户服务与管理 / 韩雪主编. -- 杭州 ： 浙江
大学出版社，2020.12（2025.1重印）
ISBN 978-7-308-20682-2

Ⅰ．①保… Ⅱ．①韩… Ⅲ．①保险公司－企业管理－
销售服务－中等专业学校－教材 Ⅳ．①F840.32

中国版本图书馆CIP数据核字(2020)第204491号

保险客户服务与管理

主 编 韩 雪

责任编辑	赵 静
责任校对	董雯兰
封面设计	林智广告
出版发行	浙江大学出版社
	（杭州市天目山路148号 邮政编码 310007）
	（网址：http://www.zjupress.com）
排 版	杭州林智广告有限公司
印 刷	浙江新华数码印务有限公司
开 本	787mm×1092mm 1/16
印 张	15.25
字 数	381千
版 印 次	2020年12月第1版 2025年1月第4次印刷
书 号	ISBN 978-7-308-20682-2
定 价	48.00元

编写说明

本教材是为了适应互联网＋教育的快速发展，培养学生的保险职业能力而编写的。

本教材的设计努力做到将党的二十大报告中提及的坚持人民至上、服务民生福祉的各项市场实践操作写进教材。以工作过程为导向，以职业行为为线索，融知识和技能为一体，力求做到使学生能够在从业技能和岗位素质两方面得到提升，使学生尽早地熟悉和了解岗位工作要求。

本教材在内容上，以保险公司客户服务部各个岗位工作任务为主线，涵盖了保险柜面、保险投诉、保险客户关系、服务规划、保险呼叫中心等各个客户服务相关岗位的业务工作内容、技能要求、管理流程等，使学生充分掌握保险公司客户服务部各岗位工作内容和相关技能。

本教材增加了微课视频，学习者可以通过扫描二维码进行自主学习。这样可以克服以往教材形式的单一，提高其适用性，满足现代学习者个性化、自主性和实践性的要求。

本教材适用于高职高专院校保险及相关经济类专业的教学，也可供保险公司业务培训和保险理论工作者、业务工作者阅读参考。

本教材由韩雪主编，第一章由朱佳编写，第二章由李兵编写，第三、第四章由韩雪编写，第五、第六章由高雪岩编写，第七章由沈洁颖编写，韩雪负责整体构思、修改及统筹定稿。

本教材在编写过程中得到了中国人寿保险股份有限公司、中国平安人寿保险股份有限公司等保险公司的大力支持。本教材的出版还得到了浙江大学出版社的鼎力相助，在此谨一并表示深深的谢意。

由于编者水平有限，书中难免有疏漏之处，敬请各位读者批评指正。

编　者

2023 年 11 月

Contents 目　录

第一章　初识客户服务

第二章 有效沟通

第三章 保险柜面管理

第六章　服务规划

第七章　保险呼叫中心管理

第一章
初识客户服务

➤ **知识目标**

1. 了解客户服务的概念及客户服务对公司发展的重要性。

2. 了解保险公司客户服务部的组织架构和主要工作职责。

3. 了解保险公司客户服务考核评价指标内容及计分标准。

➤ **能力目标**

1. 能够收集主要保险公司的客户服务方面的相关信息，阐述不同保险公司的服务宗旨、理念，分析不同公司的客户服务理念对公司发展所起的作用。

2. 通过对客户服务重要性的理解，树立客户服务意识。

第一节　客户服务

一、服务

"服务"的概念在经济学领域最早的研究可追溯到亚当·斯密时期，而服务营销学界对"服务"概念的研究大致是从 20 世纪五六十年代开始的。区别于经济学界的研究，市场营销学者是把服务作为产品来进行研究的。

认识客户服务的重要性

1960 年，美国市场营销协会（AMA）最先给"服务"下的定义为："用于出售或者是同产品连在一起进行出售的活动、利益或满足感。"这是从狭义上来理解服务。这种观点认为服务是市场营销 4P 组合要素之一——产品的组成部分。按照这种理解，产品的整体概念中包括核心产品、有形产品和附加产品。狭义的服务认为服务是产品的延伸部分或附属部分。

自 20 世纪 70 年代以来，西方市场营销学者从产品特征的角度探讨服务的本质。大多数服务都具有无形性、差异性、同步性和易失性四个最基本特征。现代公司向市场所提供的产品既可能是有形产品，也可能是无形产品，或者是二者的混合物。从现实经济活动来看，服务通常是与有形产品结合在一起进入市场的，因此，在商品交换的过程中很难把服务从有形产品中分离出去。正如亚当·斯密所言："似乎没有任何标准可以清楚地划分出两大部门（指产品和服务）的界限。"

对无形商品而言，服务本身就是商品。保险业作为金融服务产业所提供的产品就是风险管理和金融理财服务，服务品质就是商品品质。随着消费者主权意识的觉醒，以及消费者自身知识和素质的提高，他们越来越要求保险公司提供优质的服务，对保险公司服务品质的评价决定了保险公司的市场前景。

二、客户

服务的价值完全取决于客户的需要，为了清楚地了解客户的需求，必须先了解客户、认识客户。客户是公司的利润之源，是公司的发展动力，很多公司将"客户是我们的衣食父母"作为公司客户管理的理念。那到底什么是客户呢？

关于客户的定义很多，以下提法对认识客户也许有所帮助：

（1）客户是公司最重要的人——不论他是否亲临。

（2）不是客户依靠我们，而是我们依靠客户。

（3）客户不是我们工作的障碍，而是我们工作的目标。我们不是通过为他服务而给他恩惠，而是他给我们为其服务的机会而给予我们恩惠。

（4）客户不是我们要争辩和斗智的人。从未有人会取得与客户争辩中的胜利。

（5）客户是把他的欲望带给我们的人。我们的工作是为其服务，使他和我们都得益。

（6）客户是上帝。

（7）客户是我们的衣食父母。

（8）客户是公司存在的理由。

（9）客户是公司的根本资源。

这些定义从不同的层面讲述了客户的含义，其中较多谈论的是公司与客户的本质关系。事实上，客户的定义还不止这些。在营销时代，为了使服务成为一种品牌，我们还需更深层次地了解客户并服务好客户，以服务为中心，构筑我们的营销体系。

客服人员必须对客户负责，提供良好的服务，特别是产品质量层面的服务，必须做到最好。这个过程中的 PR（公共关系）对每一个从业人员的素质、教养、文化等方面的要求都极为严格。我们必须具有良好的沟通的能力，与客户达成共识，相互促进。

三、客户服务

广义的客户服务可理解为：以先进的技术支持系统为硬件，以产品开发、机构网点发展为支撑，以融合了管理创新的营销服务推广、提高从业人员素质、扩展服务功能为软件，把增强业务竞争力和扩大并稳定市场占有率、提高公司的品牌和市场价值、建立良好的社会形象作为终极目标的系统工程。客户服务主要包括以下几层含义。

（一）基础性服务

在基础性服务方面，以开发满足消费个性化、多样化需求的保险产品为龙头，以完善高效的技术服务系统为手段，以设置合理的组织机构和网点布局为支撑点，在立足市场、提高服务水平的前提条件下实现更高层次的服务。其目标是扩大保险产品的保障和服务功能，吸引客户群体，激发其保险需求欲望，通过提高购买保险产品的便利性和客户服务质量，增强公司业务竞争力。

（二）管理性服务

在管理性服务方面，建立适应市场的营销系统与高效的营销管理体制；培养高素质的展业队伍；拥有方便客户、体现客户和公司双方利益、完善健全的业务管理（核保、承保、理赔等）制度体系，以及实现上述服务功能的高效的员工队伍等。其目的是促成业务规模（保费收入和资产管理规模）增长，提高契约继续率，降低公司经营风险，稳定并扩大市场占有率，提高资产经营效益。

（三）开展保险延伸服务和附加价值服务，实现保险的社会服务功能

保险产品趋同的差异化服务战略要求保险公司在提供保险保障的同时，还要提供相关的延伸服务和附加价值服务。

保险延伸服务，是指保险公司利用自己的资源技术优势，为保户提供保险责任以外的服务，它是普通保险服务的延伸。在国外，保险延伸服务已有较大的发展，欧美的一些著名保险公司都拥有自己的医院或康复中心，为保户提供免费或低价的护理、康复服务。日本的保险公司为保户提供保险磁卡，保户可以随时从银行提取现金，亦可用于查询保单等有关事项。我国的一些保险公司结合实际情况，也开展了一些符合现实要求及具有自己特

色的延伸服务。比如，现阶段我国医疗、养老制度正在进行重大改革，医疗和养老方面的广泛、优质服务已经成为群众的迫切要求。保险公司在做好医疗、养老保险常规服务的同时，可以大力开展这方面的延伸服务，如免费体检、附加康复护理及健康咨询等，还可为保户提供与教育、再就业、家庭理财等方面相关的边缘服务，不断延伸和拓展客户群体。

➤ **知识链接**

保险客户服务的发展历程

欧美保险公司在客户服务的实践过程中大概经历了三个阶段：第一个阶段是以保单为中心的阶段；第二阶段是以客户为中心的阶段；第三个阶段，也就是目前的阶段，是以客户关系管理或客户资源管理为核心的阶段。

（一）以保单为中心的阶段

在这一阶段，保险公司的服务以保险单的维护为核心，公司的系统设计也以保险单为单位，服务的内容基本上以保险合同变更和续期收费为主。服务强调的是物而不是人，是合同而不是合同的主体，是续期利益而不是人际关系。

（二）以客户为中心的阶段

这个阶段强调客户的满意度，系统设计以客户为中心，内部流程重组以适应客户对简洁流畅作业的需要，公司开发出很多附加价值服务的项目以增加客户对公司的满意度和忠诚度，因而保险公司经营有了更多人性化方面的理念。

（三）以客户关系管理为核心的阶段

客户关系管理，或客户资源管理，是在 20 世纪 90 年代出现的一种崭新的概念。它是一种旨在改善公司和客户之间关系的新型管理机制，实施于公司的营销、服务和技术支持等与客户有关的领域。其目标是：一方面，通过提供更快速和更周到的优质服务吸引和保持更多的客户；另一方面，通过对公司流程的全面管理降低公司的成本。客户关系管理既是一种概念，也是一套管理软件和技术，利用这些技术，公司可以搜集、追踪和分析每一个客户的信息，从而知道他们是谁、他们需要什么，并把客户想要的送到他们手中。客户关系管理还能观察和分析客户行为对公司收益的影响，使公司与客户的关系及公司盈利达到最优化。

客户关系管理的出现和发展与新技术的发展息息相关。互联网技术的发展及现代信息技术的广泛运用是新的服务观念和服务技术出现的基础。利用新技术，保险公司可以不受限制地与客户接触，识别和区别对待每一个客户，最大限度地满足他们的要求。借助于具备客户智能的客户关系管理软件，保险公司可以建立起与客户相关的学习关系，即在与客户的接触中了解他们的姓名、地址、个人偏好及购买习惯等，并在此基础上进行一对一的个性化服务。

四、客户服务的几个误区

在实践中，保险公司对客户服务的认识并不是很全面，常常在客户服务的管理中出现许多误解，下面就是几种比较常见的误解。

（1）花大价钱就能够搞好客户服务。萨拉·库克在《客户关怀》一书中说，英国航空公司在"客户第一"计划中花费2300万英镑，苏格兰皇家银行在客户关怀活动中花费200万英镑，结果这些活动收效甚微，原因在于客户服务是一种文化，不是促销活动，它需要一个长期的积累过程。

（2）客户服务是售后的事，因此叫作售后服务。其实客户服务贯穿于满足客户需要的全过程。

（3）客户服务只是一线人员的事。一线人员不管在什么公司，始终关心的一件事就是销量，他们不可能自觉地把客户服务放在第一位。要让一线员工将客户服务放在第一位，必须有制度来保障，同时公司内部各职能部门的所有工作人员都能在意识上关心一线员工，在行动上支持一线员工。

优质的客户服务包含很多内容，如与客户建立良好的关系，向客户提供必要的信息，满足客户的各类需求，良好地展示公司及其产品或服务。概括说来，客户服务就是我们向客户提供的、能提升客户体验的东西。客户在与公司的交往中会有自己的需求与期望。我们要在了解客户需求与期望的基础上，为客户提供优质的服务，使客户满意。

要想真正提供优质的客户服务，仅仅将这作为一项工作任务是不够的，还要投身到客户服务中去，以客户为中心，将客户满意作为每次服务活动的目标。

五、客户服务的重要性

能否提供优质的客户服务对公司的商业运作影响重大。良好的服务是客户所期望的，优质的服务能提升客户的满意度，而客户服务方面的怠慢或失误，则容易导致客户的流失，甚至损害公司的信誉。具体来说，客户服务对现代公司的重要性表现在以下几个方面。

（一）优质、满意的客户服务是公司本身最好的品牌

1. 优质的客户服务能招徕更多的客户

美国斯坦林电讯中心董事长大卫·斯坦博格曾经说过："经营公司最便宜的方式是为客户提供最优质的服务，而客户的推荐会给公司带来更多的客户。在这一点上公司根本不用花一分钱。"公司树立品牌的方式很多，广告是最常用的一种，通过广告能给公司带来大量的客户，产生大量的购买行为。但是，广告的成本投入是巨大的。客户服务不是公司的短期行为，而是公司长远的、持续的经营活动的重要组成部分。精明的公司通过优质的客户服务使客户满意，从而使这种满意在人与人之间、客户与客户之间进行信息的传播，为公司招徕更多的客户，使公司获得更多的利润，而这种获利的方式与广告成本相比要低许多，是公司经营成本最低的一种方式。

2. 优质的客户服务使公司具有更强的竞争力

公司吸引客户的不仅是公司的产品，同时也是因为公司能为客户提供令客户满意的优质服务，而非一般竞争性的服务。所谓一般竞争性的服务，就是你有、我有、其他公司也有的服务。这种服务对客户是没有吸引力的。公司必须为客户提供别的公司没有的、独具

特色的或比别的公司做得更出色的服务，只有这样，公司才能够具有更强的竞争优势，才能够进一步提高知名度和美誉度，在客户心中树立起良好的品牌形象。

有一个成功的企业家曾写下这样一个颇具哲理的等式：100-1=0。其寓意是：职员一次劣质的客户服务带来的坏影响，可以抵消 100 次优质服务产生的好影响。类似这样的例子不胜枚举。在传统的卖方市场条件下，平庸的客户服务司空见惯，久而久之，交易双方对此习以为常。然而，在 21 世纪服务经济社会的今天，消费者变得挑剔、精明，其消费行为也日趋成熟，平庸的服务再也不能赢得消费者手中的货币选票，优质服务正成为公司走向成功的一把金钥匙。海尔集团总裁张瑞敏在推行客户服务工程后深有感触地说："市场竞争不仅要依靠名牌产品，还要依靠名牌服务。"

3. 服务品牌是公司赢得客户的最好品牌

公司通过为客户提供优质、满意的服务，在客户心中牢固地树立起最好的服务品牌形象，从而赢得客户对公司和产品的认可和信任。如"海尔"电器，它既是产品品牌也是服务品牌，它与同类产品比较，在质量上没有优势，在价格方面更是比别的产品贵，但是，"海尔"电器经过多年的经营已经成为中国电器的第一品牌。它依靠的是什么？是它的服务，是它比别的公司更出色的服务，是它在客户心中树立起来的服务品牌。这是服务品牌赢得客户最典型的例子。

（二）满意的客户服务能给公司带来巨大的经济效益

良好的口碑带来的结果是客户信赖、客户忠诚，而表现在客户行为上就是不止一次地光顾公司，同时源源不断地购买产品。公司实际上也正是依赖于客户的这种付出才能得到持续的发展。另外，良好的口碑还会将潜在的客户变成真正的客户。因为享受到优质服务的客户会热心地把自己的经历说给周围的人听，并建议他们去尝试一下。这样，越来越多的潜在客户会在尝试了优质服务之后变成公司现实的客户，最终为公司带来更多的收益。

麦当劳的优质服务为它赢得了世界范围的声誉，金色的拱门不仅是它的公司标志，同时也是它优质客户服务的标志。它的产品价格也许并不低廉，但是它的服务是出色的，人们也正是因为这个而愿意到它那里去享受一下上帝般的感觉。

现在的人们并不介意为了享受到好的服务而多付出一些金钱，这就是为什么海尔、麦当劳、肯德基、戴尔的产品价格高于其他公司却依然受到客户欢迎。

（三）优质、满意的客户服务是公司防止客户流失的最佳屏障

客户流失是公司最不愿意发生的事情。在市场竞争状态下，竞争公司必然会使用各种手段来争夺有限的客户资源，竞争越激烈，客户的忠诚度就越低，客户流失就成为一种必然。如何防止客户的流失呢？优质、满意的客户服务是防止客户流失的最佳屏障。即使别的公司产品的价格比本公司产品的价格便宜一些，但由于客户不知道该公司的服务到底好还是不好，而你的公司提供的服务项目非常齐全，服务质量非常好，客户感觉离不开你，那么客户就没有理由离开你；即使客户一时离开了你，但比较之后，还是感觉你是最好的，最终还是会回来。

（四）优质、满意的客户服务是公司发展壮大的重要保障

优质、满意的客户服务将使公司拥有一批稳定的、高价值、高忠诚度、高回头率的老客户。据有关专家调查发现，开发一名新客户所花费的时间、费用和精力是维护一名老客户的5～6倍。一方面，公司拥有一批老客户将使公司获得稳定而巨大的经济效益；另一方面，公司可以将有限资金的一部分用来服务已有的老客户，而将大部分的资金用于产品开发、市场开发等其他方面，从而使公司处于市场竞争的有利地位，得以不断发展壮大（见图1-1）。

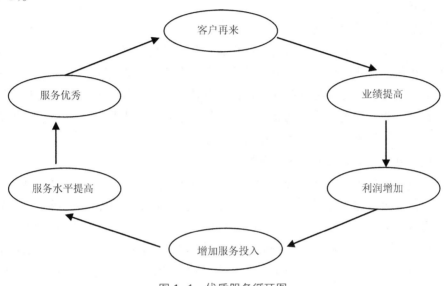

图 1-1　优质服务循环图

➤ **阅读材料**

保险公司：如何做好你的客户服务

前不久收到网站一个注册用户的E-mail，反映自从购买了某保险公司的人寿保险后，理赔了一次，再次理赔的时候得到的是保险公司的拒绝。奇怪的是客户并没有抱怨自己的保险代理人，也没有具体说明为什么保险公司不给予再次理赔，而是抱怨保险公司的客户服务，为自己的保险代理人辩护。仔细考虑一下，又在情理之中。

（一）保险代理人的关键性

保险代理人是保险公司的门面，可以说是公司的品牌宣传，但是目前的人寿保险市场在代理人招聘和录用以及培训等环节中却是问题重重，笔者曾在闹市区随机调查10个过往路人，让其给保险代理人形象按照5分制打分，其中只有1个人选择了4分，1个人选择了3分，6个人选择2分，2个人选择了1分。不难看出，保险代理人的形象和品牌已经成为寿险营销员开展业务的一个障碍。

1. 提升代理人的品牌

很多保险公司很注重自身的形象，却忽略了一个保险代理人的形象品牌。可以查看下各大保险公司的广告，大多是强调公司的信誉多么好，公司的服务多么专业，重在突出公司的品牌形象，却很少有公司在广告上专门地塑造自己的保险代理人形象。作为大多依靠

保险代理人拓展业务的寿险行业，应该将保险代理人的形象品牌塑造作为公司宣传的一个重要环节，提升社会对公司保险代理人的接受度，从而为公司的业务拓展和维护做很好的宣传。

2. 严把招聘和录用关

从各招聘会来看，不管是小型的招聘会还是大型的专场招聘会，保险公司似乎都有参与，而招聘的职位大多只是保险代理人。记得一位朋友告诉我，每次去参加招聘会，只要经过保险公司的摊位，就会有人来询问你是否想加入，然后递上名片，似乎只要你愿意，谁都可以入职。

（1）将招聘销售人员作为目的。

有人会说，招聘销售人员当然要按照招聘销售人员的标准和要求去做，要不然怎么招人啊。但是在保险行业却出现了一个奇怪的现象，即为了凑人而去招人。据保险业内人士透露，在招聘人员后，为了将求职者留住，公司甚至在组织统一考试前，告诉求职者考试时该怎么答题，如何通过考试。试想一下，这样录用过来的人员，销售能力会有多强？没有销售能力，又如何能在保险代理人的职位上发展？

（2）让人力资源去做人力资源的事情。

波士顿咨询公司最近一次调查显示，中国保险业代理人总体流失率每年高于50%。调查还显示，保险公司第一年的营销员流失率甚至高达70%，其中，平安保险为85%，泰康保险、中宏保险为80%，安联大众为75%，中国人寿、新华人寿、友邦保险中国分公司为70%。调查人员介绍，保险营销人员流失分两种情况：一是保险一线营销员的淘汰率非常高，尤其是新入行的营销员做不下去了，只能自动离开；另一种是营销员主动跳槽，或保险公司之间互相挖墙脚。

细看保险代理人的流失，其根本原因就是人力资源方面的问题。一方面，招聘的门槛比较低，所以招聘进来的人员综合素质差异很大，适应保险公司发展的合适人才很少；另一方面，代理人一般都是由各个营业区负责管理，而各个营业区并没有相应的比较完善的人力资源管理制度和人员，在人力资源管理方面缺少规范性约束，很难洞察出人员流失的征兆。

（二）抓好你的客户服务人员

1. 客户服务人员是保单服务的维护天使

消费者购买保险的目的就是为了得到保险公司的服务。由于保险商品的特殊性，后续服务就显得特别重要。一个保单从签约到最后结束大多要经过10年、20年的时间，甚至更长。在这段时间里，保单的交费及保险人的姓名变更、地址变更等各项情况的变动，都会影响到保险合同的有效性。特别是在销售人员离职后滞留的"孤儿保单"，更给保险客户服务带来严峻的挑战。

2. 提升客户服务人员的综合素质

保险作为一种特殊商品，它的维护不仅仅需要良好的服务态度，更重要的是要求具备专业的保险知识。在客户办理后续服务的过程中，可能由于客户本身对保险的不了解，或者保险代理人在开展业务中的疏漏，很可能给客户的保单带来失效或者其他问题。因此，保险公司在客户服务人员的选拔上，需要的是具备专业保险知识、富有耐心、能够很好地和客户进行沟通的服务人员，而不是对保险知识一知半解、只会赔礼的服务人员。

狠抓客户服务人员的保险知识学习，强化服务意识和沟通技巧，这将是提升客户服务人员综合素质的有效途径。

（三）理赔人员是重中之重

保险，就是在客户发生保险事故的时候，能够给客户提供保障的一个渠道。但是，大多数人都认为保险公司是购买保险容易，一旦发生了保险事故，理赔就会相当困难。实质上，保险是一种防患于未然的产品，它不仅仅可以作为一种投资手段，更多的时候则体现它的保障功能。

例如：曲先生得病刚住进医院，亲戚朋友还没有来得及去探望，保险公司客户服务人员却已捷足先登，手捧鲜花出现在他的面前，并告知他理赔时应准备的资料。保险公司这一小小的举措让病中的曲先生倍感温馨。在客户发生保险事故的时候，要和客户沟通，学会站在客户的角度去思考和回答问题。保险事故如可以理赔，要告诉保险客户可以理赔的原因，可以理赔多少钱，为什么会理赔这么多钱，理赔的时候要带哪些资料，如何顺利拿到理赔款；如不可以理赔，要告诉保险客户为什么不能理赔，原因是什么。

总之，要加强理赔人员服务态度的培训与保险知识的培训，用通俗化的语言让保险客户理解保险公司在理赔中所做决定的前因后果。

（四）附加值服务显优势

随着WTO保险业的逐渐开放，保险公司之间的竞争将更加激烈，仅仅靠产品和服务的竞争是不够的，如何能增加保险产品的附加值，这将会是吸引客户投保的重要因素之一。

附加值服务更能体现保险公司对客户的关注和关爱。人寿保险西安分公司推出了住院代表制，将鲜花送进客户病房。平安保险一张急难救助卡，可让客户在异地出险时，受到贵宾般的待遇。

提供除保险产品外的其他服务，是各个保险公司的竞争策略之一。

总之，在目前阶段，各个保险公司在客户服务上还存在着不同程度的不足。如何抓住别人没有抓住的机会，做别人没有做过的事情，将是各大保险公司提升竞争力的一个不可缺少的因素。

资料来源：http://www.studyems.com/library/76ae8155e5a66e42.html。

六、优质客户服务意识对服务人员的意义

优质的客户服务意识将给服务人员带来以下好处。

（一）对工作的热爱和自豪

在优质客户服务意识的引领下，客户服务人员会向客户提供完美的服务，在这个过程当中，客户会满意，客户服务人员也会满意，因为客户会被完美的服务所折服，服务人员也会从客户的满意中产生满足感和成就感，进而对工作产生热爱和自豪。人的一生中大部分时间都在与工作打交道，保持一种什么样的工作心态就是一件很重要的事情了。

（二）客户服务经验的积累

长时间从事客户服务工作，一定会积累很多客户服务经验。这对客户服务人员来说有哪些好处呢？

现代社会是一个很现实的社会，公司在提拔人员的时候更看重员工的实际工作能力。这也就是说，经验丰富的客户服务人员将有机会得到提升，薪水也会上涨，同时参与公司更多的事务。如果能够一直向上升，那么对服务人员来说，未来的空间将更广阔。应该明白一点：现在所做的一切，对自己的未来都是有帮助的。

（三）自我素质修养提升

很多优秀公司的服务原则都是："第一条，客户永远是对的。第二条，如果客户有错，请参照第一条。"这个原则说来容易，做起来就不那么简单了，因为很多时候错误并不在服务人员，而在于客户。而且，客户是形形色色的，其中不乏冷漠的人、挑剔的人、爱占小便宜的人、脾气不好的人，要将所有的人都视为上帝，确实是一种挑战。尤其是在面对客户投诉的时候，不光要接受客户的怒气，有时候还要接受来自上司的批评（上司认为你做得不对的时候），刚开始工作也许会觉得很委屈，但时间久了，就会积极地寻求解决问题的办法，久而久之，就练就了一身有效对待客户的好本领。这种锻炼也在无形中提升了服务人员的个人素质与修养。

实践证明，长时间从事客户服务工作的人，他的素质和修养比一般人都要高，容忍的精神、有效处理事件的技巧和习惯最终会与生活融为一体。

（四）人际关系及沟通能力的改善与提高

当今社会，是一个高度分工与合作的社会，人际沟通与交流变得日趋频繁和重要，有无良好的沟通技巧往往直接决定了一个人生活与工作的成败，这意味着，每个人都必须努力提升自己的沟通技巧。服务工作为服务人员提供了锤炼沟通技巧的机会，他们每天都面对一个又一个不同年龄、性别、性格和文化程度的客户，没有出色的沟通技巧是无法胜任的。可以说，服务人员每天的主要工作就是与客户沟通，这种沟通经验的长期积累，能让服务人员的沟通能力得到很大的提升，并且终身受益。

➤ **阅读材料**

保险人员如何做好客户服务

企业的竞争已经由产品及价格转移到对客户的竞争，客户服务已经成为主宰企业生死存亡的核心力量。客户服务体系的宗旨是"客户永远是第一位"，从客户的实际需求出发，为每位客户提供真正有价值的服务，帮助客户更好地使用产品。以最专业的服务队伍，及时和全方位地关注客户的每一个服务需求，并通过提供广泛、全面和快捷的服务，使客户体验无处不在的满意和可信赖的贴心感受。有精良的优质客户服务团队，不但可以说服老客户，还可以和新客户建立新的合作关系，令客户满意度提升。作为保险行业来说，帮助客户设计最合适的保单、及时地为客户解决理赔问题等，让客户真正感受到保险的好处和公司良好的服务，这样才能够抓住客户的心，让客户相信保险公司。只有客户认可公司的

服务，才能为公司带来源源不断的利益，也能为自己带来更多的收益。

客户服务工作的好与坏体现了一个企业的文化修养、整体形象和综合素质，直接影响着企业利益。能否赢得价值客户，不仅有企业的产品质量、产品标准、产品价格等方面的因素，客户服务也是一个关键环节。

在社会发展逐步深入，产品竞争日益激烈，且产品标准在同一层次的时候，客户服务标准将尤为重要。客户服务工作，许多知名企业都把它当作企业品牌来经营，客户服务工作主要包括售后服务、客户接待、客户投诉、客户满意度、对待客户的态度、与客户交流的方式、客户咨询等方面。

一个令客户满意的公司，它和客户的关系，绝不仅仅是建立在产品上；一个好公司70%的营业额来自重复消费及转介绍。

乔·吉拉德说过："尽量给你的客户最好的服务，让他一想到和别人做生意就有罪恶感。"做好客户服务有很多的好处，因此保险公司为了提升自身的服务水平，抓住客户的心，做了很多的工作，如客户服务节等等。

（一）做好客户服务有哪些技巧呢？

1.在客户服务的语言中，没有"我不能"

在你说"我不能"的时候，客户的注意力就不会集中在你所能给予的服务上，他会集中在"为什么不能"等方面。

2.在客户服务的语言中，没有"我不会做"

在说出"我不会做"时，客户会产生负面感觉，认为你在抵抗，而我们希望客户的注意力集中在你讲的话上，而不是转移了。

3.在客户服务的语言中，没有"这不是我应该做的"

在说出"这不是我应该做的"时，客户会认为他不配提出某种要求，从而不再听你解释。

4.在客户服务的语言中，没有"我不想做，做不了"

在说出"我不想做，做不了"时，客户关系会陷入一种消极气氛中，应该告诉客户你能做什么，并且非常愿意帮助他们。

5.在客户服务的语言中，没有"但是"

无论你前面讲得多好，后面出现"但是"，就等于把前面的话否定了。要让客户接受你的建议，应该告诉他理由；不能满足客户的要求时，要告诉他原因。

（二）客户服务的黄金法则

1.一定要相信，世上无事不可为

要让客户感受你的笑容和热情，永不言弃。如果一个人在与客户沟通时，是一副要哭的样子，冷冰冰的，没有笑容，让人感觉不到热情，这样显然是不合适的。

2.一定要热爱你的职业和客户

从事某个行业时，一定要热爱你的产品、客户以及自己，这样你才会专注工作，工作起来才会有激情，客户才有可能被你感动。

要有扎实的行业专业知识，要懂得随机应变，要消除客户对产品、服务的疑虑，要不断地学习，让自己具备一定的分析能力、调研能力、整理反馈信息能力。

3. 要设定明确的目标

4. 要有一切归零的心态、谦虚的态度和作风、开放的胸怀

当你从事一个新的职业时，无论你以前多么的优秀、成功，都要有一个平和心态，一切归零，要以谦虚的态度去学习，接受一切。

5. 成为责任者

要随时随地思考客户究竟想要什么，想了解什么。对待问题要时刻保持乐观，想尽办法给客户满意的结果，并使结果超出他们的期望。比如在保险理赔中，帮客户处理好理赔问题，关于理赔结果及时地做沟通，让客户感受到你对整个理赔工作的把握，从而对你充满信任。

6. 要根据不同的客户，进行不定期的回访，让客户随时随地能找到你

第二节　保险公司客户服务部组织结构

一、保险公司客户服务部

由于客户服务的日益重要，保险公司都建立了独立的客户服务部，但全方位的服务并非客户服务部一个部门就能满足，还涉及各个相关工作部门的配合。本书中所讲的客户服务主要以客户服务部门的服务为主。

保险公司客户服务部组织结构分析

各个保险公司根据自己的营业规模、组织架构的不同，设置的客户服务部并不完全相同，但每个保险公司客户服务部的主要工作职责基本相同，客户服务部一般包括保全室、咨询投诉室、服务规划室、回访室、柜面管理室和呼叫中心等。客户服务部的基本组织结构如图1-2：

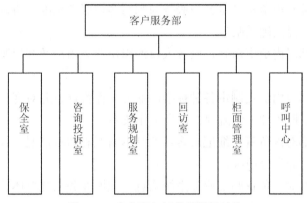

图1-2　客户服务部基本组织结构

二、保险公司客户服务部的工作目标及职能

（一）总体目标

客户服务部通过制定客户服务原则与客户服务标准，拟订标准的服务工作流程，通过对客服部的保全、咨诉、回访、柜面业务及服务规划工作进行执行及管理，为公司所拥有的客户提供优质服务，维护公司良好的形象和信誉。

了解保险公司客户服务部的工作目标及职能

（二）目标分解

（1）维护并巩固公司与客户的关系，尤其是与大客户的关系，不断提高公司的服务水平。

（2）不断地为公司收集最新、最全的客户信息并对其进行详细分析和加工，增强公司对信息的管理能力。

（3）运用巧妙的客户投诉处理技巧，消除公司与客户之间的误会，达到相互谅解，为公司营造最佳的经营环境。

（4）做好服务质量管理工作，提升客户忠诚度，赢得客户的信赖和支持，为销售活动打下良好的基础。

（5）通过建立先进的呼叫中心系统，有效地为客户提供高质量、高效率、全方位的服务，同时也进一步协调公司的内部管理，提高服务工作效率。

（6）积极地配合公司的销售和售后服务管理，为提高客户的满意度和公司的利润水平起到良好的支持和辅助作用。

（三）客户服务部职能

1. 对内职能

客户服务工作的核心价值，就是通过提供完善、良好的服务，帮助客户发现和解决出现的问题，保持和不断提升客户对公司的满意度，提升公司品牌知名度和美誉度，提高重复购买率，从而为公司创造源源不断的商机。

（1）客户服务部对内负责制定客户服务原则与客户服务标准，协调沟通公司各部门之间的工作等，为客户提供优质服务。

（2）客户服务部对内负责新客户服务人员的岗位业务培训及客户服务人员的服务业绩考核等工作。

（3）客户服务部对内负责制定各种标准的业务工作流程，并对客户服务人员进行流程培训，使之熟悉并掌握各种工作流程，提高工作效率。

（4）客户服务部对内负责详细记录客户的基本情况和需求情况，以及所提意见、建议次数和内容，并进行分类分项统计。

（5）客户服务部对内负责归集业务系统信息，把握业务系统总体情况，不断提高业务的管理水平和工作效率，提高客户满意度。

（6）客户服务部对内负责收集其他公司的客户服务部资料，并对其进行分析、整理和学习。

（7）客户服务部对内负责定期向公司的有关领导和相关部门通报客户意见、建议，并提出合理的解决方案供领导参考。

2. 对外职能

在产品同质化日趋明显的今天，公司之间的竞争已经从产品的竞争转入服务的竞争，转入服务能力和服务水平的竞争。公司只有在为客户服务方面深入研究、加大投入，不断为客户提供超值服务，努力提高客户满意度，才能建立和保持自己的竞争优势。

（1）客户服务部对外负责在管控风险的基础上，执行总公司制定的领先于同业的作业规则，方便客户办理保全服务项目，提高客户满意度。

（2）客户服务部对外负责设立服务咨询窗口，为客户提供咨询服务，帮助客户发现和解决有关保险的各种问题，促进公司与客户的有效沟通。

（3）客户服务部对外负责受理和处理客户投诉，解除公司与客户的纠纷，提高客户满意度，维护公司的信誉和形象。

（4）客户服务部对外负责进行客户信息调查和管理，尤其是客户的信用状况调查和管理，并对收集的客户信息进行整理和归档，建立有用的客户信息库。

（5）客户服务部对外负责收集和整理客户反馈信息，为公司相关部门改进产品或服务质量提供可靠的依据。

（6）客户服务部对外负责开通服务热线，向客户提供全天候服务，定时电话访问，定时回访客户。

（7）客户服务部对外负责开展为客户提供优质的加值服务业务，包括对 VIP 的管理及客服节活动的组织，以创造超值服务价值，提升客户满意度。

（8）客户服务部对外负责公司网站信息的更新和维护工作，保证公司网站信息流动的及时性、有用性和准确性。

三、保险公司客户服务部的工作职责

（一）制定客户服务工作制度

制定客户服务工作规章制度，将各岗位上客户服务人员的责任和权利更加具体地予以规定或说明，以便于操作执行和监督检查。客户服务部门建立的客户服务工作规章制度，主要有各类服务业务规程、操作规程、岗位责任制度、客户服务人员考勤制度和奖惩制度等。

（二）制定客户服务标准

制定客户服务标准、业务标准和流程标准时，应当由客户、公司领导和客户服务部等相关部门的人员组成服务标准制定小组，指定客户服务部管理专职人员负责客户服务标准的草拟及标准的技术审查工作。

（三）柜面管理

通过对柜面日常运作的监督管理，规范和优化柜面业务流程，提升柜面服务品质，从而提高客户和业务员的满意度。

（1）柜面流程管理。

（2）柜面业务管理。

（3）柜面人员培训与日常业务管理。

（4）保全问题件的处理。

（5）保全后台业务件的审批与处理。

（6）保全业务日常监控与统计分析。

（四）客户咨诉管理

客户服务部协同各部门制定与客户咨询和投诉相关的制度，快速、合理地解答客户提出的疑问，处理各种合同纠纷、服务纠纷，以有效解决客户问题、提高客户满意度，从而提升公司总体服务形象。同时，通过投诉处理和监督检查，及时发现问题，总结经验教训，从而达到完善服务管理机制、改进服务工作流程、提高服务效率和工作水平的目的。

（1）各种渠道咨询件的受理与处理，包括对客户亲访、电话、信函、网络、呼叫中心转办件等渠道咨询件的受理与处理。

（2）各种投诉件的受理与处理，包括客户亲访、电话、信函、网络及总公司、呼叫中心、保监办、消协、媒体等转交的投诉件。

（3）各类咨询信息的收集、反馈及传递。

（4）对呼叫中心提交的问题的解答和处理及与呼叫中心的日常沟通。

（五）客户关系管理

客户关系管理是指解决以客户为中心的服务管理问题，使保险公司准确把握和快速响应客户的个性化需求，提高客户满意度和忠诚度，提高运营效率和公司利润。

（1）CRM 系统的应用。

（2）客户资料卡的设计及客户信息数据库的建立。

（3）客户信息库的管理和维护。

（4）进行保险公司客户满意度调查，提升客户满意度。

（5）运用培养客户忠诚的策略，进行忠诚客户的培养。

（6）分析客户流失原因，并能给出相应对策，制定合理的解决方案。

（六）服务规划

根据公司制度及方案指引，为客户提供优质的加值服务业务，包括对 VIP 的管理及客户服务节的组织，以创造超值服务价值，提升客户满意度。

（1）附加值服务策划、大型客户服务活动的策划与组织、VIP 管理。

（2）统筹部门年度工作计划与预算、月度业务分析报告的编制与追踪。

（3）对服务规划人员的日常管理及培训。

（4）对大客户的定期回访工作。

（5）根据大客户的不同情况，和每个大客户一起设计服务方案以满足大客户在不同发展阶段的特定需求。

（七）呼叫中心管理

呼叫中心管理是通过建立呼叫中心，建立起客户和公司之间沟通的平台，通过呼叫热线来解答客户提出的各种咨询问题，接受客户投诉，并对客户进行回访，消除风险隐患，提升业务品质，维护客户权益。

（1）对呼叫中心人员的素质和规范用语、岗位职责等的培训。

（2）总公司各项回访政策、制度、方法及作业流程的宣导与执行。

（3）回访中的问题件反馈、处理、追踪、协调。

（4）对回访业务进行数据统计、分析。

（5）进行电话辅助销售。

（6）收集客户意见，整理和分析售后服务过程中反馈的数据和信息，分别转送公司相关部门。

第三节　客户服务考核指标

客服考核指标介绍

以某年度某保险公司省分公司三级机构绩效考核服务质量评价指标及评分标准为例。

一、服务质量评价指标考核得分与三级机构年度绩效分值对应关系

某年，服务质量评价考核指标为三级机构绩效考核监测指标。省公司根据三级机构相关服务指标完成情况计算应扣减分值，并在三级机构绩效考核总分中予以体现。

（一）指标内容

服务质量评价考核指标共 6 项：保单 15 日送达率、犹豫期内电话回访成功率、理赔服务时效、保全服务时效、投诉案件及时结案率、重大上访及群体性事件发生量。

（二）计分方法

单项指标扣分以 4 分为限，合计扣分以 8 分为限，扣满即不再扣减。

二、评价指标内容及计分标准

某年服务质量评价指标得分统计时间段为某年 1 月 1 日至 12 月 31 日。具体指标内容及计分标准如下：

（一）保单 15 日送达率（4 分）

1. 计算公式

保单 15 日送达率＝考核期内从客户投保之日起至签收保单回执之日止的时间小于或等于 15 天的保单件数 / 考核期内所有承保保单件数 ×100%

2. 指标说明

（1）统计范围：投保人为个人且保险期限在一年及以上的人身保险新保业务，不含契撤件、附加险，不含银保、电销和网销业务。

（2）起期是指客户提交投保单日期（在投保单上签字日期）。终期是指客户签收保单回执的日期。

3. 计分规则

实际达成低于 90%，每降低 0～1 个百分点（含 1 个百分点），减 0.5 分，累计减分不超过 4 分。

（二）犹豫期内电话回访成功率（4分）

1.计算公式

犹豫期内电话回访成功率＝考核期内通过电话回访方式在犹豫期内完成新契约回访的保单件数／考核期内承保的保单数量×100%

2.指标说明

（1）统计范围：投保人为个人且保险期限在一年及以上的人身保险业务，不包含附加险、契撤件。

（2）新契约电话回访成功的认定标准是指在犹豫期内电话联系到投保人，并将回访需要告知和询问的内容全部完成；如果下发转办单核实联系电话并在犹豫期内按照前述认定标准完成电话回访的，也计入在内。

（3）"犹豫期"是指从投保人收到保险单（包括纸质保单、电子保单等多种形式）并签收之日起15日内的一段时期。

3.计分规则

实际达成低于90%，每降低0～1个百分点（含1个百分点），减1分，累计减分不超过4分。

（三）理赔服务时效（4分）

1.计算公式

理赔服务时效＝考核期内所有已决赔案申请日期至结案的天数总和／考核期内所有已决赔案件数

2.指标说明

起期是指客户提交理赔申请日期。终期是指公司做出理赔决定且需赔付的案件提交付款动作的时间。

3.计分规则

实际达成高于2.0天，每高0.2天（含0.2天），减1分，累计减分不超过4分。

（四）保全服务时效（4分）

1.计算公式

保全服务时效＝考核期内保全件自申请至结案天数总和／考核期内全部申请且已经结案的保全件

2.指标说明

（1）统计范围：考核期内受理的所有投保人为个人的保全业务，不包含系统批处理保全。

（2）统计日期以保全作业的各系统操作时间为准，统计起期：保全申请日期；统计终期：保全件审核通过日期，不含付款时效，不含收款时效（即保全审批确认时间，当保全审批确认时间不存在时，则取保全完成时间）。

3. 计分规则

实际达成高于 1.2 天，每高 0.1 天（含 0.1 天），减 1 分，累计减分不超过 4 分。

（五）投诉案件及时结案率（4 分）

1. 计算公式

投诉案件及时结案率＝考核期内实际结案期限小于等于 10 个自然日的投诉件数量／（上期结转的投诉件数＋当期受理的投诉件数－结案期限在下期的投诉件数）×100%

2. 指标说明

（1）投诉案件是指客户对分公司管理制度、服务内容，以及对内勤、销售人员提供的服务过程的各种不满、抱怨、争议或纠纷。

（2）统计结果数据直接从电话中心系统中抽取。

3. 计分规则

实际达成低于 90%，每降低 0～1 个百分点（含 1 个百分点），减 1 分，累计减分不超过 4 分。

（六）重大上访及群体性事件发生量（4 分）

1. 计算公式

考核期内发生的符合评分规则的重大上访及群体性事件的件数

2. 指标含义

重大上访及群体性事件是指：

（1）发生群体上访事件。5 名以上的投保人、被保险人或者保险从业人员集体上访及采取其他过激行为，或者虽然不足 5 人但影响恶劣的事件。

（2）发生集体退保事件。20 名以上的投保人、被保险人或者保险从业人员非正常集体退保或者向司法机关起诉公司的事件。

3. 计分规则

符合以下情况的重大上访及群体事件每发生 1 件，减 2 分，累计减分不超过 4 分。

（1）因发生重大上访及群体事件被监管机构处罚的。

（2）未按照监管机构及总公司文件要求，报送重大上访及群体性事件的。

（3）由我公司原因直接引发的重大上访及群体性事件。

（4）未及时妥善处理，给公司造成重大恶劣影响的。

➤ **思考与练习**

（1）靠什么才能使品牌在激烈竞争的市场上独树一帜？是产品的质量、价格，还是服务？为什么？

（2）有调查数据表明，开发一个新客户的花费是维持一个现有客户的花费的5倍。如果客户有了一次不满的经历，平均需要客户服务人员的12次积极沟通才能弥补。此外，据调查，人们更倾向于将自己感到不满的服务经历告诉他人，人们平均将自己的不满经历告诉9～16人，而只将自己的满意经历告诉4～5人。

请你谈谈对以上这段话的理解与思考。

（3）谈谈你对改进我国寿险公司客户服务现状的建议。

（4）以5～6人为一个小组，深入一家保险公司，直接对公司领导、客户服务中心部门领导及员工进行访问调查，通过对保险公司客户服务理念的实际调查，了解和掌握保险公司客户服务理念的实质内涵，了解公司员工对服务理念的理解、认识及执行情况。

第二章

有效沟通

> **知识目标**

1. 掌握面对面沟通技巧和非面对面沟通的各种方式的沟通技巧。

2. 了解各种沟通方式的区别。

3. 了解客户服务礼仪的原则及具体要求。

> **能力目标**

1. 能够与客户进行面对面的有效沟通。

2. 能够同客户通过电话、信（函）件、电子邮件进行有效沟通。

第一节　与客户进行有效沟通

一、沟通

作为典型的服务行业，保险公司提供的商品就是一种服务。在保险公司提供保险服务、消费者享受保险服务的时候，都需要保险公司和客户之间进行各种联系、沟通。因此，沟通是保险业提供客户服务的手段和形式，是进行客户服务的重要基础。

有效沟通——沟通方式

沟通是一个过程，它将一些信息由甲方（一个人、一组人、一个团队）传达到乙方（一个人、一组人、一个团队），使对方明白、回馈，双方相互理解，增进共识。

沟通的过程（见图2-1）。

（1）编码：将要表达的内容转换成一种信号。

（2）信息的发出：将信号按照对方可以理解的方式发出。

（3）信息通过通道传输：发送信息过程中要避免各种干扰（环境噪音、光线明暗等）。

（4）信息的到达：接收方的状态（听、认真听、没有听）都将影响信息的到达情况。

（5）解码：接收方根据自己的状态、感觉（注意不是发送方）——对信息进行理解，并进行解释。

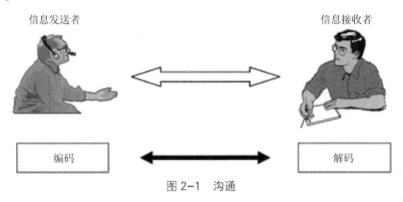

图2-1　沟通

> ● 特别提示
>
> 　　沟通的各个环节都可能影响沟通的效果——双方的语言不通（编码和解码方式不一致）；给不识字的人写信（采用对方不可获取的方式发出）；环境过于嘈杂（影响接收效果）；课堂上学生溜号（接收者不在状态）。

二、沟通方式

（一）日常生活中常用的沟通方式

沟通是为了一个设定的目标，使信息、思想和情感在个人或群体间传播，并且达成共同协议的过程。沟通方式主要有面对面沟通和非面对面沟通两种方式。

面对面沟通是最直接、最有效的沟通方式，也是保险客户服务管理中应用最为广泛的沟通方式。

非面对面的沟通方式包括：

（1）电话。客户预约联系、保险客户服务呼叫中心等。

（2）短信、微信、E-mail。客户账单确认、保险产品介绍、客户活动邀请等。

（3）信件。节日 / 生日贺卡、礼物发送等。

（4）通知、公告。保险公司、保险产品情况通报等。

（二）各种沟通方式的区别

1. 面对面沟通与电话沟通即时性较强，属于实时性沟通，其他属于非实时性沟通

实时性沟通是公司员工与客户直接就问题进行讨论分析，即时给予解决或提供承诺的沟通方式；非实时性沟通在保险公司 / 员工发出沟通信息后，存在一定时延（可长可短）才能获得反馈。

2. 通知、公告是告知性的、单向的，不需反馈，其他是双向的，可以反馈也可以不反馈

对于保险公司发出的通知或公告，客户仅需要了解其中的情况，不需要进行相应的反馈；关于面对面和电话沟通，一般情况下需要客户（保险公司发起）/ 员工（客户发起）反馈；微信、电子邮件、短信等如果是客户发起，保险公司 / 员工需要反馈，反向时可以不反馈。

3. 面对面沟通需要多种手段配合，其他沟通方式手段单一

面对面沟通可以采用语言、肢体、表情、眼神，以及配以图表、图画等手段进行沟通；电话沟通主要是通过语言，辅助语音、语调进行沟通；短信、电子邮件、信件等沟通手段较为单一，主要是借助文字和图片进行沟通。

4. 实时沟通要及时应对

面对面和电话沟通需要即时做出响应，给予反馈，以便沟通能够继续；其他沟通方式的响应及时性没有那么高的要求。

5. 非实时性沟通可以在沟通前做好充分准备

面对面和电话沟通由于即时性的限制，不能对每一个问题都做充分的准备；微信、电子邮件等沟通可以在查询资料，做大量准备后再进行答复。

（三）各种沟通方式的比较（见表 2-1）

表 2-1　沟通方式的比较

沟通方式	充分性	准确性	实时性	方向性	应用的沟通手段
面对面	充分	高	高	双向	语言、肢体等多种手段复合使用
电话	较充分	较高	高	双向	语言为主，语音语调加以配合
微信/短信	一般	中	中	单/双向	文字、图片
电子邮件	一般	中	中	单/双向	文字、图片
信件	一般	中	差	单/双向	文字、图片
通知/公告	差	中	—	单向	文字、图片

三、有效沟通技巧

有效沟通技巧

（一）有效倾听的技巧

一个优秀的客服人员，要善于聆听，要倾听客户的需求、渴望和理想，要倾听客户的异议、抱怨和投诉，还要善于听出客户没有直接表达的需求。要想做到有效倾听，应注意以下技巧。

1. 永远不要有意打断客户讲话

恐怕没有一个人从未打断过别人的谈话，只不过有时是无意的，有时是有意的。有时候，我们能够接受无意的打断，但是有意识的打断是绝对不允许的。"你先别说，你先听我说！"这样与客户说话是非常不礼貌的。当你有意识地打断一个人讲话以后，就会发现，你就好像挑起了一场战争，对方会以同样的方式来回应你，最后两个人的谈话就变成吵架。

2. 清楚地听出对方的谈话重点

能清楚地听出对方的谈话重点，也是一种能力。并不是所有人都能清楚地表达出自己的想法，特别是在不满时，因为受情绪的影响，经常会有类似于"语无伦次"的情况出现。而且，除了排除外界的干扰，专心地倾听以外，你还要排除对方的说话方式给你的干扰，不要只把注意力放在说话人的咬舌、口吃、地方口音、语法错误和"嗯""啊"等习惯语上面。如果你已清楚地听出了对方的谈话重点，就应尽早让他明白这一点。

3. 适时地表达自己的意见

谈话必须有来有往，所以要在不打断对方谈话的原则下，适时地表达自己的意见，这才是正确的谈话方式。

通过及时地反馈信息，你也可以更好地理解对方的意思。否则，"误差"积累下来，就会越来越难以把握对方的思路了。这样做还可以让对方感受到你在专注地听，而且听明白了。

4. 肯定对方的谈话价值

在谈话时，即使是一个小小的价值，如果能得到肯定，讲话者的内心也会很高兴，同时会对肯定他的人产生好感。因此，在谈话中，一定要用心去找对方的价值，并给予积极的评价和赞美，这是获得对方好感的一大绝招。

5. 配合表情和恰当的肢体语言

当你与人交谈时，对对方关心与否，往往会直接反映在你的脸上，你无异于是他的一面镜子。

光用嘴说话难以造成气势，所以必须配合恰当的表情，用嘴、用手、用心灵说话。但不可过度卖弄，应避免过于丰富的面部表情及手舞足蹈、拍大腿、拍桌子等过分夸张的肢体语言。

6. 避免虚假的反应

在对方没有表达完自己的意见和观点之前，不要做出如"好！我知道了""我明白了""我清楚了"等反应。这样空洞的答复只会阻碍你去认真倾听客户的讲话，或者阻碍客户做进一步的解释。

在客户看来，这种反应等于在说"行了，别再啰嗦了"。如果你恰好在他要表达关键意思前打断了他，被惹恼了的客户可能会大声斥责"你知道什么！"，那就很不愉快了。

➤ 阅读材料

7个小建议助你成为好的聆听者

与一般的认识相反，聆听并不是一项被动的行为，它要求聆听者全神贯注。事实上，这是一项非常艰苦的工作。

下面的7条小建议可以帮助客服人员成为一个好的聆听者。

1. 不要忙着说话，先倾听

研究显示，面试主考官讲得越多，求职者就越能给主考官留下好的印象并越有可能获得工作。这表明与好的讲述者相比，人们更喜欢好的倾听者。

为什么呢？因为人们都希望有机会表达自己的意见和想法，好的倾听者让他们实现了这个愿望。如果你打断别人的谈话或缩短倾听时间，说话人会认为你对他的谈话不感兴趣——即使事实上你并不是这样。因此，应该表现得彬彬有礼、全神贯注。

2. 不要急着下结论

许多人在谈话时走神是因为他们自己已经知道对方发言的内容和要点，但自作聪明是很危险的。也许说话人接下来的思路与你所预料的不一样，如果没有认真听的话，就可能错过说话人真正要表达的意见。

3. 注意"言外之意"

注意别人说话的内容的同时也应注意对方没有明确说出口的意思。说话人的语调、面部表情和肢体语言都能向你提供很多信息。人们并不总是把他们的真正意图说出口，但他们的身体语言却能准确地表达出他们的态度和感受。

4.提出问题

如果你对对方的发言感到疑惑，直接提出来。可以这样问："您的意思是……？"或"我可否将您的意思理解为……？"也可以用自己的话把你的理解复述给对方听，以确认是否正确理解了说话人的意图。

5.避免外界干扰

不要因为周围环境或说话人的外表、口音、态度或用词而分心。有时我们很难不去注意到一些令人分心的东西，如说话人浓重的口音、不礼貌的用语或一只嗡嗡叫着绕圈的苍蝇。但分心太多会干扰你的注意力，使你错过谈话的要点。

6.保持心胸开阔

不要只听赞同你的话，或只听你感兴趣的部分。聆听的目的在于获取新的信息。要乐于倾听别人的观点和意见，如果你在聆听时始终保持开阔的心胸，一个初听起来乏味琐碎的话题也有可能变得有吸引力。

7.利用你的智慧

通常来说，你思考的速度是别人说话速度的4倍。因此，在聆听时运用多余的脑力在脑海中总结一下对方谈话的中心内容，这样就能更好地应对对方的问题或批评，而且也能更好地参与对方的讨论。

（二）提问的作用与技巧

在倾听的时候，客服人员要给予客户一定的回应。如果客户本身的思维很清晰，客服人员也许不需要通过其他的技巧就能够很快地了解他的需求；但是如果客户思维混乱，服务人员就必须通过一定的技巧，迅速地把客户的需求找出来。

1.提问的作用

客服人员通过有针对性地提出一些问题，帮助客户做出相应的判断，这样可以提升客户需求的效率。优秀的服务人员能够通过几个问题迅速地找到客户的核心问题在哪里。在服务过程中，巧妙地向客户提问对服务人员来说有着重要的作用。

（1）有利于把握并满足客户需求。通过恰当的提问，客服人员可以从客户那里了解更充分的信息，从而对客户的实际需求进行更准确的把握，进而提供有针对性的服务。

（2）有利于保持良好的客户关系。当客服人员针对客户的需求提出问题时，客户会感到自己是对方注意的中心，他会在感到受关注、被尊重的同时更积极地参与到谈话中来。

（3）有利于减少与客户之间的误会。在与客户沟通的过程中，很多客服人员都经常遇到误解客户意图的问题，不管造成这种问题的原因是什么，最终都会对整个沟通进程造成非常不利的影响，而有效的提问则能尽可能地减少这种问题的发生。

所以，当你对客户表达的意思或者某种行为意图不甚理解时，最好不要自作聪明地进行猜测或假设，而应该根据实际情况进行提问，弄清客户的真正意图，然后根据具体情况采取合适的方式进行处理。

2. 提问的技巧

一个客服人员的服务技能究竟如何，服务经验是否丰富，关键看他提问的质量。虽然有效的提问对于同客户保持良性沟通具有诸多好处，但是如果在提问过程中不讲究方式，可能会引起客户的反感，从而造成与客户关系的恶化，甚至破裂。

（1）开放式提问技巧。所谓开放式问题，就是不限制客户回答问题的答案，而完全让客户根据自己的喜好，围绕谈话主题自由发挥。进行开放式提问既可以令客户感到自然而畅所欲言，又有助于客服人员根据客户谈话了解更有效的客户信息。而且，在客户感到不受约束时，他们通常会感到放松和愉快，这显然有助于双方的进一步沟通与合作。这种提问方式更利于了解一些事实，比如服务人员在被动服务的时候，通常会问的第一个问题都是："有什么我能够帮助您的吗？"这就是一个典型的开放式问题。开放式的问题可以帮助了解客户的需求。一般来说，在服务刚开始的时候，服务人员使用的都是开放式的提问。

（2）封闭式提问技巧。封闭式提问限定了客户的答案，客户只能在有限的答案中进行选择，比如"您是不是觉得和大公司合作比较可靠？""您今天有时间吗？"等。对于这些问题，客户通常只能回答"是""不是""对""错""有""没有"等简短的答案，这样客户不仅会感到很被动，甚至还会产生被审问的感觉。封闭式提问的使用完全是为了帮助客户进行判断，如果一个客服人员能够正确、大量地使用封闭式的问题进行提问，说明这个客服人员的职业素质非常高。

（3）提问时必须保持礼貌和谨慎。在与客户展开沟通的过程中，客服人员对客户进行提问时必须要保持礼貌，不要给客户留下不被尊重和不被关心的印象；同时还必须在提问之前谨慎思考，切忌漫无目的地信口开河。

一般来说，客户在说话时不喜欢被鲁莽地打断，也不喜欢听带有某种企图的客服人员喋喋不休。当客服人员以征求客户意见的态度向他们提出友好而切中他们需求的提问时，他们会渐渐放松对客服人员的警惕和抵触心理。当然，如果客服人员提出的问题因为完全没有经过大脑考虑而显得愚蠢时，客户会更加恼怒。

客服人员在提问时需要特别注意的一些事项。

①要尽可能地站在客户的立场上提问，不要仅仅围绕着自己的目的与客户沟通。

②对于某些敏感性问题要尽可能地回避，如果这些问题的答案确实对你很重要，那么不妨在提问之前换一种方式进行试探，等到确认客户不会产生反感时再进行询问。

③提问时的态度一定要足够礼貌和自信，不要鲁莽，也不要畏首畏尾。

④选择问题时，一定要给客户留下足够的回答空间，在客户回答问题时尽量避免中途打断。

⑤提出的问题必须通俗易懂，不要让客户感到摸不着头脑。

（三）与客户交谈时说话的技巧

客户服务人员在接待客户的过程中主要靠语言这种工具与客户沟通、交流，客服人员的语言是否热情、礼貌、准确、得体，直接影响自身及公司的形象，也影响客户对公司产品和服务的满意程度。

1. 有效沟通的语言特点

（1）讲话要清晰。要想清晰地表达自己的想法，语言必须简洁，所讲的材料必须条理化，使用明确的词汇。清晰来源于精心的准备。为达到表述清晰的目的，你必须理解和组织语言，并对它进行总结。

（2）讲话要准确。讲话的准确性有赖于所掌握信息的全面性及词汇量的多少。在与客户沟通时，应当避免夸大其词，不要做虚假的宣传。即使客户只发现一个错误，你也会陷入困境。在与客户沟通时，要避免资料解释错误、对关键部分的无知、无意识的偏见和夸张等情况。

（3）讲话要简洁。简洁就是尽量"Keep It Simple"，追求以极少的文字传递大量的信息。每一个人的时间都是有价值的，没有人喜欢不必要的烦琐的沟通。但简洁并不意味着绝对地采用短句子或省略重要的信息，它是指字字有力。

（4）声音要悦耳。有人声音圆润，有人声音尖锐，有人声音浑厚，有人声音浑浊……声音在沟通过程中起着不可忽视的作用。如果你可以控制自己的声音并吐字清晰，同时没有紧张、卡壳、上气不接下气的情况，那么你的声音会给客户留下深刻的印象，他们会认为你对所讲的内容十分清楚，并且会觉得听你讲话是值得的。

（5）语速要适中。音量适中，注意讲话的速度。讲话速度对你发出的信息也会有影响，快速的讲话会给对方一种紧迫感，有时是需要这种效果。但如果一直快速讲话，会使对方转移注意力，并难以理解你的话。反之，也不能讲话太慢，这样会使听者不知所云，或者使听者厌倦而抓不住讲话的重点。好的讲话者会根据所说语句的相对重要性来变换速度，即不重要的话语说得快，而重要的话语说得慢。

2. 表述的技巧

（1）语言有逻辑性，层次清楚，表达准确。思想混乱、语无伦次，必将导致客户不知所云、无所适从。因此，客服人员必须把握好说话的条理性、层次性，清晰、准确地向客户表达自己的意思。要想清晰地表达自己的想法，语言必须简洁，所讲的内容必须条理化，使用的词汇要准确，做到逻辑说明和清晰表达。

（2）突出重点和要点。谈话要突出重点和要点，以极少的文字传递大量的信息。在接待客户时，必须抓住重点，突出要点，以引起客户的注意和兴趣。

（3）不讲多余的话。与上述相适应，客服人员在接待过程中，要尽量不讲与客户无关的话，以免分散客户的注意力。

（4）绝不能对客户无礼。对客户在语言上失礼，甚至使用讽刺、挖苦或侮辱性语言，会产生无法消除的恶劣影响，会使公司形象受到极大损害。因此，不论遇到什么情况，都必须避免冲撞客户。

（5）不要与客户发生争论。在与客户交流的过程中，若客户有不同的意见，应耐心地倾听，决不可反驳客户。如确需纠正客户的看法，应面带微笑、语言柔和地陈述自己的观点，不可顶撞客户。

（6）话语因人而异。客服人员每天遇到的客户形形色色，应根据接待对象，选择不同的表达方式和表达技巧。对有的人可以侃侃而谈，对有的人则应洗耳恭听；有时候可以从正面说明，有时候要从反面表达，不能千篇一律。

（7）不使用粗俗语言和方言土语。在与客户交谈的过程中，客服人员不能讲粗俗不堪的市井语言，即使是对同事讲话，也要讲求文明用语。另外，尽量不使用方言土语，可以恰当使用时髦语言。

四、服务礼仪

（一）客户服务礼仪的 3T 原则

礼仪是衡量个人是否受到良好教育的标准，它绝对不是只做表面文章就可以交差的，而必须发自内心、出于自然。通常所说的客户服务礼仪的 3T 原则是指：

1. Tact——机智

"愉快"——使人感到快乐。在待人接物时尽量欣赏、赞美别人的优点。

"灵敏"——在保险活动中往往会接触到形形色色的人，在谈话、接待及服务时，如果不机灵、不懂察言观色的话，经常会得罪人。

"迅速"——经济社会要追求效率，所以迅速也是礼貌的重要表现。

2. Timing——时间的选择

在这里的意义有三种：时间、场合和角色扮演。在工作场合中应依据地点、身份的需要，讲恰当的话，做合适的应对。在工作时要少说、多听，多思考别人说话的内容，以掌握合适的表现时机。

3. Tolerance——宽恕

指宽恕、包容别人的修养。事实上，礼仪中最难做到的就是这一点。想要做得好，就必须把注意力放在别人身上。也就是说如果你常常设身处地地为他人着想，记住"将心比心"四个字，多想别人的优点，自然就会有比较好的服务心情。

（二）客户服务礼仪的具体要求

1. 充满爱心

礼仪的要求和程序原本没有固定的框框，只是通过人的实践才能传达出尊重他人、讲究礼仪、热爱客户的意思。因此，客户服务人员要有一颗爱心，为人真诚，以期得到更多客户的信赖。

2. 相互谅解

了解、掌握各种礼仪知识固然重要，但更重要的是对别人的谅解。相互谅解、和睦相处是礼仪的真谛。也就是说，不让他人感觉不好，不使他人难堪，这比提防自己出错、出笑话更为重要。

3. 品德高尚

客户服务工作必须讲究礼仪，首先要求客户服务人员要有高尚的品德。品德即品质和道德。道德是调整人与人之间及人与社会之间各种关系的行为规范的总和，它是依靠舆论、信念、习惯、传统等来发挥作用的一种精神力量。很多礼节是大家应该自觉遵守的，是一种共同生活的准则，它不是法律，没有强制性，但却能反映客户服务人员的修养和道德水准。

4.总结经验

经验包括直接经验和间接经验。客户服务人员的工作是和各种类型的客户打交道，这些客户可能来自不同的地区、民族，有着不同的性格、职业和知识水平。因此，在开展客户服务工作时，客户服务人员应该广泛地学习各方面的知识，了解各种各样的礼仪习俗，不断总结有用的经验。

（三）仪表礼仪

乔·吉拉德说："一个人的外在形象，反映出他特殊的内涵。倘若别人不信任我们的外表，你就无法成功地推销自己了。"

1.服饰

社会越来越进步，时代发展节奏越来越快，人和人之间的距离却越来越远。在与客户的短暂接触过程当中，客户没有时间也没有必要去研究你是一个什么样的人。客户对你的唯一印象就是你的外在形象和你的言行举止对他的影响。如果客户服务人员穿着不当，客户就会分散注意力，把注意力转移到穿着上。

着装无时无刻不在帮助你与人交流，首先应该想一想你要给客户展示一个什么样的形象和个性，你穿着的第一目的不是为了自己的舒适，而是为了创造一个你渴望的、有利于事业成功的形象。

一个知名的形象设计专家说："形象如同天气一样，无论是好是坏，别人都能注意到，但却没有人告诉你。"着装是自我展示和表现成就的工具。我们在购买任何一种产品的时候，都喜欢和有经验并且很优秀的人交流，因为他们会给我们提供更好的建议或有价值的建议。

永远要为成功而穿着，为胜利而打扮。在美国的一次形象设计调查中，76%的人根据外表判断人，60%的人认为外表和服装反映了一个人的社会地位。穿得像个成功的人，就能让你在各种场合得到尊敬和善待。在现代社会中，着装是一个人社会地位、经济状况、内在修养及气质的集中体现。人类是视觉的动物，客户会根据你的衣着风格来决定你的可信度和能力。请记住，你给别人留下的第一印象的好坏，90%以上都是依据你的衣着得出的。

TPO原则是目前国际上公认的着装原则。T—Time，表示穿衣要根据年代、季节，以及一天的早、中、晚等时间的不同而有区别；P—Place，表示穿衣要适宜于不同的场所、环境、地点；O—Object，表示穿衣要考虑此去的目的。遵循TPO原则着装，合乎礼仪规范，能显示教养和风度。当然，把握着装的基本准则之后，衣着穿戴还应符合个人的特点，要考虑个人的审美观、体形、年龄、职业、性格、文化修养、经济条件等，不管穿什么样的服装，均要得体、和谐、令人悦目、感觉自然。客户服务人员着装应以整洁、美

观、大方、合体为宜，不要过分追新求奇，在款式造型及色彩搭配上要注意协调性原则。

2. 化妆

选择适当的化妆品和与自己气质、脸型、年龄等特点相符的化妆方法，选择适当的发型来增添自己的魅力。

化妆的基本要求是：化妆的浓淡要视时间、场合而定；不要在公共场所化妆；不要在男士面前化妆；不要非议他人的化妆；不要借用他人的化妆品；男士不要过分化妆。

（四）举止礼仪

要塑造良好的交际形象，必须讲究礼貌，注意行为举止，做到彬彬有礼、落落大方，遵守一定的进退礼节，尽量避免各种不文明、不礼貌的行为。

到客户办公室或家中访问，进门之前先按门铃或轻轻敲门，然后站在门口等候。按门铃或敲门的时间不要过长，无人或未经主人允许，不要擅自进入室内。

在客户面前时要注意如下行为举止：

（1）在看到客户时，应该点头微笑致礼，如无事先预约，应先向客户表示歉意，然后再说明来意。同时要主动向所有在场的人表示问候或点头示意。

（2）在客户家中，未经邀请，不能参观卧室，即使已经与客户较为熟悉，也不要任意抚摸或玩弄客户桌上的东西，更不能玩客户的名片，不能触动室内的书籍、花草及其他陈设物品。

（3）在别人（主人）坐定之前，不要先坐下。坐姿要端正，身体微往前倾，不要跷"二郎腿"。

（4）要用积极的态度与温和的语气和客户谈话。客户讲话时，要认真听，回答时以"是"为先。眼睛看着对方，不断注意对方的神情。

（5）站立时，上身要稳定，双手安放两侧，不要把手背在背后，也不要双手抱在胸前，身子不要侧歪在一边。在主人起身或离席时，应同时起立示意，在与客户初次见面或告辞时，要不卑不亢，不慌不忙，举止得体，有礼有节。

（6）要养成良好的习惯，克服各种不雅举止。不要当着客户的面擤鼻涕、掏耳朵、剔牙齿、修指甲、打哈欠、咳嗽、打喷嚏。

（五）言谈礼仪

社交场合，语言是最便捷的信息传递手段。俗话说："一句话可以把人说笑，一句话也可以把人说跳。"说话在现代社会交际中的重要性已越来越明显，作为客服人员更要注意言谈的基本技巧和礼仪要求。

1. 注意语境

语境是指言语交谈时的个体环境，既包括时代、社会、地域、文化等宏观层面，也包括沟通双方当时的地位、处境等微观层面。语境对言语交流起着制约和强化作用。首先，与人交谈要看对象，了解对象身份、地位、社会背景、文化传统、经历及性格等情况，说话要讲究符合对方的特点，这样才能营造一种和谐的交谈氛围。其次，与人交谈要看场合，如正式和非正式场合、喜庆和悲哀场合、庄重和随便场合、公共和私下场合等，不同场合有不同的说话方式，同样的话在不同的场合下说会产生不同的效果。再者，与人交谈要注意气氛调节，尽量谈一些双方都感兴趣的话题，多使用一些幽默语言，创造愉快而轻松的交谈气氛。

2. 注意谈话内容

客服人员与人交往，要注意谈话内容需合乎礼仪要求。不要探寻他人隐私问题；不谈论荒诞离奇的事情；不说三道四，谈论别人私事；要言而有信，注意说话分寸；不要搞"一言堂"，尊重交谈现场的每一个人；不要轻易打断和打探别人的谈话；如涉及对方反感的内容要善于立即转移话题。总之，善于发掘和调节内容是营造良好谈话氛围的技巧和礼仪要求。

3. 注意谈话形态

交谈时，除有声语言传递信息外，交谈形态也反映谈话人的内在素养，并影响着交谈效果。与人交谈应采用有礼貌的坐姿或站姿，目光和表情也要热情和专注，不要心不在焉、左顾右盼、漫不经心，或伸懒腰、看手表、玩东西等，显出不耐烦的样子，这是很不礼貌的。注意以目光或表情来回应对方的谈话，显示注意力专注，使对方感受到诚意和尊重。

4. 注意谈话艺术

（1）掌握语调。言语的表达要依靠声音来传播，声调也是感情表达的一种非语言形式，它能传达许多内在信息。据有关专家研究，全部信息 =7% 言语 +38% 声音 +55% 体语（表情和动作）。可见，声音、表情和举止动作在言语交谈中所起的作用。客服人员要注意声音的控制，通过对声音的高低、强弱、快慢、音色、续顿等的调节，努力使自己的语调真切、朴实、自然、稳缓、轻柔，以富有魅力、悦耳动听的声音来吸引谈话对象，并努力获得良好的印象。

（2）用语文雅。客服人员对外交往中要多用礼貌用语，词语要文雅。惯用的日常礼貌用语有：

问候语：您好，早上好等；

告别语：告辞，再见，晚安，欢迎再来等；

称呼语：先生，小姐，夫人等；

答谢语：非常感谢，劳您费心了等；

请托语：请问，拜托，可不可以等；

道歉语：对不起，请原谅等；

祝贺语：祝您成功，祝您好运等。

商务交往中杜绝使用蔑视语、否定语、烦躁语、斗气语。注意不要用无称呼的招呼语，不说粗鄙的贬称，如"喂！把那个拿过来！""嘿！闪开！"用语一定要文雅，对自己强调谦辞，对别人要突出敬语。中国传统的礼仪语言很多，如：

好久不见说"久违"，初次见面说"久仰"；

请人原谅说"包涵"，请人批评说"指教"；

求人解答说"劳驾"，求给方便说"借光"；

麻烦别人说"打扰"，向人祝贺说"恭喜"；

托人办事用"拜托"，赞人见解称"高见"；

对方来信用"惠书"，老人年龄称"高寿"；

看望别人用"拜访"，宾客来到用"光临"；

中途先走用"失陪"，陪伴朋友用"奉陪"；

请人勿送用"留步"，等待客人用"恭候"；

物归原主用"奉还"，与人分别用"告辞"。

诸如上述这类礼仪用语，要掌握并正确使用，滥用会贻笑大方。

5. 体语艺术

在人际交往中，语言是一种重要的交流方式，而大量运用的却是非语言，即体语。在交际活动中，恳切、坦然、友好、坚定、宽容的眼神，会给人亲近、信任、受尊敬的感觉；而轻佻、游离、茫然、阴沉、轻蔑的眼神会使人感到失望，有不受重视的感觉。在交际中要善于运用空间距离：亲密空间15cm～46cm，这是最亲的人，如父母、恋人、爱人；个人空间46cm～120cm，一般亲朋好友之间进行促膝谈心、拉家常；社交空间1.2m～3.6m，社交场合与人接触，上下级之间应保持一定的距离，以产生威严感、庄重感；公众空间3.6m以上，这是任何人都可进入的空间，是个人所能注视的范围。

第二节　面对面沟通

一、面对面沟通的要素

清晰、有效地与客户进行沟通是客户服务工作的重要内容。沟通包括语言沟通和非语言沟通，非语言沟通是以语言以外的声音、表情、举止等因素来促进与客户的友好关系，并表示出对客户的特别关注。

面对面沟通

（一）清晰准确的语言

准确、清晰地表达与客户之间的谈话内容，表明准备充分、自信，有助于表现你对客户的尊重，有利于赢得客户的信任，使沟通更为顺利。

（二）真诚的面部表情

微笑、专注的面部表情，有助于向客户表现你的真诚和对客户问题的兴趣，并让客户感到放松。

（三）运用语音、语调、语速

运用亲切、自信的语气与客户交谈，使客户感受到你认真、关注的态度和对自身能力的自信。

（四）适当保持视线的接触

避开对方的视线或目不转睛地盯着对方都是不恰当的做法，比较适宜的做法是保持与对方的视线接触，并适时地转移一下目光。

（五）得体的仪态

整洁、端庄的穿着能够帮助你建立职业化的形象，端正的站姿和坐姿能很好地表现你对客户的尊重。

（六）尊重对方的空间

与客户面对面交流时，应在双方间保持适当的距离。你可以凭借自己的感觉发现一个适当的位置，使双方感觉既亲切又安全、自在。

二、面对面沟通的技巧

（一）准时

一般情况下，保险客户服务拜访都是事先约定时间，要注意准时到达约定地点会面。

（二）注重个人形象（衣着、姿势）

个人形象代表保险公司的形象，要注意衣着的得体、整洁；交流过程中，不同的姿势给客户不同的看法，如懒散表明你对事情漠不关心，生硬表明你很焦虑，要保持泰然自若和不拘束的姿势。

（三）业务熟练、准备充分

对自己岗位的业务要熟练掌握，以确定自己能够最大限度地协助客户解决相关问题。在出发前确定自己的准备充分，携带物品、资料齐整，以免与客户见面后表现出慌乱、不专业，影响客户对你及公司的认同和信心。

（四）保持合适的距离

距离表示你与客户之间的关系，距离太大会使客户认为你对他的态度冷漠，不太重视；当然，也不能太近，太近容易使客户有压迫感，会使其不自在。

（五）保持微笑

微笑是沟通最好的辅助剂，它可以化解紧张，消除怀疑，传递温暖，调节整个沟通氛围，让沟通效率事半功倍。

（六）善于倾听

倾听客户的说明，了解客户陈述内容的意义，达到专注、移情、接受、完整性四个方面的要求。专注，要求注意力非常集中地听客户所说的内容，并去掉其他容易分散注意力的念头；移情，也就是换位思考，把自己置于客户的位置上，从客户的角度进行观察思考，努力去理解客户想要表达的含义；接受，就是客观地倾听内容而不做判断和反驳，耐心地听完客户陈述；完整性，就是要求从沟通中获得客户所要表达的完整信息。

（七）提问、复述、确认

沟通中，通过点头和一些简单的动作表示你在聆听，对于不确定的内容，通过提问和复述来确认客户所要表达的意思，以免发生误解。

（八）运用非语言沟通

沟通中运用手势、面部表情和眼神等手段进行交流。

在面对面沟通中有一些需要特别注意的地方。

（1）不要有分心的手势、举动与体态。沟通中，注意不要有东张西望、左顾右盼，面带倦容、哈欠连天、搔头发、掏耳朵、挖鼻孔等动作。

（2）不要讲多余的话。沟通中突出重点，不讲与客户业务无关的话，以致分散注意力，引起客户反感。

（3）不要使用消极的措辞。在客户提出要求时，要注意那些公司能够提供的，忽略公司不能提供的，向客户表达时以积极的语言强调我们能够提供的服务。

（4）不要推卸责任。不要说"我不知道"，以免客户认为我们没有能力提供相关信息。对于回答不了的问题，主动求助同事或经理，避免客户直接与经理进行沟通，使其认为你有推卸责任的嫌疑。

（5）不要使用客户不熟悉的术语。与客户沟通过程中，使用过多客户不熟悉的术语，容易妨碍客户的理解，也容易显得自己高高在上，引起客户反感。

（6）不要与客户争辩。沟通过程中，对客户的不同意见，应耐心倾听，不可反驳客户；如果需要纠正客户，可以面带笑容、言语柔和地陈述观点，不可顶撞客户。

➤ 阅读材料

获取客户好感的六大法则

当你对一个人有好感时，你一定会积极回应他，双方的会谈就会融洽顺畅。那么，哪些因素会影响到第一次会面的印象好坏呢？作为业务人员，我们又该把握哪些方面呢？这正是我们将要讨论的问题。

（一）给客户良好的外观印象

人的外观会给人暗示的效果，因此，你要尽量使自己的外观能给初次会面的客户一个好印象。一个人面部的眼、鼻、嘴及头发都会带给人深刻的印象，虽然每个人的长相是天生的，但是你也能经由你自己的注意而进行相当程度的修饰。例如有些人的眼神冷峻或双目大小不一，会给人不太愉悦的观感，此时，可以利用眼镜来修饰一下。洁白的牙齿能给人开朗纯净的好感，而头发散乱不整齐则会让人感到落魄、不可信任。

其他如穿着打扮都是影响第一印象好坏的主要因素，一个连穿着都不注意的人，怎么能获得别人的信任呢？或许有些人认为这些都是小节，觉得自己超强的专业知识能带给客户最大的利益，客户不应该以貌取人。但事实上客户在做决定的时候，往往是感性的因素左右着理性的因素，否则"推销商品前先推销自己"这句话就不会成为指导推销的金玉良言了。

（二）要记住并常说出客户的名字

名字的魅力非常奇妙，每个人都希望别人重视自己。重视别人的名字，就如同重视他一样。沟通大师戴尔·卡耐基小的时候家里养了一群兔子，每天找寻青草喂食兔子成为他固定的工作，但有时候却没有办法找到兔子最喜欢吃的青草。因此，卡耐基想了一个方法：他邀请了邻近的小朋友到家里看兔子，要每位小朋友选出自己最喜欢的兔子，然后就用小朋友的名字给这些兔子命名。每位小朋友有了以自己名字命名的兔子后，每天都会迫不及待地送最好的青草给与自己同名的兔子。了解名字的魅力，能让你轻松获得别人的好感，因此千万不要忽视了它。在面对客户时，若能经常、流利地以尊重的方式称呼客户的名字，客户对你的好感也将愈来愈浓。

专业的业务代表还应该密切注意，准客户的名字有没有被报纸杂志报道，若是你能带着有报道准客户名字的剪报一同拜访你初次见面的客户，客户能不被你感动吗？能不对你心怀好感吗？

（三）让你的客户有优越感

让人产生优越感最有效的方法是对他自傲的事情加以赞美。若是客户讲究穿着，你可向他请教如何搭配衣服；若客户是知名公司的员工，你可表示羡慕他能在这么好的公司上班。有一位爱普生公司的业务代表，每天约见客户时的第一句话就是："您的公司环境真好，能在这里上班的一定都是很优秀的人才。"通过一句简单的赞扬，一下就拉近了和客户的距离。客户的优越感被满足，初次见面的警戒心也自然消失了，彼此距离拉近，能让双方的好感向前迈进一大步。

（四）替客户解决问题

许多年前有一则宣传理光复印机的广告，大家对它的广告词一定还记忆犹新："用普通办公用纸就能复印文件。"大家记住了这份便利，也记住了桂林理光公司这个产品。当时国内政府机关文书的复印机用纸是使用专用的纸张，对纸质要求非常高，普通办公用纸无法使用，每年政府机关都为复印用纸的巨额花销头痛不已。理光公司的一位业务代表，知道了政府机关在复印上存在这个问题，因此，他在拜访某个政府机关的主管前，先去找理光公司技术部的人员询问是否能改进复印机，使之能适应普通办公用纸的复印需求。技术部人员知道了这个问题，仔细研究后，认为可以改进复印机的某些装置，以适应普通办公用纸的纸质。业务代表得到这个信息后，前往某政府机关约见主管，告诉他理光公司愿意替政府机关解决普通办公用纸复印的问题。主管听到后，对理光公司产生无比的好感。在极短的时间内，理光公司的这款复印机成为政府机关的主力机种。由此可见，在与准客户见面前，若是能事先知道客户面临着哪些问题，有哪些因素困扰着他，若能以关切的态度站在客户的立场上表达你对客户的关心，让客户感受到你愿意与他共同解决问题，他必定会对你立刻产生好感。

（五）自己保持快乐开朗

快乐是会传染的，没有一个人会对一位终日愁眉苦脸、深锁眉头的人产生好感。能以微笑迎人，让别人也产生愉快的情绪的人，也是最容易争取别人好感的人。因此，业务代表的每日修炼课程之一，就是每天出发前，对着镜子笑上一分钟，使自己的笑容变得亲切、自然，同时对自己说："我很自信，我很快乐，我要成为顶级销售员。"通过这样一种自我沟通、自我暗示的方法，先让自己愉悦起来，再用这份愉悦和活力去感染他人，这样就为你和准客户的沟通奠定了好的基础。

（六）利用小赠品赢得准客户的好感

你应该让你的准客户觉得你不是来签合约的业务代表，而是来进行业务宣传、沟通彼此关系的使者。事实上，许多国际知名大公司都备有可以配合本公司形象策划宣传的小赠品，如印有公司办公大厦的小台历，印有公司标志的茶杯、签字笔，等等，供业务代表初次拜访时赠送给准客户。小赠品的价值不高，却能发挥很大的效力，相信每个人受到别人尊重时，内心的好感必然会油然而生。

以上六种方式都能使你的准客户对你立即产生好感，若能把这六种方法当作立身处事的方式，让它成为一种自然的习惯，相信你在哪里都会成为一位受欢迎的人。

第三节　电话沟通

一、接听和拨打电话的程序

（一）接听电话的程序（见图2-2）

电话沟通

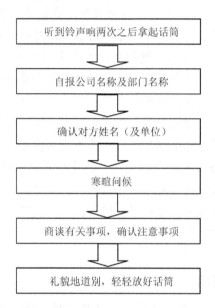

```
┌─────────────────────────┐
│  听到铃声响两次之后拿起话筒  │
└─────────────────────────┘
           ↓
┌─────────────────────────┐
│    自报公司名称及部门名称    │
└─────────────────────────┘
           ↓
┌─────────────────────────┐
│    确认对方姓名（及单位）    │
└─────────────────────────┘
           ↓
┌─────────────────────────┐
│         寒暄问候          │
└─────────────────────────┘
           ↓
┌─────────────────────────┐
│   商谈有关事项，确认注意事项  │
└─────────────────────────┘
           ↓
┌─────────────────────────┐
│   礼貌地道别，轻轻放好话筒   │
└─────────────────────────┘
```

图2-2　接听电话的程序

（二）拨打电话的程序（见图2-3）

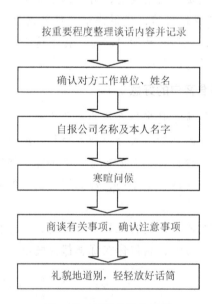

```
┌─────────────────────────┐
│  按重要程度整理谈话内容并记录  │
└─────────────────────────┘
           ↓
┌─────────────────────────┐
│    确认对方工作单位、姓名    │
└─────────────────────────┘
           ↓
┌─────────────────────────┐
│   自报公司名称及本人名字    │
└─────────────────────────┘
           ↓
┌─────────────────────────┐
│         寒暄问候          │
└─────────────────────────┘
           ↓
┌─────────────────────────┐
│   商谈有关事项，确认注意事项  │
└─────────────────────────┘
           ↓
┌─────────────────────────┐
│   礼貌地道别，轻轻放好话筒   │
└─────────────────────────┘
```

图2-3　拨打电话的程序

（三）特别注意点

（1）电话铃响两次后，取下听筒。电话铃声响1秒，停2秒。如果过了10秒钟，仍无人接电话，一般情况下人们就会感到急躁："糟糕！人不在。"因此，铃响3次之内，应接听电话。那么，是否铃声一响，就应立刻接听，而且越快越好呢？也不是，那样容易让对方感到惊慌。较理想的是，电话铃响完第二声时，取下听筒。

（2）自报姓名的技巧。如果第一声优美动听，会令拨打或接听电话的对方感到身心愉快，从而放心地讲话，故电话中的第一声印象十分重要，切莫忽视。接电话时，第一声应说："您好。这是××公司。"打电话时则首先要说："我是××公司××处的×××。"双方都应将第一句话的声调、措辞调整到最佳状态。

（3）轻轻挂断电话。通常是打电话一方先放电话，但对于客服人员来说，对方是客户，就应让对方先放电话。待对方说完"再见"后，等待2～3秒钟再轻轻挂断电话。无论通话多么完美得体，如果最后毛毛躁躁"咔嚓"一声挂断电话，则会令对方很不愉快，功亏一篑。因此，结束通话时，应慢慢地、轻轻地挂断电话。

二、电话沟通的技巧

为了提高通话效果、正确表达思想，请注意下述六点。

（一）电话机旁应备有记事本和笔

即使是人们用心去记住的事，经过9小时，遗忘率也会高达70%，日常琐事遗忘得更快。

试着回忆本周前4天晚饭的内容，大概不少人想不起来吧。所以不可太相信自己的记忆，重要事项可采取做记录的措施予以弥补。若在电话机旁放置好记录本和笔，当他人打来电话时，就可立刻记录主要事项。如不预先备妥纸笔，到时候措手不及、东抓西找，不仅耽误时间，而且会搞得自己狼狈不堪。

（二）先整理电话内容，后拨打电话

给别人打电话时，如果想到什么讲什么，往往会忘记了主要事项还毫无觉察，等对方挂断了电话才恍然大悟。因此，应事先把想讲的事逐条逐项地整理记录下来，然后再拨电话，边讲边看记录，随时检查是否有遗漏。另外，通话尽可能在3分钟之内结束。实际上，3分钟可讲1000个字，相当于两页半稿纸上的内容，按理是完全能行的。如果一次电话用了5分钟甚至10分钟，那么一定是措辞不当，未抓住纲领、突出重点。

（三）态度友好

有人认为，电波只是传播声音，打电话时完全可以不注意姿势、表情，这种看法真是大错特错。双方的诚实恳切，都包含在说话声中。若声调不准就不易听清楚，甚至还会听错。因此，讲话时必须抬头挺胸，伸直脊背。"言为心声"，态度的好坏，都会表现在语言之中。如果道歉时不低下头，歉意便不能伴随言语传达给对方。同理，表情亦包含在声音

中。打电话时表情麻木，声音也会冷冰冰。因此，打电话时也应微笑着讲话。

> ● 特别提示
>
> 女性在对着镜子说话时，会很自然地微笑，人在微笑时的声音是更加悦耳、亲切的。
>
> 根据这一原理，在一些大公司的总机或者前台，管理者有意在接线员的桌上放置一面镜子，以促使她们在接听电话的时候自然地微笑，然后通过声音把这一友好的信息传递出去。

（四）注意自己的语速和语调

急性子的人听慢话，会觉得断断续续、有气无力，颇为难受；慢吞吞的人听快语，会感到焦躁心烦；年龄高的长者，听快言快语，会难以充分理解其意。因此，讲话速度并无定论，应视对方情况，灵活掌握语速，随机应变。

打电话时，适当地提高声调显得富有朝气、明快清脆。人们在看不到对方的情况下，大多凭第一听觉形成初步印象。因此，讲话时有意识地提高声调，会格外悦耳动听。

（五）不要使用简略语、专用语

将"行销三科"简称"三科"这种公司内部习惯用语，第三者往往无法理解。同样，专用语也仅限于行业内使用，普通客户不一定知道。有的人不以为然，得意扬扬地乱用简称、术语，给对方留下了不友善的印象。有的人认为英语高雅、体面，往往自作聪明地乱用一通，并不能正确表达自己的思想，不但毫无意义，有时甚至会造成误会，这无疑是自找麻烦。

（六）养成复述习惯

为了防止听错电话内容，一定要当场复述。特别是同音不同义的词语及日期、时间、电话号码等数字内容，务必养成听后立刻复述、予以确认的良好习惯。文字不同，一看便知，但读音相同或极其相近的词语，通电话时却常常容易搞错，因此，对容易混淆、难于分辨的这些词语要加倍注意，放慢语速，逐字清晰地发音。如1和7、11和17等，为了避免发生音同字不同或义不同的错误，听到与数字有关的内容后，请务必马上复述，予以确认。当说到日期时，不妨加上星期几，以保证准确无误。

三、应对特殊事件的技巧

（一）听不清对方的话语

当听不清楚对方讲话时，进行反问并不失礼，但必须方法得当。如果惊奇地说："咦？"或怀疑地回答："哦？"对方定会觉得无端地遭人怀疑、不被信任，从而非常愤怒，对你产生不好的印象。但如果客客气气地说："对不起，刚才没有听清楚，请您再说一遍好吗？"对方定会耐心地重复一遍，丝毫不会责怪。

（二）接到打错了的电话

有一些客服人员接到打错了的电话时，常常冷冰冰地说："打错了。"正确的处理方式是告诉对方："这是××公司，你找哪儿？"如果知道对方所找公司的电话号码，不妨告诉他，也许对方正是本公司潜在的客户。即使不是，你热情友好地处理打错的电话，也可使对方对本公司抱有初步好感，说不定就会成为本公司的客户，甚至成为公司的忠诚支持者。

（三）遇到自己不知道的事

有时候，对方在电话中一个劲儿地谈自己不知道的事，而且像竹筒倒豆子一样，没完没了。客服人员碰到这种情况，常常会感到很紧张，虽然一心企盼着有人能尽快来接电话，将自己救出困境，但往往迷失在对方喋喋不休的陈述中，好长时间都不知对方到底找谁，待电话讲到最后才醒悟过来："关于××事呀！很抱歉，我不清楚，负责人才知道，请稍等，我让他来接电话。"碰到这种情况，应尽快理清头绪，了解对方真实意图，避免被动。

（四）接到客户的投诉电话

投诉的客户也许会牢骚满腹，甚至暴跳如雷，如果作为被投诉方的你缺少理智，像对方一样感情用事，以唇枪舌剑进行回击，不但于事无补，反而会使矛盾升级。正确的做法是：你处之泰然，洗耳恭听，让客户诉说不满，并耐心等待客户心静气消。其间切勿说"但是""话虽如此，不过……"之类的话进行申辩，应一边肯定客户话中的合理成分，一边认真琢磨对方发火的缘由，找到正确的解决方法，用肺腑之言感动客户，从而化干戈为玉帛，取得客户谅解。

面对客户提出的投诉事宜，自己不能解决时，应将投诉内容准确及时地告诉负责人，请他出面处理。闻听投诉事宜，绝不是件愉快的事，而投诉的一方，心情同样不舒畅。也许投诉的客户还会在电话中说出过激难听的话，但即使这样，到最后道别时，你仍应加上一句："谢谢您打电话来。我们今后一定加倍注意，那样的事绝不会再发生。"这样，不仅能稳定对方情绪，而且还能让其对公司产生好感。正所谓："精诚所至，金石为开。"对待投诉的客户一定要诚恳，用一颗诚挚的心感动客户，化解怨恨，使之从这次处理得当、令人满意的投诉活动中，理解本公司，甚至成为公司产品的支持者。通过对投诉事件的处理，你也能了解公司的不足之处，并以此为突破口进行改善。

第四节　电子邮件沟通

一、电子邮件的特点

如今，客户沟通已朝着电子化方向发展，并且这种趋势发展得很迅速。这种通过计算机向客户或世界上任何一个地方极其快速地传送文件材料的方式，不仅改变着传统的沟通方式，而且改变着工作环境本身。电子邮件沟通已成为一种重要的、不可缺少的沟通方式。

电子邮件沟通

电子邮件拥有无穷潜力，原因如下：

（1）相对便宜。

（2）非常便捷。

（3）沟通时双方不必同时在线。

（4）可以很容易地把同样的文件抄送给多个人。

（5）节约纸张。

尽管电子邮件拥有种种优势，但是它比面对面或电话沟通更容易造成误会：

（1）无法用肢体语言或者语调来改善并明确沟通内容。

（2）没有一种得到大家普遍接受的格式（与商业书信相比较而言），变化度更大，而且术语或格式的运用更为随意。

（3）电子邮件太容易送出，作者往往缺乏冷静下来的时间，因而更容易写出情绪化的内容。

（4）电子邮件的容易送出也导致一些人在不恰当的时候错误地选择了这种媒介。

（5）各种电子邮件大同小异，难以区分优先次序。

二、电子邮件沟通的技巧

电子邮件是我们与客户进行沟通的重要手段之一。在电子邮件中，我们也应表现出与面对面交谈时同等的职业性。使用电子邮件进行有效沟通的原则有以下几点。

（一）及时回复邮件

做到及时处理邮件，尽快给客户回复。如果客户的问题或请求是你无法立即回答且需要一段时间处理的，应先发给客户一封简短的邮件，说明你将于何时进行回复。如果回复邮件后一定时间内，对方没有反馈信息传达，应向对方确认是否已收到回复邮件，以防邮件传送失败等情况的发生。

（二）使用准确的邮件主题

准确的邮件主题使收件人能够对邮件内容一目了然，并便于搜索、整理邮件。邮件主题应该简单明了，过长的主题由于无法完全显示，因而不利于收件人浏览。

（三）使邮件内容清晰明了

由于电子邮件不同于书面信件的阅读特点，所以应尽量简短。一封邮件只解决一个问题，内容保持在一页之内，使收件人不用翻页即可阅读全部内容。如内容确实较多，一页无法容纳，则应在邮件开头说明本邮件的主要内容，然后再详细展开，并在每段的开始使用主题句，使收件人了解该段的要点。

（四）使用恰当的字体和标点符号

我们在书写时，常会通过粗体、斜体等方式来对内容进行强调。但在书写电子邮件时，应该注意，并非所有的邮件系统都支持这种表示。另外，还要使用正确的标点符号。":)"等表示情绪的符号只适宜使用于非正式的邮件中。

（五）添加邮件签名

邮件签名相当于一张电子名片，一般包括姓名、职务、地址、联系电话等信息。一般的邮件系统都允许用户事先设计一个或多个签名，并在需要时使用。

（六）合理使用附件

需要使用附件时，要确认以下几个问题，以保证对方能够接收附件：对方是否有打开附件所需的软件，对方的邮件系统是否允许接收附件及附件较大时能否正常打开。

（七）发送前进行检查

发送前对邮件进行检查，看看有没有拼写、标点符号等错误，是否使用了适当的语气，是否有可能引起歧义的词语，以避免因这些错误而给客户留下缺乏职业性的印象，造成不必要的麻烦。

● 特别提示

采用电子邮件沟通，一定切记：

1. 邮件沟通前想一想要表达的内容和主题，千万不可偏题或离题；

2. 写之前先要想一想此封邮件的重要性及发送及接收者的身份；

3. 邮件内容无需细写，其内容精要概述即可；

4. 使用主题线突出主题，可帮助接收者更好地理解信息内容，并利于有效的沟通；

5. 写完后切记校对。

➤ **思考与练习**

（1）如何才能进行面对面的有效沟通？

（2）在实际生活中，你是如何进行电话沟通的？

（3）如何提供优质电话服务？

（4）如何进行有效聆听？

（5）你是如何进行有效提问的？

（6）实战训练：以保险公司员工的身份向一位已经投保的客户寄一封信，祝贺生日。

（7）实战训练：以保险公司员工的身份向一位已经投保的客户发一封电子邮件，祝贺中秋节。

第三章

保险柜面管理

➤ **知识目标**

1. 掌握新单业务处理流程。

2. 掌握续期收费的相关概念及续期收费流程。

3. 掌握典型保全作业的处理。

4. 了解保全作业流程。

5. 了解合规风险的含义及违规的危害。

6. 掌握柜面服务动作规范和行为规范。

➤ **能力目标**

1. 能够准确地完成个人投保书的填写。

2. 能够熟练进行各项保全作业。

3. 能够认识保全作业中的风险,处理保全作业中的常见问题。

4. 能够有效地进行柜面风险识别。

5. 能够临危不乱,做好柜面突发应急事件处理。

第一节　新单业务流程

一、新单业务流程

新单业务流程是指投保人向保险人要约直至签收保险合同并完成新契约回访的全过程，中间共经过 10 个环节，分别为投保单制作、初审、扫描、复核、核保、承保、保单缮制、清分寄送、回执回销、新契约回访。一张保单从开始投保到客户签收并完成新契约回访，最快的时间约为一周。

新单业务流程

概括起来，新单主要作业包括以下几个环节。

（一）制作投保单

目前，保险公司已全面采用 MIT 投保模式，MIT 为移动集成终端的缩写。MIT 模式实际就是电子化的移动展业模式。在 MIT 模式下，投保很简单，只需要有电脑、网络及可以实时转账的银行卡即可。

MIT 投保有两个步骤。

（1）电子上传：上传是指通过 MIT 途径提交客户个人及投保信息，这个步骤主要是方便业务员签单。

（2）电子投保确认单的确认：电子投保确认单填写是客户对上传电子内容的签字确认。从风险管控来看，电子投保确认单是客户确认信息的渠道，也是影响承保进度的主要因素。

电子上传和电子投保确认单填写的基本要求就是客户基本信息不能填错，签字及填写均由客户亲自执笔。上传时需注意以下几点。

①姓名：姓名与有效证件的姓名完全一致；

②身份证类型及号码：保险公司认可的有效证件包括居民身份证、军官证、出生证、护照；

③职业代码：职业代码的正确填写；

④联系地址：分清住址与邮寄地址，并确保地址栏精确到门牌号码；

⑤联系 / 回访电话必须真实、完整有效：电话号码的确认。

电子投保确认单填写时需注意以下几点。

①未成年人须有其法定监护人签名；

②险种名称需与电子上传名称一致；

③风险提示语句必须由投保人亲笔抄录，并且确保抄录准确。

注意：法定受益人指父母、子女、配偶，非法定受益人可以是祖孙、兄弟、姐妹等与被保险人有抚养、赡养或扶养关系的近亲属。非近亲属关系的人不在新契约投保可指定的受益人范围内，如朋友和未婚夫、未婚妻等。

（二）初审

准备好交单资料后应将电子投保确认单和交单资料一并交到负责新单业务的柜面内勤手中，由柜面内勤进行初审。公司规定电子投保确认单和投保资料必须在投保申请后 3 日内交回，逾期交回或未交回的将按照业务员品质管理办法进行处罚。

初审主要是审核业务员交单时的资料是否齐全；电子投保确认单上投保事项的填写是否与上传内容一致；风险提示语句是否由投保人亲笔抄录，并抄录准确，且有投保人签名；销售人员报告书上的内容是否合理。有问题的投保书需要退还给业务员。

（三）扫描

交单资料经过柜面内勤初审之后会通过公司的物流系统流转至扫描中心进行扫描。

扫描流程是将新契约交单资料的内容扫描成影像，录入系统。扫描进系统的影像是不能随便进行修改的。这也更加提醒我们，填写资料时务必仔细，一旦出现填错的情况，即便可以通过函件进行更正，但是原始资料上的错误还是会出现在最终下发的保单中，影响客户体验。

扫描时需要注意：不要出现漏扫描；扫描资料要叠放整齐；要注意是否有漏扫电子投保确认单的背面；扫描资料的顺序一致；扫描纸张必须是 A4 纸。

（四）复核

在传统纸质投保时代，投保书信息是需要人工录入公司系统中的，而现在的 MIT 模式下，电子上传的投保书会直接录入公司系统中，后援中心的质控人员只需要核对电子投保确认单上填写的信息及交单资料与上传信息是否一致。这个核对过程称为复核，也叫作质控，即对电子投保确认单的填写进行质量控制。

电子投保确认单上填写的信息必须与上传的电子投保信息一致，才可顺利通过质控，进入下一流程。如果不一致，将会下发问题件，请业务员和客户对不一致的内容进行更正。如质控无任何问题，则自核通过的投保单直接进入保单打印环节，需要进一步人工审核的投保单直接进入核保环节。质控环节下发问题件是影响承保速度的主要因素。问题件下发后业务员可登录 E 行销自助打印，或等待柜面批次下发。作为保险合同的组成部分，投保人、被保险人需要在函件签字栏中亲笔签名确认，并注明日期。函件的有效期为 10天，超时未回销将会导致投保单失效取消，所以务必要及时处理。

（五）核保

质控无问题的或者问题件处理完成的投保单会进入核保环节。需要说明的是目前 MIT 模式下，85% 以上的单子在上传时能够通过电脑自动化核保，无需人工核保。这些单子在质控完成后即进入保单打印环节，剩余的 15% 左右的自核未能通过的单子此时则会进入人工核保环节。后援中心核保岗会对这些单子进行人工核保。人工核保的过程也是在后援中心通过电脑系统核对扫描影像来完成的，核保人并不接触实物资料。人工核保的过程中，核保人根据核保的需要，可能会下发五大核保类函件：体检通知、健康函、财务问卷、契调通知、核保函。其中契调函由调查人打印，其余函件下发后业务员可登录 E 行销自助打印，或等待柜面批次下发。与问题件相同的是，核保类函件下发后，业务员务必及时联系客户处理。

核保类函件完成后，核保人会根据了解到的风险信息评估核保结论，能够通过核保的则进入承保环节，否则下发拒保或者延期受理函件。拒保和延期函件不用回复，仅作通知客户用途。延期指客户目前状况暂时不适宜投保。延期函件后另有建议函一张，会告知何时可再次投保，再次投保时需提供的资料。延期适用对象多为正处于患病期间或手术结束了有一段时间的客户。拒保指存在的风险超过公司的承保范围。拒保客户只能在公司指定的时间段（一般为开门红）投保指定险种（具体以公司通知为准）。拒保适用对象多为预后不良的疾病，如癫痫、严重高血压等。

（六）承保

可承保的投保单又分为实时承保和非实时承保两种，MIT 投保模式下，自核通过且交费成功的投保单会实时承保，也就是保单在投保书上传和交费的当时即生效。而非实时承保的投保单一般是人工核保的投保单或者指定了生效日的保单，这类保单会在每天 3 次固定的时间进行批次承保。承保后的保单还必须满足电子投保确认单回销正确、无问题件待处理或已处理完成两个条件才能打印出保单合同。保单下发后，由各营业单位落实领取保单的地点，一般为内勤办公室或销售服务柜面。

（七）递送保单

代理人收到保单后应在公司规定的时限（3 个工作日）内将保单递交客户，并要求投保人在保单回执上亲笔签名并签署签收日期。签收次日需将回执交回公司，收到保单 3 日内未送达客户或客户签收后超 5 日未交回回执的，将按照业务员品质管理办法进行处罚。回执催交短信在保单承保 10 日后触发。回执又分为 E 回执回销和纸质回执回销。E 回执回销要求客户签收当天 E 回销，纸质回执回销要求客户在签收后次日交回柜面进行回销。

（八）新契约回访

监管要求保险期一年期以上和一年期费用补偿型医疗险，需在犹豫期内 100% 完成回访。因此，在回执签收时，请提醒客户合理预约回访时间，保证回访顺利进行。若客户在回访过程中提出疑问，服务人员需及时解决，否则可能会影响佣金发放。回访完成后，整个新契约投保工作才算完成，此时佣金将会发放至代理人佣金账户。

> ● **特别提示**
>
> 1.电子投保确认单回销时要注意：上传客户信息必须准确，单证填写按照模板，不要遗漏或填错，3 天内交回单证。
>
> 2.函件回销时要注意：问题件要仔细阅读，按照问题件要求请客户填写回复，10 天内交回函件。
>
> 3.回执回销时要注意：E 回销时间与纸质回执时间保持一致，注意勾选正确的回访时间。拿到保单 3 天内送达客户，签收次日交回回执。
>
> 4.新契约回访时需注意：提前提醒客户回访时间，确保客户不漏接回访电话。

二、投保单的填写

（一）投保单的构成

投保单共 1 张 4 版，由投保须知、客户资料（投保人、被保险人和受益人资料）、要约内容、转账授权、告知事项、备注栏、投保人及被保险人（或其法定监护人）声明与授权书和保险公司填写信息几部分组成。

投保单的填写

（二）投保单填写基本要求

（1）必须使用蓝黑色、黑色钢笔或签字笔填写。

（2）填写时应字迹清晰、字体工整，内容要求填写完整，不可遗漏。

（3）不允许涂改、折叠、撕拼，否则视为无效投保申请。

（4）一律使用简体字，不得使用繁体字或变体字，如遇疑难字或难读字请在一旁用铅笔标注上汉语拼音。

（5）投保书在代理人指导下填写，填写完毕后签字确认。

（6）必须由客户本人签字，不允许代签。

（7）监护人签章时必须签署监护人姓名，不能签署被监护人姓名。

（8）除"客户号"外，所有项目必须完整填写。

（三）投保单填写要求

1. 客户资料的填写

（1）姓名。填写的姓名应与客户签字及客户有效证件姓名一致。投保人姓名必须与"保险费交费账户授权"里账户所有人姓名、投保人签名处姓名完全一致。

（2）证件。认可的客户有效证件为居民身份证、户口簿、护照、军官证、出生证。

①身份证号码应为 15 位或 18 位；

②身份证号码应与出生年月日相符；

③身份证尾数应与性别相符。

15 位身份证号的最后一位、18 位身份证号的倒数第二位为性别代码，奇数为男性，偶数为女性。

（3）投保年龄。必须以周岁为准，计算公式如下：

客户已过生日：投保年龄＝申请年度－出生年度

客户未过生日（生日当天）：投保年龄＝申请年度－出生年度－1

（4）工作单位。如无工作单位，此部分填写"无"，不能为空。

（5）职业。固定职业与兼职均需填写（没有职业需填写"无"）。填写的职业名称应与职业代码一致，并且类别与客户工作性质相符。

（6）通信地址。通信地址务必填写翔实、完整，必须写明门牌号码。通信地址为能收到信件的通邮地址。

（7）移动电话、家庭电话、办公电话。务必填写投保人正在使用的移动电话、家庭电话、办公电话。家庭电话和办公电话为区号＋号码。

（8）被保险人资料。被保险人资料的填写同投保人。如被保险人与投保人为同一人（投保人部分"与被保险人关系"处填写"本人"），被保险人资料可不填写。如非本人，所有项目须完整填写详细信息，不能填写"同投保人"。

（9）身故受益人资料。

①生存受益人为被保险人本人；

②为避免日后发生法律纠纷，身故受益人提倡由客户指定；

③如因特殊原因不填写，属于没有指定受益人，被保险人身故后，保险金将作为被保险人的遗产，由保险公司向被保险人的继承人履行给付保险金的义务；

④身故受益人应为被保险人的配偶、子女、父母、祖父母或与被保险人有抚养、赡养或法定扶养关系的家庭成员、近亲属，否则需由核保员予以核保；

⑤身故受益人不能填写被保险人；

⑥有两位以上身故受益人时应详细填写受益人资料、受益比例及受益顺序。

2. 要约内容的填写

（1）投保事项。

①险种信息必须与计划书中内容一致；

②险种的搭配必须符合投保规则的规定；

③附加短期险"交费年期"为一年，投保人可选择是否申请续保；

④严禁修改险种、保险金额、保险期限、交费年期、保险费、银行账号等。

（2）红利领取方式。

①红利领取方式有累积生息、现金、抵交保费等，会在红利实际派发日作为保险费自动转入投保人指定万能账户中选择。如选择抵交保费方式，而抵交时的红利不足以抵交合同主险及附加险当时应交保险费合计时，投保人应补足差额，以保证合同有效；

②分红险趸交保费时，红利方式不能选择"抵交保费"。

（3）银行转账。

①转账银行应为公司划账范围内的银行（具体机构自定），账号必须为投保人人民币结算账号；

②投保单及转账协议中的转账授权必须由投保人亲笔签名授权；

③账户名必须为投保人本人姓名的账户名。

3. 告知事项的填写

（1）健康信息告知必须如实告知，填写原则为最大诚信原则。

（2）注意被保险人、投保人身高单位为厘米，体重单位为千克。

（3）投保有投保人豁免责任的险种时，需告知投保人健康状况。

（4）对询问事项答"是"时，必须详细填写"备注栏"。在备注栏中详细说明疾病或事故名称、发生时间、诊治医院、症状、诊断情况、诊疗经过、手术名称、治疗结果、出院小结、有无复发及现状等，并提供病历原件等资料。序号为告知为"是"的序号。

4. 声明与授权的填写

（1）应由客户在阅读并确认《投保人及被保险人声明与授权书》后在客户签名栏中亲笔签署。

（2）客户投资的险种中如包括分红保险、万能保险或投资连结保险的，须在此栏中抄录"本人已阅读保险条款、产品说明书和投保提示书，了解本产品的特点和保单利益的不确定性"语句，并在抄录内容后签名。

（3）如投保人与被保险人为同一人，在投保人、被保险人处均须签名。

（4）如被保险人未成年（未年满18周岁）则须由被保险人监护人签名，签署监护人的名字；如果监护人与投保人不为同一人，在监护人姓名旁填写与被保险人的关系。

（5）如为不识字者，应按其右手拇指印代签名，但须有二位以上的见证人签名，并填写见证人身份证号。

（6）客户签名栏不允许发生由代理人代签或涂改现象。

（7）所有签名不得使用同音字、同义字、繁体字，必须与身份证件上姓名保持一致。

（8）如遇个性化签字，则请客户在备注栏说明"此签字为本人的个性化签字，今后保险公司的所有签字均以此签字为准"。

（9）投保申请日必须以填写投保单当日为准，不得随意提前或延后。

（10）签署日期即签署投保书的日期必须填写，并且签署日期与交单日期之间不能超过5个工作日。

（四）注意事项

（1）投保书不得涂改。

（2）健康告知应详细。

（3）不得代签名。

（4）投保计划必须符合投保规则。

（5）新契约交单资料齐全。

（五）新契约交单资料

（1）填写完整的投保单。

（2）人身保险投保提示书。

（3）银行自动转账授权书。

（4）销售人员报告书。

（5）投保人、被保险人身份证复印件，未成年人户口本、出生证明复印件。

（6）银行卡复印件。

（7）个人税收居民身份声明文件。

（8）相关病历资料（如客户有疾病史或住院史，在告知的情况下，还须提供相关的病历资料）。

三、无纸化投保

无纸化投保

（一）无纸化投保流程

无纸化投保功能从业务模式上开创了投保新流程。不用填写投保单、销售人员报告书，不用复制身份证、银行卡，通过人脸识别、信息自动采集、电子签名等新技术，无纸化投保缩短了承保时间，方便了客户、销售人员，开创了投保新体验。无纸化投保共有"客户""设置""授权""告知""确认""支付"六个环节。

1. 客户页面

进入国寿 e 店，点击"无纸化投保"图标，进入第一环节"客户"。该环节主要进行客户识别及信息采集。首先进行投保人身份识别，点击"识别上传"，进行身份证"正面"及"反面"的识别。点击打开摄像头，扫描身份证正面及反面。扫描身份证时，将身份证放于桌面进行扫描。投保人身份信息可通过"识别上传"自动带入，也支持手工录入。识别完毕后，点击"下一步"，进行人脸比对。点击右侧"相机"，现场采集客户照片，拍照进行人脸比对。人脸比对时，需将脸部对准提示框保持微笑，同时保持手机稳定，不要晃动。提示人脸比对成功，点击"完成"，返回客户资料填写页面，进行后续投保操作。若人脸比对失败，点击"重拍"可重新比对。然后录入"投保人"其他信息，若选择手工录入客户信息，客户的证件有效期及出生日期以滚轴方式选择。输入投保人手机号码要准确，在后续环节该手机号需要接收验证码。输入地址时应具体到门牌号，且需不少于 10 个汉字。点击"下一步"录入被保险人信息，规则同投保人。在"被保人是投保人的什么关系人"这项选择"本人"，投保人信息会自动带入。点击"下一步"录入受益人信息。受益人支持"识别上传"，也可手工录入。但受益人不需要进行人脸比对。

2. 设置页面

点击"下一步"进入第二环节"设置"。该环节主要进行险种等要约内容的录入。在设置页面增加了保险合同形式——纸质合同、电子合同，本期电子合同尚未实现，会在下期实现。因此界面上默认为纸质合同。录入首期缴费形式等信息。在设置页面点击"险种详情"，提供以列表形式查看所选险种信息，选择险种。

3. 授权页面

然后进入第三环节"授权"，该环节主要进行交付费账户的授权操作。增加"识别上传"功能，识别银行卡正面信息，将银行卡正面照片上传到影像系统。首先录入交费账户信息，点击"识别上传"进行银行卡正面的识别。扫描银行卡时，将银行卡放于桌面进行扫描。将扫描线对准银行卡号。系统识别出银行卡信息。点击"确认"，将信息填入"授权页面"，上传银行卡照片影像。若使用活期存折，须手工录入账户信息。满期金、红利账户授权方法相同。

4. 告知页面

点击"下一步"进行第四环节"告知"。该环节主要对客户生活习惯等内容进行告知。

首先录入被保险人告知项。若投保险种条款列明有"免交未到期保险费责任"的，须同时录入"投保人"告知项。4～12 项如有异常告知，须在最下方的备注栏列明编号及需说明的内容。当被保险人为婴幼儿时，《婴幼儿健康补充告知》会在"告知"界面出现。点击"下一步"阅览人身保险投保提示书。《人身保险投保提示书》的确认在"告知"环节之后。《人身保险投保提示书》的阅读时间控制为 5 秒钟，未达到阅读时间不允许点击"同意"按扭。点击下箭头，可跳转到底部。点击"同意"，跳出电子化投保和普通投保选择框，点击"电子化投保"，即进入第五环节"确认"。

5. 确认页面

确认环节主要进行客户身份识别、影像采集、电子签名和 CRS 调查操作，也可根据实际情况，切换为传统 e 家投保方式，此示例中已在"客户"环节进行了身份识别及影像采集，在此环节只需要进行电子签名和 CRS 调查操作。系统提供了投保人和被保险人不在同一时间签名功能，投保申请日期以最后签名的时间为准。首先，点开"签字文件"，点击最下方"电子投保单"，预览投保单。点击电子投保单左下角"投保人签名"进行投保人的电子签名。若是投保了分红型、万能型产品，要抄录风险语句。系统弹出投保人抄录 / 签名语句手写板。投保人抄录语句与签名须一同签署。点击"确认"后预览投保人签名和抄录语句，点击"被保险人签名"，弹出手写板，若有投保豁免险种且豁免的是投保人，一并签上投保人姓名。点击"确认"。点击"保存"保存电子签名。接下来点击"CRS 调查"，CRS 调查是投保人、被保险人的税收声明调查。如果该客户未购买过中国人寿的长险产品，且未在中国人寿进行过尽职调查，则须进行个人税收居民身份声明信息录入，完成调查即可。如果客户已经在中国人寿做过尽职调查，或者已经在中国人寿购买过长险产品，则弹出"该投保人已经做过调查，无需重复调查"。所有环节完成后，点击右上角"全部上传"，系统会跳出填写验证码提示框，点击"发送验证码"即可发送短信验证码到客户手机上；填写短信验证码后，投保信息将会上传至核心系统。上传成功的投保资料将不能修改任何信息。

6. 支付页面

最后进入支付页面。若投保单状态为非人工核保的，在投保单号前面点击后，就会勾选，"确认交费"按钮就会变绿色，可以进行交费。整个投保过程到此结束。中国人寿将打印正式合同，并通过销售人员送达客户，客户可以选择微回执、微回访，体验中国人寿的新服务。

● **特别提示**

无纸化投保注意事项

无纸化投保目前还处于推广阶段，系统处于优化调整期，在投保过程中需注意如下事项：

1. 信息采集要核对。身份证、银行卡识别时要注意在亮度合适的光线下，将证件平放在桌面或者水平面上，背景要单一色系，采集区域内不要出现如手指、电线等其他物体，避开光线强烈的地方，以免造成影像由于反光而导致的不清晰。系统对汉字识别的精确度还有待进一步提高，影像信息采集后销售人员应仔细查看客户及银行账户信息是否完整准确，发现错误需要手工修改。

2. 未成年人需特别关注。未成年人有身份证号但没有身份证时，如有户口本，证件类型如实选择，手工录入相关信息，在采集模块进行证件的拍摄。2岁以下投保的，须采集出生证明。

3. 关键步骤应仔细。风险语句抄录、签名应仔细操作。影像采集应完整清晰，尽量一次成功。对于影像选择不通过的，通知销售员补充资料。重新上传时系统反应较慢，需耐心等待。

（二）无纸化投保常见报错问题处理方式

国寿无纸化投保常见
报错问题处理方式

（1）无纸化投保，在授权环节识别银行卡并点击"下一步"，提示"暂未开通该银行的支持服务"，怎么办？

解决办法：不要使用识别功能，重新手工录入账号等信息，然后在确认环节拍照上传即可。

（2）无纸化投保，点击"全部上传"后，提示"抱歉，上传失败！保费计算不正确"，怎么办？

解决办法：问题应该是添加险种顺序异常所致，请按计划书的险种顺序或按先主险后附加险的顺序添加险种，就可解决该问题。对于已经出现的问题，需重新制作处理。

（3）客户空中签名完成后，点击"去核对"，提示"PDF生成失败，请重新点击"，怎么办？

解决办法：多因为网络问题或缓存不够所致，可尝试切换网络多次操作或换一部手机登录上传。

（4）无纸化投保，部分手机点击"全部上传"后，提示"缺失电子签名后缀的加密包，请您按照以下的操作核对"，怎么办？

解决办法：请重新制单处理，一般可解决该问题。

（5）人脸识别提示"人脸比对失败，请重新刷脸"，怎么办？

解决办法：请确保背景全白色，光线充足，换不同的角度多尝试几次。

（6）人脸识别提示"网络异常，请您稍后再试"，怎么办？

解决办法：一般由网络异常、缓慢等原因所致，请切换网络多次尝试。

（7）客户在e宝或者e店看到身份证图片不能正常显示，怎么办？

解决办法：分为以下两种场景进行解决：①客户在e宝看到身份证图片不能正常显示的，需要退回到身份证扫描界面，重新扫描识别身份证，扫描时手机距离证件稍远，保证证件清晰度最佳。②销售人员在e店看到客户身份证图片不能正常显示的，是因为客户在e宝操作时，虽然证件图片不能正常显示但也提交了。这种情况请重新复制录单，转发给客户重新进行空中签名。

（8）系统提示"您输入的授权码有误，请重新输入"，怎么办？

解决办法：这是由于初始化配置失败所致，可以等短信验证码过期后重新获取或者退出账号重新登录。

（9）录入客户信息时，提示"请输入正确的投/被保人手机号码"，怎么办？

解决办法：检查输入的手机号中是否出现了空格或者其他字符。检查后，再提交，若还报这个错误，请确认一下是否是常见号段的手机号。目前有一些诸如177开头的手机号系统是不支持的。

（10）客户空中签名，进入"我的保单"，识别完身份证后，提示"身份证影像信息与保单信息不一致，请重新识别"，怎么办？

解决办法：有可能是因为在e店录入的客户身份证信息与客户的真实证件不一致，请检查一下识别出的身份证信息和录入客户的身份证信息是否一致，不一致时不允许操作后面步骤。

（11）先录入客户信息，之后识别客户证件时，提示"投保人身份证识别信息与所填写信息不一致，是否继续"，怎么办？

解决办法：点击"否"，返回检查一下识别出的身份证信息和录入的客户身份证信息是否一致，不一致时不允许操作后面步骤。

（12）录入银行卡信息时提示"银行账号前6位标识或者账号长度与该银行不符，请修改后再保存"，怎么办？

解决办法：不是所有的银行存折都支持银行转账方式，建议尽量使用借记卡，借记卡支持实时代扣，存折不能用于实时代扣。遇到此类问题，请回退到第二步"投保事项"，在"首期缴费形式"中选择"银行转账"即可。

（13）录入提示"投保单更新被保人失败"，怎么办？

解决办法：这是被保人信息未录入成功所致，请重新录入被保人信息。

（14）"支付"操作无法打开，怎么办？

解决办法：手机字体太大，在手机设置界面将字体调小即可。

（15）实时代扣提示"不存在需要缴费的收费项目"，怎么办？

解决办法：①多刷新几次或隔日再进行确认交费；②转化成银行转账进行交费；③柜面刷卡交费。

（16）提示"录入信息错误：核保因子……"，怎么办？

解决办法：核保因子很多，发生该报错时可滑动错误信息条，查看具体原因。绝大部分是因超额投保。可按照具体报错内容调整相关的保额等要素。

（17）业务员在e店提交或者核对签字时，提示"客户正在处理中，请耐心等待"，怎么办？

解决办法：一般是因为客户还未处理该份空中签名或未上传成功，可先确认客户是否已经在e店提交（可用客户姓名、证件号码在自己的e店查看）。如果已经提交，退出重新进入确认页，多试几次。

（18）客户在e宝识别完人脸后，点击右上角完成，提示"上传失败"，怎么办？

解决办法：让客户重新回到身份识别环节，查看身份证背面是否识别成功，如没成功，需重新拍摄。

（19）客户在e宝点击PDF文件签名时，提示"下载中，请稍后"，怎么办？

解决办法：等待几分钟后或切换网络再重新操作即可，多尝试几次。

四、个险投保规则

（一）基本概念

1. 险种

（1）个人长期寿险。

①终身/两全/定期寿险。

寿险：当被保险人身故或全残时给付保险金的保险。

终身寿险：保险期限为被保险人整个存活期间，被保险人身故或全残将给付保险金的保险。

两全寿险：保险期限为一段约定的时期，不论被保险人在规定时期内身故、全残或期满仍然生存，都将给付保险金的保险。

定期寿险：保险期限为一段约定的时期，在规定时期内身故或全残将给付保险金的保险。

②终身/两全/定期重疾险。

重疾险：当被保险人患有保单指定的一种或几种疾病时，保险公司同意给付约定的保险金。

提前给付重疾险：保险包含身故、全残和重疾责任，发生重疾后给付重疾保额，身故或全残后给付剩余保额。若无剩余保额则合同终止。

额外给付重疾险：保险仅包含重疾责任，发生重疾后给付重疾保额。若未发生重疾则不给付。

③期交万能险。

兼具投资与保障功能，保额与保费可灵活变更。

（2）年金险。

保险公司承诺每隔一个确定时期向指定个人给付约定的保险金的保险。

（3）短期医疗险。

是为被保险人因疾病、意外伤害或残疾所导致的财务损失风险所提供的保险。

①医疗费用险：为被保险人提供因疾病或伤残而发生的医疗费用。

②收入保障险：为因住院不能继续工作的被保险人提供收入补偿。

（4）意外险。

被保险人因意外导致的保险事故死亡或残疾或烧伤，保险公司给付保险金。

（5）资金型保险。

以投资储蓄功能为主，可附带部分保障功能的保险。

（6）产品组合。

一组产品中的全部或部分以一定的比例构成一个组合。必须按一定比例搭配销售的一组产品，常见于重疾等险种投保。

2. 风险保额的分类

（1）寿险风险保额：指被保险人身故时，保险公司须赔付的最高限额。

（2）意外险风险保额：指被保险人发生意外险保险事故时，保险公司须赔付的最高保额。

（3）人身险风险保额：指被保险人在本公司累计寿险风险保额及累计意外险风险保额的合计。

（4）重大疾病险风险保额：指被保险人发生合同约定的重疾保险事故时，保险公司须赔付的重疾责任风险保额之和。

（5）短期医疗险风险保额：指被保险人因疾病发生医疗保险事故时，保险公司须支付的住院费用、收入保障等风险保额。

（6）银保意外险风险保额：指客户投保银行保险产品和资金型产品时产生的普通意外险风险保额。

（二）一般投保规则

1. 保险利益

个险投保规则

投保人与被保险人之间必须存在保险利益关系。保险利益是指投保人对保险标的（被保险人）因各种利益关系所具有的法律上承认的经济利益。

投保人与被保险人之间关系：本人、配偶、子女、父母，与投保人有抚养、赡养或者扶养关系的家庭其他成员、近亲属（需提供抚养、赡养或者扶养关系证明）。被保险人与身故受益人之间的关系须为配偶、子女、父母，或与被保险人有抚养、赡养或者扶养关系的家庭其他成员、亲属（需提供抚养、赡养或者扶养关系证明）。

2. 限额

（1）除期交万能险外，各个险种每单投保不设最低保险金额限制，但存在最低保费限制。期交万能险最低保额不得低于基本保费的20倍。

（2）累计重大疾病险风险保额最高限额：成人 ≤ 80 万元；未成年人 ≤ 50 万元。

（3）每张投保单的最低保费期交 500 元、趸交 1000 元。

（三）特殊投保规则

1. 未成年人投保规则

（1）未成年人是指出生后满 28 天至 17 周岁之间的群体，按照银保监会规定，其累计人身险风险保额不得超过 10 万元。

（2）投保时须如实填写《未成年人投保特别告知书》，各家保险公司不得超限额 10 万元承保。

（3）投保人仅限于被保险人父母或者监护人。

2. 怀孕妇女投保规则

（1）怀孕不足 3 月（12 周），正常处理。

（2）怀孕 3~7 月（12 周至 28 周）之间者，需提供产前检查报告复印件。

（3）怀孕 7 月以上者，需延期至产后两月后再投保。

（4）怀孕妇女投保下列附加合同将不予承保：附加住院费用医疗保险、附加住院收入保障（定额给付）保险。

（5）孕月＝28个自然日。

3. 非本地区居民投保规定

（1）非本地居民指户口非辖区范围内的人士。

（2）投保人及被保险人必须为该地区长期居住或有稳定工作者，任何暂时居住于宾馆、招待所、亲戚朋友家等临时居住地的人或旅游者不在承保范围内。

（3）外籍人士须在本地居住一年以上方可投保，同时需对客户说明客户离开中国大陆时可自行决定是否退保，一旦到拒保国家居住时，必须做退保处理。

4. 残疾人投保规则

残疾人士投保时必须满足以下条件并提供相关证明资料：

（1）残疾程度、部位必须固定2年以上，肢体残疾除外。

（2）需有稳定的工作及收入，意外险职业类别不得超过4类。

（3）投保时应提供残疾证明，根据不同情况要求做相应体检、生存调查后再决定是否承保。

（四）附加险投保规则

（1）附加险保险期间不得超过对应主险的保险期间。

（2）附加险缴费方式须与主险一致；附加险的交费年期不得超过对应主险的交费年期；主险为趸交方式的不得附加短期附加险。

（3）若附加合同包含投保人豁免保险费定期寿险，则该合同所有主、附加险必须同时选择投保人豁免保险费定期寿险。

主险为趸交或保险期间为一年的险种不得附加投保人豁免保险费定期寿险。

（4）险种之间的附加规则。根据银保监会颁布的《健康险管理办法》，无保证续保条款的健康险附加险合同的保险期间不得小于主合同保险期间。所以附加短期医疗险只能附加在意外险上。

（五）体检规则

1. 体检的通知

保险营销员将核保员下发的体检通知函转交给客户，同时保险营销员有通知客户体检并代为预约的责任。

2. 体检时限

体检必须在体检通知书签发后的15日内完成，体检问题件逾期未完成者做撤销投保申请和退费处理。

3.体检结果时效

体检报告时效 6 个月；客户提交的既往体检报告若体检内容一致，核保员可以视情况决定是否接受；公司不接受客户自己提交的晚于投保日期的体检报告。

4.体检费用

（1）保单承保并过犹豫期后由公司报销。

（2）公司不予报销体检费用的范围：①核保同意以标准体承保，但投保人提出撤销投保申请或犹豫期内撤单的；②客户因复效、补充告知或理赔调查结果反馈需要体检的；③核保决定为拒保、延期的；④客户擅自增加体检项目所产生的体检费用；⑤客户自行提供的体检报告所产生的体检费用，或客户未经本公司同意进行体检所产生的费用。

（六）财务核保规则

1.高额件

（1）高额件，即风险保额在 100 万元以上或投保资金在 100 万元以上的投保件；机构柜员在受理该类投保资料时应在投保单右上角表明"高额件"字样，同时不得先收费。

（2）高额件均须填写《财务问卷》《营销员报告书》，风险保额达到 100 万元以上的投保件需同时完成体检、生存调查等作业，客户提供收入证明、个人资产证明、个人收入证明、企业营业执照复印件、企业上一年度财务审计报告等资料，再由核保人员人工核保处理，核保通过后方可收费。

2.反洗钱法相关要求

按照反洗钱法相关要求核对、收集、留存资料，同时进行甄别、报告。

五、核保类函件的处理

在新契约投保过程中，经常会下发各种函件，函件的处理是否正确及时，对承保的时效甚至能否顺利承保都有着重要的影响。新契约函件又分为契约类函件和核保类函件，契约类函件又称为问题件。契约类函件和核保类函件分别是在质控和人工核保环节下发的函件。契约类函件主要是在处理电子投保书上传时或者电子投保确认单填写时产生的错误，也有部分投保单因转账失败而下发转账不成功的契约类函件。核保类函件主要用于搜集客户风险信息，为核保提供依据，分为体检函、健康函、财务函、契调函、核保决定函。所有需回复的函件的有效期均为 10 天，超期未处理会导致投保单失效取消。各类函件下发后，公司会短信通知业务员及时查收，收到提醒后业务员需立即处理。业务员在更换电话号码后要及时到营业单位人员管理岗进行号码更新。

核保类函件的处理

（一）体检函

最常见的核保类函件就是体检函，体检函全称健康检查通知函，体检函一般是因为客户的年龄和所投保保额达到投保规则中体检标准而下发的，也有部分体检函是针对客户既往病史而下发的。收到体检函后，业务员要及时通知客户尽快至公司体检室或者特约体检医院进行体检。体检时需注意以下事项：客户去体检时需带上本人的身份证件和近期正面照片及体检通知；否则，将不能进行体检。体检的前一天晚上吃清淡的饮食，体检当日空腹；曾因有关疾病就诊或住院的客户，要带好病历或出院小结，供体检医师参考；在体检通知规定的时间内完成体检；未成年人体检需要监护人陪同进行。

被保险人要在函件中规定的截止日期前 3 个工作日前到公司体检室或者特约体检医院参加体检。因体检需要 3 日来完成体检报告，而外部体检医院体检一般需要 5 日完成报告，所以选择外部体检医院则更需要提前体检。

如果客户出差需要在外地体检的，本部的业务员可以联系柜面工作人员，柜面工作人员会告知体检室医务管理岗，联系异地机构的体检室，尽快且妥善安排客户在异地完成体检。三级机构的异地体检需要跟新契约岗同事联系，由他们协助安排异地体检事宜。

（二）健康函

第二类核保类函件为健康函，全称补充健康状况资料通知函，健康函的描述内容一般由三部分组成：第一部分是提供病历，需要客户提供病历资料、检查化验报告、疾病诊断证明等；第二部分是填写疾病问卷，需要客户如实、完整填写疾病问卷；第三部分是补充健康告知，需要客户重新告知相关疾病治疗及恢复情况。

以健康函样本为例：该客户有既往疾病史，第一个红框中所描述的"请告知目前恢复情况"就是对既往疾病情况进行补充健康告知；第二个红框中描述的"请提供完整住院病历、随访资料及近期的相关检查报告"则是要求客户提供既往疾病的住院病历和出院后的复查病历；第三个红框中所描述的"请填写健康问卷"则是请客户填写健康问卷，需注意，若拿到的函件中有需要填写问卷的描述，请至各营业单位所属柜面索要对应的问卷，切记回销函件不要遗漏问卷。健康问卷是客观收集信息的，有多少填多少，如实填写，未做过的项目可留空白。

在健康函的处理中要注意：应及时联系客户，请客户按照函件上的要求提供有关病历资料或完成疾病问卷的填写。另外，作为保险合同的组成部分，投保人、资料提供人或监护人需要在客户意见栏中亲笔签名确认，并注明日期。同时也要注意需要在函件中规定的截止日期前 3 个工作日前将以上客户签名函件及有关资料交回公司。

（三）财务函

第三类核保类函件为财务函，财务函的形式一般为财务问卷。当客户申请的保额达到一定标准后，公司会下发财务问卷；收到财务问卷后，应将问卷带到客户处，向客户说明原因并请其按要求如实填写财务问卷。可能会有人有疑问，购买保险为什么需要填写财务问卷呢？核保人在做出核保决定时，除了要考虑被保险人的健康状况外，还要综合考虑投保人和被保险人的财务状况。核保人需要根据客户的保险需求、净资产、收入因素等来综合考虑客户的投保动机是否合理、保险金额是否合理、保费的支付能力如何等，以此来避免因道德风险而产生理赔，同时确保客户能够持续交纳续期保费。所以业务员在收到财务问卷后要与客户做好沟通工作，请客户如实填写财务问卷。

财务问卷中的各项内容是保险公司评价被保险人保险金额的重要依据，将成为保险合同的组成部分，因此需要投保人和被保险人如实填写并亲笔签名确认。如存在不实告知影响核保决定的，那么即使已经签发了保险单，保险公司仍有权依法解除保险合同。财务函同样应在规定最迟回销日期的前3个工作日前将填好的问卷交回公司，完成问卷的回销。

客户累计人身险保额达到一定金额，才会下发财务函。因此，财务函的下发比例相对较低，按照目前的投保保额水平，仅有少部分高额投保才会下发财务函。

（四）契调函

第四类重要的核保类函件是契调函，需要注意的是，契调函下发后，业务员是不会收到函件的，函件由公司的调查人员打印并完成。那么，什么样的情况会下发契调函呢？在对新契约投保件的核保中，为了能够直接了解被保险人健康、财务、职业等方面的情况，核保人可能要求公司契约调查人员直接面晤投保人或被保险人，进一步收集相关资料。

契约调查是体现优质服务、防止合同纠纷、依法保障客户利益的重要手段，是公司的一项重要工作，契调人员代表公司执行契约调查的职能。

业务员在收到"契调通知"后，应当及时与客户沟通，解释契调原因，并确认时间和地点。同时，要积极配合契调人员的工作。部分契调是由公司直接调取病例，无需业务员与客户联系。业务员在收到契调人员的联系时需要做到以下几点：电话通知客户，告知公司需要做契约调查，请客户配合；协助契调人员确认拜访时间和具体地点（一般为客户工作单位或客户家中）；协助契调人员向客户了解健康或财务等相关信息。

（五）核保决定函

以上四类函件完成后，核保人将依据这些投保资料及公司有关核保规则对自动核保未通过的投保单做出核保决定。如果评估合格，投保就能承保，但并不是每一份投保申请都能被通过。不能按标准体承保的客户，就会下发第五种核保类函件——核保意见通知函。

在核保函中，详细注明了被保险人或连带被保险人投保的主/附险种及对应的核保意见、核保依据。一般来说，核保人主要的核保意见有标准体通过、加费、增加除外责任、消减保额、降低档次、限制保额/份数/交费期、延期、拒保等。这些核保决定分别针对投保单中的每个险种。

不同意的，全部勾选"否"，意见栏写整单撤件；部分同意的，同意的勾选"是"，不同意的勾选"否"，意见栏写取消×××险，其余险种保留；如果主险不同意，整单将被取消。组合销售的险种如有不同意的，也将整单取消。

业务员在收到核保函后，应及时将该函件交予客户，请客户详细阅读核保决定，并在客户意见栏中签署意见或相关说明。同样，核保函也是保险合同的重要组成部分，所以必须经投保人、被保险人、其他被保险人或监护人亲笔签字后才具有法律效力，且客户意见说明处，除了同意或不同意外，不能有其他表述。比如，"我的疾病已经好了，希望不要加费"这样的表述等等，否则将影响合同的法律有效性，导致不能正常回销。同时，与其他函件一样，核保函也需要在函件规定的截止日期前3个工作日前将客户签名的函件交回公司回销，逾期将做失效处理。

在核保意见通知函中有两种是仅作通知客户之用，无需签字交回的。分别是延期受理和拒保的核保函。

延期是因为客户目前的额外危险过高，且发展趋势不明，核保无法判定其危险程度。对于这种风险，保险公司暂不承保，需经过一段时间后再考虑。延期对象在医学上多正处于患病期间或手术结束的一段时间。在延期通知函后一般另附有一份建议函，会告知何时可再次投保，再次投保时需提供的资料。

拒保是因为客户的额外死亡率持续高出正常人太多甚至无法估计，保险公司对此类风险通常不能接受投保。在医学上拒保的对象多为预后不良的疾病，如癫痫、重度残疾、严重高血压等。

● 特别提示

1. 函件的处理首要关注时效，切莫因拖延导致函件失效，投保取消。

2. 要仔细看清函件要求，不要遗漏，以免函件二次下发或影响核保结果。

3. 函件处理过程中，要与客户充分沟通，告知客户函件的下发是为了维护客户权益，请客户配合完成。

六、微回访

（一）微回访的定义

微回访

微回访是以智能手机为载体，通过"ＸＸ人寿ＸＸ分公司"微信公众号平台，由投保人本人发起并完成签收回执和新单回访的一种新型服务模式。

（二）微回访的优势

电话回访对营销员来说：（1）客户不方便接电话时可能导致新单回访失败，影响佣金正常发放。（2）若遇保单过多，会导致等待电话回访时间较长，影响佣金正常发放及考核晋级。

电话回访对客户来说：（1）无法提前约定回访电话的时间，接电话可能不方便。（2）客户需要花费较长的时间接电话，易产生烦躁情绪。（3）客户可能对回访的问题听不清楚或有疑问，容易产生误解。（4）电话回访是制式话术，缺乏亲和力，客户体验感不强。

微回访对营销员来说：（1）24小时即可完成微回执、微回访，等待时间短。（2）客户如有疑问可随时咨询销售人员，减少误解。（3）确保佣金计算时点不会因回访任务积压导致佣金缓发及晋级考核。

微回访对客户来说：（1）可以自主选择完成微回访的时间，方便快捷。（2）只需要在微信上做选择题，省时省力。（3）通过阅读，客户对回访问题更清楚明了，不易产生误解。

（三）微回访操作步骤

1. 业务流程

客户收到合同以后，关注保险公司微信公众号，进入微回执回访界面。首先进行微回执，点击"保单回执操作"，进行保单回执核销；输入保单号或通过二维码扫描投保单号；触发验证短信，手机上收到验证码后填写验证码，确认签收完成微回执。接下来进行微回访，阅读回访提示，查看回访列表，完成回访问卷，确认提交结果，完成电子签名。如果是问题件，生成问题件会办，相关部门跟进处理。如果为微回访不成功件，保险公司会进行人工二次回访。如果是成功件，保险公司会进行真实性抽检。

2. 微回访的操作步骤

以中国人寿ＸＸ分公司为例进行微回访操作步骤的讲解。

第一步：关注公司微信公众号。微信扫一下二维码，关注官方微信公众号。有两种方式进入"微回执"界面，第一种方式是手工输入"微回执"，点击"发送"键；第二种方式是在"客户服务"栏中点击"微回执回访"。

第二步：完成保单回执后选择要进行回访的任务。签收回执成功后则点击"进行保险回访"，下一个界面显示"您目前共有Ｘ份合同待回访"，根据保单类型分别点击保单进行回访。同一类型问卷只填写一次即可完成所有问卷回访。

第三步：点击"开始访问答题"，进入保单回访问卷。这一界面会呈现保单详细信息：险种名称、保单号、投保人姓名、被保险人姓名、交费方式、交费期间。

第四步：回答保单回访问卷。根据系统提示，点击"下一题"，直接跳转下一题。不同项目，问题条数不同。

第五步：确认提交，完成保单回访。①勾选，证明以上回访问卷均是本人如实独立作答，本人同意中国人寿留存以上回访结果。②点击"点击签名"处，手写签名。③完成以上操作后可点击"确认提交"。提示：回访完成后一定要点击"返回"查看是否还需进行其他回访。如有其他需要回访的保单，重复上述步骤再次进行回访操作。

3. 微回访电话确认环节

完成微回访操作后，还有最后一步电话核实确认的环节。客户操作真实性确认：95519将对部分完成微回访的客户进行电话回访，与客户确认是否为本人独立操作、是否对回访问题无异议。

问题件核实：针对客户有异议的问题进行详细解释，若经解释客户仍不清楚的，通过会办单下发基层公司进行跟进处理，确保客户无异议。微回访电话确认不成功将计为新单回访不成功件，会影响佣金发放。

（四）微回访注意事项

1. 三个"禁止"

（1）禁止在非投保人手机上操作。
（2）禁止非投保人本人操作。
（3）禁止非投保人本人签名。

2. 操作中的"八个注意"

（1）要关注"ＸＸ人寿ＸＸ分公司"微信公众号。在这里进行微回执与微回访，并且是在完成微回执当天的 24 点之前完成微回访操作，否则仅做了微回执的保单会在第二天自动抽取到外呼系统，只能以电访方式完成。

（2）手机号码务必准确。客户签收电话回执时，系统会自动给客户保单留存的手机号码发送动态验证码，对客户进行身份验证，如手机号码错误，将无法进行微回访。

（3）客户同时投保多类型险种要分别进行操作，确保同一种方式完成回访。若客户同时投保多类型险种要分别进行操作，传统型保单需要操作一次，分红型保单需要操作一次，万能型保单需要操作一次，所以微回访操作完成后点击"返回"键很重要。

（4）关注万能险结算时点，每月初万能险会进行停机结算，停机期间含万能险的保单不能进行微回访。

（5）客户自主回访的前提条件是采用新型回执方式签收保单，传统回执方式不适用客户自主回访。

（6）回执方式对应回访方式，e 宝微信端、APP 端之间不支持业务互通。

（7）目前微回访只针对个险保单、税优保单。双录保单不支持微回访，必须以人工电话回访方式完成。

（8）销售人员要做到三个"务必"：务必独立完成，务必完整答复，务必配合完成电话回访确认。①务必独立完成。微回访过程需由投保人使用保单中登记的手机完成。销售人员可提前告知或演示操作步骤，但客户进行微回访问卷选择时不能旁观，不能代替客户操作或诱导客户作答，需保证客户本人操作的独立性，营销员代为操作或诱导客户作答属于严重违规行为。②务必完整答复。所有问题选项如实选择并答完、手写签名确认且提交后回访才结束。③务必配合完成电话回访确认。仅完成微回访操作并不意味新单回访成功，客服会对部分微回访客户进行真实性抽检，所以还需提醒客户接受电话确认后才是真正完成回访。

第二节　收付费业务

一、收付费

（一）收付费的定义

指保险业务经营过程中，收付费人员通过现金、自动转账、支票、汇票、银行代收等形式，实现保险费、保险金等业务收付的行为，并为会计核算提供基础数据。

（二）业务、收付费、财务相互关联，互相因循

收付费是指在遵循相关财务规章制度的前提下，根据业务产生的应收费、应付费信息或收付费请求，进行具体的收付费操作，并真实地记录收付费信息。

财务要对收付费记录进行合法、合规性审核与确认，客观地反映业务经营情况，并以相关的财务规章制度规范收付费行为，通过对收付费行为的管理与监督，保障公司运营资金的安全，促进业务经营持续健康发展。

（三）收付费是业务和财务有机结合的纽带

科学合理的收付费流程、有效的对账机制、规范的收付费规则，使业务、财务共享数据资源，有机结合，实现业务、财务数据一致。

收付费人员通过收付费操作时的初审、录入、确认三重核对与每一工作日的日清日结处理，建立起严格的自我检查与主管复核的机制，同时收付费人员通过对业务产生的应收、应付记录核对，达到对业务系统的检查目的。

财务部门通过对收付费明细清单、数据的原始单证的审核，以及对银行资金和现金到账情况的监控与核对，建立起对收付费操作的事后监督机制。

业务部门则通过对应收费、应付费的实际收付情况进行跟踪检查，建立起对收付费行为的督促机制，并做相应的业务处理。

二、收费

（一）收费的定义

收费是指收费人员根据业务部门开具的各类收费凭证、交费通知书等，收取相应金额的款项，并根据收费形式的不同，进行相应形式的收费记录和资金到账确认操作，并将资金到账确认结果反馈给业务部门，供业务部门进行下一步的操作。

保险公司收费业务

（二）收费方式

1. 现金收费

现金收费是指收费人员收取客户以现金方式交费的一种收费形式。完成资料审核、收费数据录入，缮制和清分收费凭证，处理过程应掌握以下要点：认真辨识现金的真伪、清点现金的数额；真实、准确、完整地录入收费数据；根据收费项目及属性，正确选择使用收款收据或保费发票；在收款收据或保费发票上分别加盖收款专用印章或保费发票专用章及收费人员名章。其中，收款收据客户联交交款人存执，财务联留作记账凭证附件，业务联留存。

柜面现金收费风险较高，应注意引导客户通过其他方式交费（如银行转账），减少现金流量。同时还应根据公司及银保监会的要求，在限定的额度及范围内收取现金。

2. 支票 / 汇票收费

支票 / 汇票收费是指收费人员收取客户以支票 / 汇票方式交款的一种收费形式。支票包括现金支票、转账支票，汇票则包括信汇、电汇。此种收费方式，只有当支票 / 汇票金额转入保险公司在银行开设的保费收入账户后，财务人员才能确认资金到账，并通知收费人员进行收费处理。

3. POS 机收费

POS 机收费方式与柜面现金收费方式相同，所不同的是投保人交纳保费是通过柜面 POS 机刷卡的方式实现的。

4. 银行代收

银行代收是指银行储蓄网点受保险公司的委托，收取业务员、投保人或受投保人委托的他人以现金方式交纳的有关款项，并转入保险公司在银行开设的保费收入账户，同时银行向交款人提供相应收费凭证的过程。银行代收依据银行代理收费操作的方式、内容的不同，可分为银行代收 1、银行代收 2 两种方式。

银行代收 1 是指投保人将现金直接存入保险公司在银行开设的保费收入账户后，凭银行出具的银行交款单至保险公司服务网点办理交费手续，或将相关资料委托业务员，由业务员持银行交款单、收款收据等资料至保险公司服务网点办理交费手续的过程。

银行代收 2（非实时收费）是指保险公司将投保人的应交费信息按期事先提供给银行，并适时向投保人发出交费通知，当投保人前往银行交费时，银行柜员根据投保人提供的保险合同号或投保单号、收费编码查询相应的应交费信息，收取相应的款项，记录相关的收费项目，出具收款凭证；同时将所收款项转入保险公司的保费收入账户，并按代收协议约定的时间将收费记录传送给保险公司的过程。此种收费方式下，保险公司只需事先由业务部门向银行提供应收费信息，在银行与保险公司之间进行数据传送与接收，而无需收费人员更多的人工介入即可完成收费过程。因而这一收费方式被形象地称为银行 BOX 业务。

5. 银行转账收费

银行转账收费是指投保人事先授权保险公司委托其指定的银行，或直接授权银行自其指定的银行账户中，依保险合同约定的交费方式、交费标准和交费期限，按期扣取保险费，并划入保险公司在银行开设的保费收入账户的过程。

6. 其他新型收费方式

利用电子商务、互联网等先进技术及平台开发的创新的保单销售及收费手段，通过与银行等中介代理机构合作实现实时保单销售、实时数据流转、实时信息查询等功能。比如银邮保通和无线智能化 POS 机方式。

银邮保通是商业银行接受保险公司的委托，以兼业代理人身份代为办理保险业务，并向保险公司收取代理手续费的一项中间业务。银邮保通系统能实现实时保单销售、收取续期保费、保险相关信息查询、单证实时管理、人员权限管理、交易实时监控等功能。

无线智能化 POS 机方式即利用无线智能化 POS 机销售短期意外险业务。通过无线智能化 POS 机与保险公司核心业务系统的无缝对接，实现中介代理机构现场出单、保单实名制、电脑出单、数据实时传输回保险公司核心业务系统等监管要求，保证短险销售全程化监管的实施。

三、续期收费

（一）续期收费相关概念

续期收费的重要性及相关概念

续期收费：公司按照保险合同约定，向客户提供的以收取续期保费为核心的一系列服务工作的总称，简称续收。

趸交：按合同约定投保人一次性交纳保险费，并在保险期限内享有保险利益的交费方式。

期交：投保人按保险合同约定期限每年向保险人交费的方式。

续期保费：约定按期交方式支付保费的合同，是二次及二次以后的保费。

二次保费、三次保费、四次保费：二次保费是指期交年交保单的第二次期交保费；三次保费是指期交年交保单的第三次期交保费；四次保费是期交年交保单的第四次及以后各期的期交保费。

长险续期保费：除万能险和投连险以外的约定分期支付保险费的个险保单的首期保险费以外的各期保费，其对应的保单称为续期保单。

短险续保保费：合同期不超过一年，并且到期后经公司审核同意可继续由公司承保而无需客户重新投保的个险保单的首期保险费以外的各期保费，其对应的保单称为续保保单。

交费对应日：期交保单按照合同生效日对应的以后各期交费日期。举例：一张保单承保日为 2018 年 10 月 3 日，生效日为 2018 年 10 月 4 日，到 2019 年，这张保单交费对应日为 2019 年 10 月 4 日。

续期交费形式：投保人交纳续期保费的途径。保险公司提供的交费形式有银行划款、柜面交费、人工收费三种。

交费年期：客户交纳保险费的次数。

应收保单：保单责任在应交费日到来前，处于有效状态的续期保单和续保保单。

宽限期：保单自应交费日起 60 个自然日为该保单的交费宽限期。宽限期内交费均为正常交费。

当月：对于交费对应日在当前月份的保单，称为当月保单（如本月是 6 月份，6 月生效保单叫当月保单，也叫本月保单）；当月交费无论对客户还是对公司都有重要的意义。

宽一月：对于交费对应日在上一月份的保单，称为宽一月保单（如本月是 6 月份，5 月生效保单叫宽一月保单）。

宽末月：对于交费对应日在上上月份的保单，称为宽末月保单（如本月是 6 月份，4 月生效保单叫宽末月保单）。

失效：保单在宽限期结束后仍未交费的，即进入失效期，保单临时失效直至客户办理复效、退保。客户在保单失效日起两年内仍未办理复效、退保的，即为永久失效。

自垫有效保单：若客户在投保时选择客户逾期未交处理方式选择的是自动垫交，保单在宽限期内没有按时交费，这时保单会进入自垫有效状态。

失效保单：客户在规定时限内未及时交纳续期保费，导致保单失效，即公司不再承保相应保险责任的保单。

保单复效：保险合同中止两年内，投保人可以申请合同效力恢复，保险人审核同意，双方达成复效协议，自投保人补交保险费、利息及其他未还款项当日 24 时起合同效力恢复。

（二）续期收费的重要性

续期收费（简称"续收"）是指保险公司收取投保人续期保费的过程，续期保费对一家寿险公司而言意义重大。从成熟寿险市场的发展经验来看，随着寿险公司业务的持续发展，新保费的不断流入，续收业务将因为累积效应而迅速增加，成为公司保费收入的重要来源，为公司贡献巨大的价值和利润。同时，续收的结果也直接影响着公司的客户留存率和客户满意度等关键指标。做好续期工作是保险公司稳健发展、永续经营的重要保障之一。续期保费对每个业务员来说都非常重要，它是以继续率形式表现的，与业务员的收入直接挂钩。

首先，续收是一项服务。续收的复杂性在于续收不仅仅是一个单一的收费动作，而且是一个包含客户服务维系、答疑解惑、面谈沟通等综合服务的内容。

其次，续收是一个过程，是指保险公司通过准确、快捷的方式，为客户提供的包括保单收费在内的一系列服务的过程，以确保客户期交保单的续期保费按期顺利交付，客户获得持续保障。

最后，续收是保险公司一项重要的业务收入来源。续期保费是寿险公司持续而稳定的业务收入，续期保费规模的日益扩大是保险公司实现永续经营的基本保证，因此续收在一定程度上扮演着保险公司经营的"稳定器"角色。

（三）续期收费流程

应交日前一个月，进行续期抽件作业，产生抽件资料配件报表和续期应收资料明细表。业务员提醒客户进行续期交费，并询问是否需要协助办理续期服务。系统于应交日前 10 天发送提醒短信，提醒客户按时交纳续期保

续期收费流程及
注意事项

费，续期保费以通知单上的金额为准。银行会在保费应交日或者是应交日后的每周二、周四（每家保险公司情况不同）进行扣款作业；在应交日与宽限期末期间，每位客户一般有8~9次扣款转账机会。如果扣款不成功，应交日后15天，系统会向转账不成功的保单发送催交短信。应交日后30天仍转账不成功，系统会向转账不成功的保单再次发送催交短信。业务员会电话联系投保人进行保单催交，告知客户如果宽限期满仍没有交纳续期保费，保单会临时失效。公司也会发送保费交费通知单到客户邮箱。应缴日后30~60日期间仍转账不成功，咨询中心会增加一次电话回访催交。交费成功后，保险公司列印扣款成功通知单；公司扣款成功两周内，会将扣款成功通知单发至客户邮箱，并发送交费成功通知短信。（见图3-1）

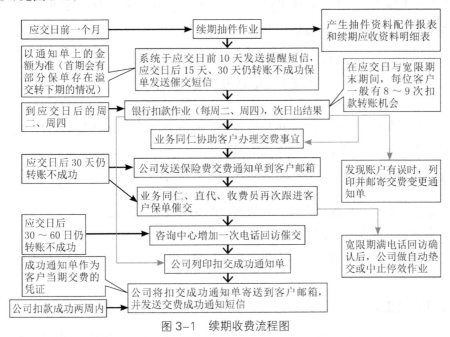

图 3-1　续期收费流程图

（四）续期收费注意事项

1. 银行转账划款——转账成功条件

（1）通过银行转账交费的客户，须在合作银行开设个人结算账户银行卡。

（2）要求银行卡开户人姓名与投保人姓名完全一致。

（3）系统资料中的账号与客户存款账号一致，且账号状态正常。

（4）存款余额应大于或等于"期交保费＋账户最低限额"（根据各银行规定具体执行）。

2. 续期请款原则

（1）不到应交日不请款。

（2）保费不够不请款（不存在差额请款及扣佣承保）。

（3）过了宽限期不会请款。

（4）账户有误不请款（不会参与循环请款）。

3. 银行请款无先后顺序

（1）银行处理自动转账业务时，不会按应交日的先后顺序转账。

（2）公司按保单应交日先后顺序制盘请款，但有的银行转账顺序由银行系统自行控制，无法与保险公司制盘顺序一致。

举例：星爷有两张保单，A保单的应交日是2019年10月10日，B保单的应交日是2019年8月18日，两张保单的当期保费都是1万元。

问：2019年10月11日的系统请款，会先对哪张保单进行转账？

答：没有顺序，对于10月的系统请款，8月保单也在宽限期内，所以会一起划款。

注意：如果此时，其中一张保单客户想暂不交费，则应及时申请中止请款。

4. 为客户提供良好的售后服务

（1）在首期投保时尽量将客户的联系信息填写完整。

（2）经常提醒客户，联系地址、电话发生变化时，要及时拨打全国客服热线通知公司。

（3）业务伙伴留在公司的联系电话要正确，避免公司既无法联系到客户，也无法联系到保单代理人，导致合同停效或自垫的情况出现。

5. 客户有退保考虑时

（1）耐心为客户讲解保险责任，告知客户退保损失（保障的缺失、现价等）。

（2）提醒客户交费账户内不要存入保费。

（3）同时邮件告知续期管理岗人员进行续期暂停操作，待客户有明确结果后进行续期暂停解除。

6. 关于自动垫交

（1）核心系统中自垫起期显示为宽限期结束的次日，在实际的作业中是在宽限期结束后追溯到应交日24时为起始点。也就是说，自垫客户在宽限期结束后如果还没有交费就已经垫交了60天的现金价值了。

（2）客户在交费期交费，或宽限期结束后复交保费，就可以恢复原有现金价值。

7. 关于附加险

（1）若客户想新增附约，必须在保单周年日前一个月提出申请。若保单进入宽限期，则不可以新增附约，只可以去掉原有附加险。

（2）对于不想要附加险的客户，应交日前可选择"附约满期不续保"的变更，但宽限期内就只能选择"附加险退保"。

（3）在增加附加险操作时，一定要注意操作时间和客户交费期。尽量不要把保全操作拖到宽限期快结束时才做。

● 特别提示

1. 请您最好在保险合同宽限期（一般为 60 天）结束前交纳续期保险费，若您超过期限仍未交纳续期保险费，将导致合同失效。

2. 若您采用银行自动转账的方式进行交费，请确保您的交费账户中存有足额保费，否则将导致划账不成功，致使保险合同失效。

3. 及时、足额交纳续期保险费是投保人应尽的义务，保险公司发出的《续期交费通知书》仅是对投保人的善意提醒。

4. 银行转账是一种方便、安全、及时的交费方式。为了切实保障您的利益，建议您选择通过银行转账交纳续期保险费。

（五）续期指标解析

续期指标解析

1. 当月保费（件数）达成率

当月保费达成率＝应交月在本月的应收保费经本月实收的保费 / 应交月在本月的应收保费 ×100%

当月件数达成率＝应交月在本月的应收件数经本月实收的件数 / 应交月在本月的应收件数 ×100%

当月综合达成率＝（当月保费达成率＋当月件数达成率）/ 2

2. 二次宽末保费（件数）达成率

二次宽末保费达成率＝应交月上上月的二次应收保费经上上月、上月及本月累计实收保费 / 应交月在上上月的二次应收保费 ×100%

二次宽末件数达成率＝应交月上上月的二次应收件数经上上月、上月及本月累计实收件数 / 应交月在上上月的二次应收件数 ×100%

宽末综合达成率＝（宽末保费达成率＋宽末件数达成率）/ 2

3.13 个月保费继续率

13 个月保费继续率＝当月前推 14 个月之该月承保仍然有效的期交保费 / 当月前推 14 个月之该月承保的新保期交保费 ×100%

13 个月继续率的定义是源自欧美宽限期 30 天，后监管部门将宽限期延长为 60 天。为了统一称谓没有将其进行改动，第二期仍称为 13 个月继续率，随之第三期称为 25 个月继续率。

例如：2019 年 3 月的 13 个月保费继续率＝ 2018 年 1 月承保仍然有效的期交保费 / 2018 年 1 月承保的新保期交保费 ×100%

"个险基本法"中对 13 个月保费继续率的考核：

13 个月保费继续率＝该范围保单宽限期结束前实收的第二年度保费 / 考察期内生效的个人长期险期交保单保费之和（含附险）

其中，部分高价值短险按长险方式考核继续率；停止续保的附加险，将从继续率应收中剔除。

13 个月保费继续率举例：

2018 年年终考核的第 13 个月保费继续率＝2016 年 11 月 1 日—2017 年 10 月 31 日生效的期交新契约，在 2017 年 11 月 1 日—2018 年 12 月 31 日区间实收的第二年保费（含附约）/2016 年 11 月 1 日—2017 年 10 月 31 日生效的期交新契约保费（含附约）

注意：

①年度累计 13 个月保费继续率的计算范围不包含趸交件、犹豫期撤单件、迁入、理赔终止件。

②各级机构、营销人员基本法考核时均采用年度累计 13 个月保费继续率（即滚动 12 个月考核）。

4. 25 个月保费继续率

25 个月保费继续率＝当月前推 26 个月之该月承保仍然有效的期交保费 / 当月前推 26 个月之该月承保的新保期交保费 ×100%

例如：2019 年 3 月的 25 个月保费继续率＝2017 年 1 月承保仍然有效的期交保费 / 2017 年 1 月承保的新保期交保费 ×100%

《个人寿险业务人员基本管理办法》中对 25 个月保费继续率的考核：

25 个月保费继续率＝该范围保单宽限期结束前实收的第三年度保费 / 26 个月以前生效且 14 个月后依然有效的个人长期险期交保单保费之和

复合 25 个月保费继续率＝该范围保单宽限期结束前实收的第三年度保费 / 26 个月以前生效的个人长期险期交保单保费之和

25 个月保费继续率举例：

今年 6 月的月度 25 个月保费继续率＝前年 4 月承保到去年 6 月仍然有效的保单在宽限期结束前实收的第三年保费（含附险）/ 前年 4 月承保到去年 6 月仍然有效的保单保费之和（含附险）

备注：

① 25 个月保费继续率的定义目前被各寿险公司普遍采用，分母是成功收取了第二年度保费之后的所有保单。

②复合 25 个月保费继续率是从承保开始计算，分母是 26 个月前承保的保单保费之和。

（六）继续率对各层级收入的影响

营销人员可获得的续期利益包括续期佣金，继续率奖金，长期服务津贴，部、组继续率奖。

继续率对各层级
收入的影响

1. 续期佣金

续期佣金＝年交保费 × 佣金系数

一件长期险续佣一般有 3～5 年，累计续期佣金率接近首年度佣金。

二次保费是决定未来的关键。工作 3 年以上，续期佣金将会成为重要的收入来源。

2. 个人继续率奖金

个人继续率奖金＝实收上上月应收的第二年保单续期佣金 × 个人继续率奖金比率

继续率大于等于 95%，奖金比率为 90%；继续率大于等于 90% 而小于 95%，奖金比率为 70%；继续率大于等于 85% 而小于 90%，奖金比率为 50%；继续率小于 85%，奖金比率为 0。

3. 长期服务津贴【客户经理层级】

长期服务津贴【客户经理层级】＝个人当年度实收连续服务超过 3 年的续期保费 × 长期服务津贴率

保费经过年度 4～5 年，奖金率为 0.8%；保费经过年度 6～8 年，奖金率为 1%；保费经过年度 9～15 年，奖金率为 1.2%；保费经过年度 16 年及以上，奖金率为 1.5%。

4. 部、组继续奖

组继续率奖＝直辖组所有营销员（含主任本人）当月个人继续率奖总额 × 比率

部继续率奖＝直辖部所有营销员（含经理本人及直辖组）当月个人继续率奖总额 × 比率

营业组继续率大于等于 80% 而小于 85%，奖金比率为 5%；营业组继续率大于等于 85% 而小于 90%，奖金比率为 10%；营业组继续率大于等于 95%，奖金比率为 15%。

营业部继续率大于等于 80% 而小于 85%，奖金比率为 3%；营业部继续率大于等于 85% 而小于 90%，奖金比率为 5%；营业部继续率大于等于 95%，奖金比率为 10%。

5. 举例

（1）一张保单的利益。

营销员 A 本月销售某寿险产品 20 年交，10000 元规保，个人继续率 100%，那么其利益：

首年度佣金：$10000 \times 28\% = 2800$（元）

二年度佣金：$10000 \times 10\% = 1000$（元）

三年度佣金：$10000 \times 5\% = 500$（元）

继续率奖金：$1000 \times 90\% = 900$（元）

长期服务奖（按第五年）：$10000 \times 0.8\% \times 2 = 160$（元）

（2）某营销员。

绩优业务员 F 2018 年共销售保单 35 件，应收保费 535000 元。假定第二年度平均续佣比例为 10%，分别：①全部收回；②收回 480000 元（继续率低于 90%）；③收回 300000 元（继续率低于 85%），那么其利益如下：

①全部收回

二次续佣：$535000 \times 10\% = 53500$（元）

继续率奖金：$53500 \times 90\% = 48150$（元）

二次续期利益合计：$53500 + 48150 = 101650$（元）

②收回 480000 元（继续率低于 90%）

二次续佣：$480000 \times 10\% = 48000$（元）

继续率奖金：48000×50% ＝ 24000（元）

二次续期利益合计：48000 ＋ 24000 ＝ 72000（元）

③收回 300000 元（继续率低于 85%）

二次续佣：300000×10% ＝ 30000（元）

继续率奖金：0 元

二次续期利益合计：30000 元

二次续期 48 万元保费与全部收回保费相比，相差了 29650 元。

二次续期 30 万元保费与全部收回保费相比，相差了 71650 元。

（3）某营业组。

绩优业务员 F 同时是主管，2018 年小组保单 75 件，应收保费 1650000 元。假定第二年度平均续佣比例为 10%，分别：①全部收回；②收回 1410000 元（继续率低于 90%）；③收回 800000 元（继续率低于 85%），那么其利益如下：

① 100% 收回

个人续期利益（101650）＋组继续率奖（1650000×10%×90%×15% ＝ 22275）＝ 123925（元）

②收回 90% 以下

个人续期利益（72000）＋组继续率奖（1410000×10%×50%×10% ＝ 7050）＝ 79050（元）

③收回 85% 以下

个人续期利益（30000）＋组继续率奖（0）＝ 30000（元）

对于某营业组主管而言，收回 90% 以下与全部收回相比，收入少了 44875 元。

收回 85% 以下与全部收回相比，收入少了 93925 元。

（4）某营业部。

绩优业务员 F 同时是部门经理，2018 年部门保单 750 件，应收保费 6820000 元。假定第二年度平均续佣比例为 10%，分别：①全部收回；②收回 6138000 元（收回 90%）；③收回 4774000 元（收回 70%），那么其利益如下：

①全部收回

部继续率奖 ＝ 6820000×10%×90%×10% ＝ 61380（元）

合计二次续期利益 ＝ 个人续期利益 ＋ 直辖组继续率奖 ＋ 部继续率奖

＝ 101650 ＋ 22275 ＋ 61380 ＝ 185305（元）

②收回 90%

部继续率奖 ＝ 6138000×10%×50%×5% ＝ 15345（元）

合计二次续期利益 ＝ 个人续期利益 ＋ 直辖组继续率奖 ＋ 部继续率奖

＝ 72000 ＋ 7050 ＋ 15345 ＝ 94395（元）

③收回 70%

只有个人续佣 30000 元

收回 90% 与全部收回相比，收入减少了 90910 元。

只收回 70% 与全部收回相比，收入减少了 155305 元。

四、付费

（一）付费的定义

付费是指付费人员根据业务部门开具的各类付费凭证、付费通知书等，从"业务支出银行账户"支付相应金额的款项，并根据付费方式的不同，进行相应形式的付费记录和财务付款确认操作，然后将财务付款确认结果反馈给业务部门，供业务部门进行下一步的操作。

> ● 特别提示
> 1. 收付费人员收费时应本着先收款后录入的原则。
> 2. 付费时应本着先录入后付款的原则。
> 3. 现金或现金支票付费必须先让客户在《付款收据》上签字确认，方可支付款项。

（二）付费项目

1. 退还保费类

包括退保费、退还暂交保费、退还预收保费。

2. 保全给付类

包括年金给付、满期给付、利差给付、红利给付、退保金给付、保单借款给付、准备金给付。

3. 理赔给付类

包括死亡给付、伤残给付、疾病给付、医疗费给付、日津贴给付、预付赔款给付。

4. 其他付费类

包括检查费给付、查勘费给付。

（三）付费形式

主要付费形式有银行转账、现金、支票、汇票。

银行转账付费是指保险公司与保险金受益人商定，按保险合同约定的领取日期、领取标准、领取方式，将保险金通过银行转入保险金受益人指定账户的过程。保险公司多采用银行转账付费方式，向受益人支付年金或多次给付的生存金。

保险公司实施银行转账付费前，应与受益人商定有关转账事项，确定双方的权利义务，明示转账付费项目、付款领取的银行、账号及户名。

银行转账付费处理步骤如下。

1. 生成付款文件

付费人员定期将业务部门产生的确认的付费方式为银行转账的应付费信息制成相应银行的付款数据文件，并将该文件通过磁盘交换、MODEM或其他网络途径传递到银行。

2. 银行划款

银行以付款数据文件中的"保险合同号"为标识进行划款处理，并在付款数据文件中的付款记录标识栏内分别注明成功或不成功的原因。根据经划款处理后的数据文件，缮制相应的付款数据汇总清单，签署名章后连同数据文件一并传送至保险公司。

3. 数据核对

付费人员可以根据需要，打印银行自动转账成功清单和银行自动转账不成功清单进行数据核对。

4. 财务确认

付费人员接到财务确认的付款凭证或相关通知后，核对付款凭证与银行代付成功的金额是否一致，若一致，则将银行返回的处理结果导入核心业务系统。

通过银行转账付费的，一般不出具付款凭证。财务部门将银行传来的付款数据汇总清单、资金凭证、付费人员在核心业务系统处理后的付费日结单作为记账凭证。

五、日清日结

（一）业务日结

1. 柜员日结

每日营业终了，柜员应整理、清分当日经手的所有原始业务资料，缮制当日柜员业务日结单，分项目对各类业务进行笔数、金额汇总数的核对。如发现差错，应缮制柜员业务日清单，逐一进行核查，直至清点无误后将原始业务资料和柜员日结单移交柜面主管。

2. 网点日结

在所有柜员正确完成日结的基础上，柜面主管应审核、汇总、整理当日本柜面所有柜员经办的原始业务资料，缮制当日网点业务日结单，对本网点当日处理的所有业务进行汇总检查。如发现差错，应缮制网点业务日清单，逐一进行核查，直至清点无误后将原始业务资料和网点日结单移交业务中心。

（二）收付费日结

1. 对账

对账是收付费人员进行日结处理的主要内容之一，也是收付费日结处理的第一步。即收付费人员将当日所收取的现金、支票、汇票、银行交款单等款项的金额，与当日开具或签章认可的收付款凭证所载金额、系统中记录的收付费金额逐一进行核对，也就是进行账、实（钱）、证相互核对。

2. 日结确认

账、实、证经核对相符的，收付费人员进行日结确认。

3. 缮制收付费日结单

根据日结业务时间内的收付费数据，柜员应于业务终了时编制自身的资金收付日清日结单，柜面主管按网点汇总编制本网点当日的资金日清日结单。

4. 资料交接

柜员完成日结后，应将本岗位的原始收付费凭证和收付费日结单移交柜面主管，柜面主管完成网点日结后，将本网点的所有原始收付费凭证和收付费日结单移交业务中心。不同岗位的业务交接应统一使用规范的业务资料交接清单。交接清单一式两份，由交接人和被交接人签名确认后各自留存。

第三节　保单保全

一、保单保全的定义

保单保全是指当保险合同在保险期限之内时，保险公司为了维持保险合同的持续有效，根据保险合同条款的约定及客户要求而提供的一系列服务。

如客户的个人信息、经济状况等发生变化后，需要对合同内容进行变更；保险公司按照合同约定履行生存金给付责任，提供权益保障等。

保单保全

➤ **知识链接**

（一）什么时间可以申请保全？

一般的保全服务，可在保险期间内任意时间申请。

个别的保全服务，申请时限另有要求。如变更受益人、领取方式／领取年龄变更、减额交清等。

（二）通过什么方式申请保全？

可通过服务网点、销售服务代表、信函短信、客户服务电话等申请保全。

（三）申请保全需要提交什么申请材料？

保险合同保全申请所提交的资料依据申请项目不同而有所差异，一般情况下客户需提供保单、投保人及被保险人的身份证复印件、代办人的身份证原件、相关申请书和授权委托书等。

（四）保全的申请资格人是谁？

受益人变更可以由被保险人直接申请，如果是投保人申请，必须征得被保险人的同意。生存给付的申请资格人为生存受益人。其他项目的申请人是投保人本人。

（五）保全的注意事项有哪些？

（1）除退保外，其他保全项目必须以保单有效为前提，如果是失效件，应先申请复效。

（2）申请各项保全，投保人必须在签章栏内签章，并填写身份证号；如申请投保人、受益人变更，同时还须由被保险人签章，若被保险人未成年，应请法定监护人代签。

（3）涉及退费、退保及生存金领取金额较大的，应请保户亲自办理，不能代理。

（4）若是委托办理，受托人需携带委托人的身份证复印件和本人身份证原件，并在申请书上签名，填注其身份证号，涉及内容变更及投保人变更、受益人变更等内容时，需同时出示投保人及被保险人的委托书。

（5）凡涉及续期收费的保全项目，如交费方式变更、保额变更等，若当期保费已交，则不得于本期办理变更。

（六）保全申请书填写时的注意事项有哪些？

（1）申请书应由资格人填写。资格人必须亲笔填写相关单证及涉及留存签名的申请项目；委托事项填写准确、清晰，受托人必须亲笔签名并填写身份证号码、联系电话。不识字者可以在签名处按右手拇指指印代替，并在指印旁画上可辨符号，如"+""0"等。

（2）申请书应正确、完整填写及勾选，涉及保单号、姓名、金额、签字、转账信息的填写项目不得进行涂改，其他填写内容出现错误时，须资格人在涂改处签名确认。

（3）必须填写的项目：保险合同号、申请日期、申请资格人签字；资格人签字必须与投保单上签字一致（如发生过签名变更申请，应与变更后签名一致），否则申请无效；必须勾选的项目：申请项目、申请类型；委托代办业务，授权委托书上必须提供委托人和受托人的联系电话。

（4）申请"保单借款""复效""投保人变更""受益人变更""保额增加权益""新增附加险""保险合同银行质押贷款"等项目，如果投保人与被保险人不是同一人的，须征得被保险人的同意，被保险人可在保险合同变更申请书上签名以示同意或提供书面同意证明。

（5）若申请资格人未成年，须资格人填写签字的保全项目，由其法定监护人签字确认。

（6）健康及财务告知必须由投保人、被保险人或其监护人亲笔填写并签字确认。

（7）申请书、授权委托书及其他申请材料必须用黑色钢笔或黑色签字笔填写，要求字迹工整。

（8）团体业务在申请书加盖印章时，须与投保单上的印章一致。投保时加盖投保人单位公章的，在保全申请时如确实无法提供单位公章，允许加盖经投保单位书面授权的部门章（如投保单位的人力资源部章、办公室章、财务部门章等）；若投保人为法人团体单位中的特殊团体，须加盖该特殊团体的签章，或由该团体负责人签字；若投保人为其他非法人团体（如家庭），只需由该团体负责人签字即可。

（9）保全给付业务若为委托办理方式，须提供有效申请人回访电话。

二、保单的状态分类

保险单所处状态不同，其间可进行的保全操作内容也不同。一般说来，保单的状态有以下几种。

（一）标准状态

标准状态，是指保险责任尚未终止且保险合同依然有效，投保人也未申请迁出、保额变更等的保险单状态。此状态下可受理投保人各项信息变更，如养老金领取、满期给付、保单补发、续期交费、转换险种等各项操作。

（二）退保状态

退保状态，即在保险合同自然终止前，投保人提出提前终止保险合同，领取保单的现金价值，保险人不再承担相应责任的状态。在此状态下，保险公司不受理任何保全申请。

（三）终止状态

终止状态，是指保险合同所约定的保险期限已届满，保险合同自然终止的状态。在此状态下，保险公司不受理任何保全申请。

（四）保单迁出状态

保单迁出状态，是指被保险人因工作或其他原因从本地迁往异地，为交费和领取保险金的便利，因此向保险人提出变更托管公司的状态。在此状态下，保险公司不受理任何保全申请。

（五）保单失效状态

对于非趸交保单，投保人可能会因各种原因而欠交保费，在超过约定的宽限期后，保单处于失效状态，投保人可在两年内提出复效申请，并补交欠交的保费及利息。当保单处于失效状态时，投保人只能申请办理复效。

（六）领取状态

领取状态，是指年金类保单和其他返还性保单已经进入领取期的状态。在此状态下，除可受理领取方式的变更和基本信息变更外，不受理其他变更操作。

三、保全作业流程

保全作业流程如图 3-2 所示。

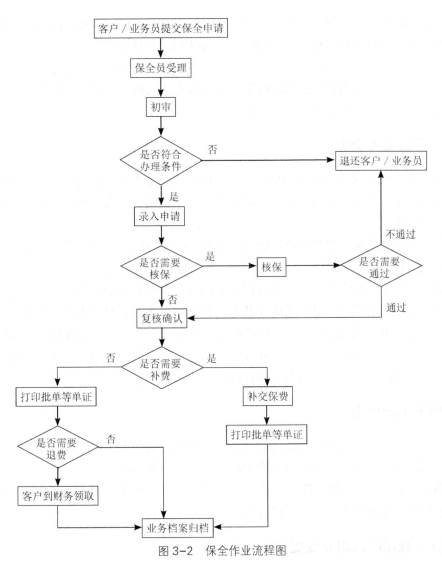

图 3-2　保全作业流程图

四、典型的保全作业

（一）投保人资料变更

典型的保全作业

当投保人的联系地址、邮编、电话发生变化，或者投保人和被保险人、受益人的姓名文字、证件号码需要更正（不涉及年龄、性别变化），投保人可以提出变更申请。

应备材料：保险单、保全作业申请书、投保人及被变更人的身份证件、足以证明所更正事项的材料。

注意事项：投保人及相关信息变更可在保险合同有效期内任意时间提出申请。若存在保单抵押借款、保费豁免或失效，则不受理投保人的变更。

（二）更换投保人

投保人在征得新投保人、被保险人同意后可以提出变更投保人申请。新投保人对被保险人须具有《中华人民共和国保险法》所规定的保险利益。

应备材料：保险单、保全作业申请书（原投保人、新投保人和被保险人须在申请书上亲笔签名）、投保人的身份证件、新投保人和被保险人的身份证件。

注意事项：投保人变更应由原投保人提出并经被保险人同意后方可办理。若投保人身故，则申请资格人为被保险人本人；被保险人为未成年人时，由其法定监护人代为行使权利。更改后的投保人对被保险人应有可保利益。

（三）受益人变更

投保人在征得被保险人同意的情况下，可以提出受益人变更申请，被保险人也可以单独提出变更申请。疾病、伤残、医疗保险金及各项津贴的受益人为被保险人本人时，保险公司不受理变更。

应备材料：保险单、保全作业申请书、投保人的身份证件（被保险人提出申请的，只需被保险人身份证件）、被保险人及受益人的身份证件复印件。

注意事项：受益人变更可在保险合同有效期和领取期内任意时间提出申请；受益人变更可由投保人或被保险人提出；变更受益人需相应变更下列信息：姓名、性别、身份证号码、受益人与被保险人关系；变更后的受益人与被保险人的关系若为直系亲属且保额在规定的范围以内（通常规定为 20 万～30 万元）的无需重新核保，否则需重新核保；受益人为数人时，被保险人需指定受益顺序和各自份额。

（四）保额变更

投保人可以根据自己的交费能力和保障需求变化申请变更保额，目前开办的项目有主险减保、短期附加险减保、新增短期附加险、新增长期附加险。

应备材料：保险单、保全作业申请书、投保人的身份证件。新增附加险还须由被保险人同时填写健康及财务告知，并提供身份证件。

（五）被保险人职业变更

如果被保险人的职业发生变化，投保人可以提出职业变更，由核保人员审核决定是否需要职业加费或取消加费等。

应备材料：保险单、保全作业申请书、投保人的身份证件。

注意事项：被保险人相关信息变更可在保险合同有效期内任意时间提出申请；变更可由投保人或被保险人提出申请；被保险人职业的变更可能影响费率的变更；对于个险保单，不受理被保险人职业的变更。

（六）年龄性别变更

当投保人或者被保险人的年龄、性别有错误时，投保人可以提出变更申请。保险公司将根据年龄变更情况确定保单效力，调整费率等。

应备材料：保险单、保全作业申请书、投保人的身份证件、足以证明其真实年龄的相关文件。

（七）续期交费方式变更

在保险合同有效期内，投保人可以变更续期交费方式。变更为银行转账方式的，须提供以投保人姓名为户名的银行个人结算账户。

应备材料：保险单、保全作业申请书、投保人的身份证件。

（八）补发保单

如果投保人的保单不慎丢失或损毁，可以提出补发申请，保险公司将补发新保单并收取工本费。

应备材料：保全作业申请书、投保人的身份证件。

注意事项：若保单失效后申请补发，则应先办理复效手续；新保单号码与原保单号码一致，但内容为保单最新状态；申请补发保单，保险公司一般要收取相应工本费；办理相关手续时，须核对投保人与被保险人的签章是否和预留签章一致。

（九）附加险加保

在保险合同有效期内，投保人在征得被保险人同意后，可以申请进行附加险加保。

应备材料：保险合同变更申请书、主险保单、投保人身份证件、被保险人身份证明及被保险人健康告知书。

注意事项：附加险加保应在主险交费对应日前30日内提出申请；加保后的附加险累计保额不能超过主险的保额；附加险保费应按申请时被保险人的年龄计算；在交费对应日前收到保费的保单生效日为交费对应日；在交费对应日后收到保费的保单生效日为收到保费的次日。

（十）减、退保

在保险合同的有效期内，投保人可能会因经济状况发生变化，或对风险的认识发生变化而要求减少保额或退保。

应备材料：保险单、保全作业申请书、投保人身份证明原件、受托人身份证明原件（若委托办理）。

注意事项：投保人若在新契约保单的犹豫期内提出减退保，保险人应退还客户全部保险费；若主险的保险金额减少，附加险保额也应按保险公司的内部投保规则做出相应调整；对发生过伤残、医疗赔付的保险单，已完全进入生存领取的保单不予办理减保。

（十一）保单迁移

如果投保人搬迁到其他城市或地区，可以提出保单迁移申请。投保人需要提供准确的联系地址、邮编和电话，以便保险公司及时为投保人服务。

应备材料：保险单、保全作业申请书、投保人的身份证件。

注意事项：保单应交日后办理迁移的，请投保人先交当期保费；有借款、垫交保费的保单，请投保人迁移前应先办理还款本息。

（十二）满期 / 生存保险金给付

在保险合同有效期内，被保险人生存至合同约定领取年龄周岁日后的保单周年日，生存受益人可以提出满期 / 生存保险金给付。

应备材料：保险单、保全作业申请书、被保险人身份证件、生存受益人身份证件。

（十三）保单复效

在保险合同有效期内，投保人因欠交保险费而导致保单效力中止时，可自效力中止后两年内向保险公司提出保单复效。

应备材料：保险单、保全作业申请书、投保人的身份证、投保人的健康及财务告知（投保人发生保险事故享受保费豁免的险种，投保人也须填写健康及财务告知）。

注意事项：保单复效的申请只能在保单失效之日起两年内办理；保单复效申请的资格人为投保人；若保单尚有未清偿的垫交保费或借款，应通知保户在办理复效时一并清偿；当主险失效时，其附加险同时失效；宽限期后 60 日内，投保人申请复效的保单可不经核保审核。

（十四）部分领取

在保险合同有效期内，投保人可以提出万能险的个人账户价值的部分领取申请。每次申请提取的金额不低于人民币 1000 元，部分领取后剩余的个人账户价值应不低于人民币 5000 元。

应备材料：保险单、保全作业申请书、投保人的身份证件。

（十五）保险单借款

在保险合同有效期内，条款有约定的，投保人可以凭借保险单向保险公司申请借款。

应备材料：保险单、保单借款协议书、投保人及被保险人的身份证件。

注意事项：借款金额不得超过保险合同现金价值扣除各项欠款后的余额的 70%，每次借款期限最长不超过 6 个月。

● 特别提示

1. 生存金、满期金、养老金、年金的变更受益人的保全申请人为被保险人（或其监护人）。

2. 其他保全项目除条款另有约定外，保全申请人均为投保人。

第四节　柜面风险合规

一、合规的定义

合规是指保险公司及其员工和营销员的保险经营管理行为应当符合法律法规、监管机构规定、行业自律规则、公司内部管理制度及诚实守信的道德准则。

柜面风险合规

二、违规的危害

（一）合规风险

合规风险是指保险公司及其员工和营销员因不合规的保险经营管理行为引发法律责任、监管处罚、财务损失或者声誉损失的风险。

（二）违规危害

刑事责任：违反刑事法律规范应当承担的法律责任。主刑有管制、拘役、有期徒刑、无期徒刑、死刑；附加刑有罚金、剥夺政治权利、没收财产等。

民事责任：平等主体之间违反民事法律规范应当承担的法律责任。承担方式有返还财产，赔偿损失，支付违约金，消除影响、恢复名誉，赔礼道歉等。

行政责任：主要包括两个方面，一是行政处分，二是行政处罚。行政责任有很多种，我们主要关注银保监会的行政处分和行政处罚。

（三）保险监督处罚形式

《中国保险监督管理委员会行政处罚程序规定》中规定的保险监管处罚形式有以下几种。

（1）对机构的处罚：①取缔；②没收违法所得；③罚款；④限制业务范围；⑤责令停止接受新业务；⑥吊销业务许可证；⑦民事责任。

（2）对个人的处罚：①警告；②罚款；③撤销任职资格或者从业资格；④禁止一定期限直至终身进入保险业。

（3）对机构的危害：①金融监管部门的罚款，各种诉讼赔偿；②律师费用、独立的第三方调查费用、公关费用；③失去准入资格，丧失巨大的业务机会；④股价下跌，融资成本增加；⑤其他的间接财务损失。

（4）对个人的危害：①个人经济损失；②个人降职降薪。

三、柜面风险合规

（一）原因

柜面作为公司服务的最前端，是各项业务操作的集中体现。柜面服务在面对外部客户的同时受内部制度的制约，再加上其人员自身素质及道德观、价值观的差异性，构成其较为复杂的内外部形势，势必也带来多方面的风险因素，使其成为最容易引发操作风险的环节。

1. 外部原因

外部监管机构和反洗钱监管力度日益增强；犯罪手段日新月异，道德犯罪屡禁不绝的情况依然存在；外部媒体及社会舆论的关注度增高。

2. 内部原因

（1）业务量逐年快速增长。

（2）业务种类多，制度更新快。

（3）操作系统功能不完善，业务流程不严密。

（4）多个利益相关方。

（5）人员管理难度大。

因此，准确识别、全面揭示柜面业务操作风险，深入剖析当前柜面业务风险隐患成因，采取有效措施防范和化解柜面风险，是公司运营风险防范的重中之重。

（二）风险识别：工艺流程法

包括 9 大环节、24 个风险点。

1. 客户临柜

未能有效识别客户身份；客户信息泄露。

2. 确认客户意图

用语不当；未及时响应；擅作主张，轻易承诺客户保单之外的利益；对客户意图了解不准确，错办业务。

3. 审验应备资料

未按业务规则进行资料审核；代客户填写或签名。

4. 填写申请书

代客户填写；未按规定对客户进行风险提示，未尽告知义务。

5. 电话回访

未按规定话术进行回访；回访对象非客户本人。

6. 系统录入

权限混用；录入错误，代办按亲办录入；未及时清理离岗离职人员；未按规定进行系统操作。

7. 扫描上传

影像件缺失；影像件不清晰；柜面设备使用不当。

8. 交付客户

代客户签名；客户代签名。

9. 档案整理

档案丢失、损坏；未进行档案交接登记；未按规定周期进行档案交接。

（三）操作建议

1. 强化合规文化意识，提高风险敏感度

高度重视，全员参与，建立统一的合规意识，提高风险防范意识，提升风险识别能力，形成良好的合规文化环境和氛围。

2. 加强业务规范学习，提高制度执行力

业务制度和规范是柜员日常服务和作业的执行标准，柜员必须不折不扣地执行规范要求，绝对不能出现违规操作，更要避免因不熟悉业务规则的误操作而引发风险事件。

3. 互相监督，合理建议

风险防控需要全员参与，每个人都应成为公司抵御风险的一道防线，尤其是柜员在日常作业中要互相监督，对管理制度不完善之处要善于分析，并提出合理化建议，以便公司风险防范体系日趋完善。

4. 业务规范必须执行，风险红线不得触碰

柜面业务操作是公司风险防范的一个重要关注点，全系统柜员必须执行业务规范，不得触碰风险红线。

（1）严格审核申请人资格，代办业务不得视为亲办进行受理。

（2）严格执行业务规则，不得私自减免手续或协助申请人通过非正当渠道获取相关资料（如从系统中调阅既往材料打印充为本次申请资料）。

（3）严格履行业务操作流程，不得存在侥幸心理，偷漏必要操作步骤，如事前回访、影像采集等。

（4）严格按照要求在规定范围内行使业务权限，不得借用、借为他用、混用业务权限。

（5）坚持原则，严格履行岗位职责，既不畏惧行政压力，也不徇私舞弊或大意而突破业务规则。

（6）严格遵守公司安全保密规定，不得利用职务之便窃取和泄露客户信息。

（7）提高自我保护意识，不代客户填写申请书，严禁代客户签字。

➤ **知识链接**

反洗钱知识

反洗钱知识

（一）洗钱风险认知

1. 什么是洗钱

"洗钱"说法的来历，可能与此有关：20 世纪 20 年代，美国芝加哥一名黑手党成员开了一家洗衣店，每晚结算当天的洗衣收入时，把那些通过赌博、走私等非法获得的收入也计算在内，向税务部门纳税，这样非法的收入就披上了合法的外衣，"洗钱"由此得名。

洗钱：通过各种手段把犯罪所得变成看似合法的财产。衍生：将财产转移给不法分子做犯罪用途。

洗钱目的：逃避追踪、制裁，获取资金。

洗钱过程：将犯罪所得（不敢用）通过转换财产形式，转移、隐匿资金等手段，变成可以光明正大地使用、获取的资金。

洗钱结果：犯罪所得洗白成为貌似合法的收入，为犯罪行为筹集资金。

2. 洗钱手段介绍

（1）放置阶段。

这是最容易被发现的阶段。将犯罪所得通过多种渠道、方式渗透到金融领域。利用金融机构或特定非金融机构，将犯罪所得存入银行，或转换为银行票据、国债、信用证以及股票、保险单证或其他形式的资产。有的也通过将犯罪所得投入地下钱庄等非正规汇款体系转移到外国。

（2）离析阶段。

通过各种金融交易，将犯罪所得与其来源分开，并进行最大限度的分散。比如在不同国家间进行错综复杂的交易，或在国内通过不同金融工具逐步模糊犯罪所得的真实来源、性质，使得犯罪所得与合法财产难以分辨。

（3）整合阶段。

将犯罪所得与合法财产融为一体，为犯罪所得提供表面的合法掩护，在犯罪所得披上了合法外衣后，犯罪分子就能够自由地享用这些非法收益。

（二）洗钱风险防范

1. 为什么是金融机构来反洗钱

金融机构（银行、证券、期货、保险、信托等）承担了资金存储、融通、转移的职能，是犯罪分子将不法收入洗白的主要渠道。因此，国家及国际组织颁布反洗钱法令，来严格要求金融机构履行反洗钱义务。

2. 金融机构是如何来履行反洗钱义务的

（1）客户身份识别。

确认客户的真实身份，通过"核对、了解、登记、留存"四个环节，保证身份资料的真实、准确、完整。在出现可疑情况时，了解客户的资金来源、资金用途、经济状况或经营状况等。

（2）身份资料、交易记录保存。

保存的身份资料包括记载客户身份信息、资料及反映开展客户身份识别工作的各种记录和资料；保存的交易记录包括每笔交易的数据信息、业务凭证及能反映真实情况的合同、业务凭证、单据等资料。

（3）大额、可疑交易报告。

按照中国人民银行《金融机构大额交易和可疑交易报告管理办法》《金融机构报告涉嫌恐怖融资的可疑交易管理办法》要求进行排查和上报。

（4）客户风险等级分类。

按照客户涉嫌洗钱风险因素或涉嫌恐怖融资活动特征，通过识别、分析、判断等方式，将客户划分成不同的风险等级，并采取差异化的控制措施。

此外还有宣传、培训、组织建设、制度建设、保密管理、内部检查、协助调查等。

3.如果没有履行前述的反洗钱义务，可能会有什么后果

《中华人民共和国反洗钱法》第三十二条

金融机构有下列行为之一的，责令限期改正；情节严重的，处二十万元以上五十万元以下罚款，并对直接负责的董事、高级管理人员和其他直接责任人员，处一万元以上五万元以下罚款：

（1）未按照规定履行客户身份识别义务的；

（2）未按照规定保存客户身份资料和交易记录的；

（3）未按照规定报送大额交易报告或者可疑交易报告的；

（4）与身份不明的客户进行交易或者为客户开立匿名账户、假名账户的；

（5）违反保密规定，泄露有关信息的；

（6）拒绝、阻碍反洗钱检查、调查的；

（7）拒绝提供调查材料或者故意提供虚假材料的。

金融机构有前款行为致使洗钱后果发生的，处五十万元以上五百万元以下罚款，并对直接负责的董事、高级管理人员和其他直接责任人员处五万元以上五十万元以下罚款；情节特别严重的，反洗钱行政主管部门可以建议有关金融监督管理机构责令停业整顿或者吊销其经营许可证。

对有前两款规定情形的金融机构直接负责的董事、高级管理人员和其他直接责任人员，反洗钱行政主管部门可以建议有关金融监督管理机构给予纪律处分，或者建议依法取消其任职资格、禁止其从事有关金融行业工作。

第五节　柜面场所标准与应急处理

一、柜面场所标准

柜面场所标准与应急处理

保险公司柜面场所标准包括接待咨询区、柜台服务区、填单区、客户等待区、客户洽谈区、自助服务区、VIP 客户室和户外区域。

（一）接待咨询区

（1）接待咨询台台面整洁，单证、设备等物品摆放有序，不得粘贴临时通知、通讯录等纸张，有价单证应由专人保管。

（2）排号机、复印机、打印机等设备应由专人负责维护和使用，不得交由客户自行操作。

（二）柜台服务区

（1）服务柜台和附台上物品摆放应整齐统一，方便操作。除电脑、打印机、桌牌、签字笔等必备物品外，不得摆放其他物品，各类设施使用后应及时归位。

（2）复印机、打印机等设备应由专人负责维护和使用，不得交由客户自行操作。

（三）填单区

供客户使用的业务单证应分类摆放整齐，样本应塑封后放置在填单台，并由值班人员定期整理或更新；填单台应配置签字笔、老花镜等工具，方便客户使用。

（四）客户等候区

（1）统一悬挂展板，说明各种作业流程、办理手续、应备文件等。

（2）配置资料展示架，摆放产品宣传资料、客户服务手册、保险公司保险报、保险公司客服报及其他报纸杂志等，并定期更换和补充。

（3）在醒目位置放置意见箱或意见簿。

（4）配置雨伞架、饮水机、便民箱等设施。

（5）液晶电视和 DVD 应确保能正常播放，并定期更新播放内容。

（五）客户洽谈区

应保持洽谈区环境整洁。客户使用后应即时整理。

（六）自助服务区

应配置自助电话和电脑，并附自助服务指南；指定专人负责设备维护，确保设备能正常使用。

（七）VIP客户室

VIP客户室是针对贵宾客户提供专享服务的场所，室内应配置沙发、洽谈桌椅、电脑、饮水机等设施，方便客户等待休息。

（八）户外

（1）应设置醒目的服务标识牌，包括门楣、营业时间指示牌等，并定期清洁。
（2）入口处玻璃门应贴有醒目的防撞条，遇雨雪天气，门口应放置防滑垫。
（3）应保持户外秩序良好、卫生整洁。无随意停放车辆、乱设摊点、乱张贴等现象。

二、应急处理

（一）首问责任制

1.首问责任人的界定

首问责任人是指客户亲临柜面提出咨询或业务办理需求时，受理的第一位工作人员。

2.首问责任人的职责

（1）热情接待来访客户，在了解客户需求后，对于其提出的问题或要求，有责任为其提供满意的服务。
（2）对职责范围内的事，应在规定的时限内予以办结。
（3）对非职责范围内的事，应根据来访事由，引导或指导客户到相应部门办理。
（4）对客户的投诉，若在受理范围内，应认真做好记录，并及时移交相关归口部门办理；若不在受理范围内，应向客户耐心解释说明，并指明相关投诉渠道。
（5）对于不了解或不能做出准确答复的内容，不得随意回答客户，应先查明后再告知客户，不得做无法兑现的承诺。

（二）突发应急事件处理规范

1.柜面客户数量陡增，排队拥挤

（1）现场管理人员应根据柜面客户排队情况，及时启动其他闲置座席，为客户提供服务。
（2）及时引导客户填单，分流部分客户到自助设备。
（3）积极引导客户，维持现场秩序，及时安抚客户情绪，避免引起排队混乱。

2.营业时间遇设备故障，业务不能办理时

（1）应向客户致歉，并说明情况，安抚客户情绪，同时向柜面主管或领导汇报。
（2）设备发生故障后，应立即在显著位置公布关于系统故障暂时无法办理业务的致歉通知。

（3）对于部分业务，在征得客户许可的前提下，可采取柜面留单处理，事后电话通知客户。

（4）若故障处理时间较长或客户表示不愿继续等待时，应记录客户的姓名、电话、地址等相关信息，待系统恢复正常后，通知登记业务办理的客户前来办理。

3. 柜面现场出现情绪激动、言辞过激的客户

发现有情绪激动、言辞过激的客户，应及时安抚并引导至相对独立的环境进行沟通，避免影响扩大，要保证柜面工作的正常开展；若客户要投诉，则按投诉客户接待标准执行。

4. 客户之间发生纠纷，影响柜面正常秩序

客户之间发生纠纷，情绪激动无法控制时，应立即联系安保人员，并分别将客户带至不同地点劝解；应特别注意言行谨慎，不要与客户发生任何语言、行为冲突；必要时，应立即拨打110报警，由警方出面处理。

5. 客户在柜面发生意外伤害

（1）柜面应设便民药箱，并备有急救药品（如创可贴、清凉油、云南白药、纱布、医用棉签等），且定期补充。

（2）客户在柜面发生意外伤害（昏迷、跌倒）等情况，应根据情况严重程度，立即拨打120或安排车辆组织急救。

第六节　柜面服务动作规范和行为规范

一、柜面服务动作规范

柜面服务动作规范

（一）入席前标准动作

（1）上班前十分钟，应换好制服并接受柜面主管对着装及礼仪的检查，不符合标准的应立即调整。

（2）应调整好心态和情绪，确保尽快进入工作状态。

（3）应做好全部准备工作：整理桌面，保持物品摆放整洁有序；备齐相关单证、资料及印章；调试好电脑和打印机，并登录业务操作系统，确保在工作开始时，能够随时为客户提供服务。

（二）服务标准动作

1. 接待引导标准动作

（1）接待引导人员，在客户迎面到来时应起身站立，并向客户致以问候。

（2）热情、耐心、准确地解答客户的业务咨询，告知其办理应备材料，并根据客户需求，主动客观地向其推介公司服务。

（3）双手接过客户的申请材料，如有封套等包装应轻轻打开，以免损坏包装。

（4）查验和复印客户证件时应双手接送，手续查验后应为客户整理好材料，并从取号机中取出号码，双手递交客户，同时提醒客户收好。

（5）引导客户在等候区等候叫号，并向其指明客户等候区与柜台服务区位置。向客户指明方位应同时运用手势，五指合拢，手臂微抬，头部微侧，面带微笑，目光与指示方向相一致。

2. 客户咨询标准动作

（1）应仔细倾听客户咨询，不随意打断。

（2）解答前应重复客户的表述，确认其所提出的问题。

（3）解答后应确认客户是否明白，如客户不解，应更换表达方式。

（4）无法解答客户咨询时应向客户道歉，并积极为其想办法。

3. 业务办理标准动作

（1）客户临近时，柜员应面带微笑注视对方，举手示意并使用标准问候语。

（2）询问客户办理事项，并双手接过客户的申请资料和号码。在辨别证件真伪时，表情应自然大方，不能用审视的眼神盯着客户。

（3）业务处理应快速从容，能当场处理的不拖延；不能当场处理的，应告知客户原因及大致所需时间，并对此表示歉意。

（4）在操作过程中，如需回答客户的问题，则应暂时停止办理，面向客户回答以示尊重，回答应简洁明了。

（5）当客户手续不全、资料不齐时，应一次性告之其全部的办理要求和应备文件材料，不要让客户多跑或白跑。

（6）当客户填写错误时，应认真指导其重新填写。对于客户填写错误的申请书，应询问是否保留后再做处理，切忌未经客户同意当面撕毁。

（7）当客户对某些业务处理提出异议时，应耐心、细致地说明情况及相关作业规范。

（8）客户办理退保业务时，应真诚地询问退保原因，并根据情况向其解释条款利益，适时适当进行劝阻。

（9）进行业务操作后，应将免填单等材料与客户进行核对，请客户在相关单证上签字确认。请客户签字时应正向摆放资料，并用笔尖或食指示意。

（10）对于客户的保单、证件等物品要轻拿轻放，办理后协助客户整理。返还客户资料时应双手正向递上，礼貌确认并提醒其查验后收好。

（11）客户办理完毕后，应询问客户地址和联系方式是否有变化，如有变化，应及时为其办理变更。

（12）处理完毕，应询问客户是否还有其他事情需要办理。如客户还需在其他窗口办理业务，应使用标准手势为其明确指引方位。

4.送别客户标准动作

（1）服务完毕，如需递交资料给客户应注视客户，双手递交。

（2）客户离开时，应提醒其带齐随身物品，并使用标准语言向客户道别。

（三）离岗前标准动作

（1）汇总一天的业务档案，打印业务清单，并做好档案交接。

（2）检查印章是否完整齐全，单证及办公用品（如签字笔、胶水、回形针等）种类是否齐全，数量是否满足下一工作日使用。如不齐备，应及时补充，做到心中有数。

（3）应做好职场和内务整理：

①关闭电脑显示器及主机，切断打印机、复印机等设备电源，关好门窗，做好防火防盗工作。

②单证、印章、桌牌及个人物品应锁于附台柜门内。

③将键盘架、鼠标归位，将员工座椅推入席位，客户座椅摆放整齐，工作制服放置在恰当位置。

④保持客服中心柜面干净整洁。

（四）其他

（1）柜员在办理业务期间，不得擅自离开工作岗位，因特殊情况必须离开时，应提前告知柜面主管并妥善安排好工作；让客户久等时，归位后应向客户致歉。

（2）工作区域内不得聊天、串岗、进食，不得做与工作无关的事情，不得临柜拨打私人电话。

（3）下班时间已到时，如未办理完业务或有客户前来办理业务，应耐心接待并根据实际情况为客户提供满意服务。

（4）对客户应一视同仁。对老、弱、病、残、孕等特殊客户，应给予人性化关怀，优先为其办理业务。

二、柜面服务行为规范

柜面服务行为规范

（一）着装规范

（1）柜面人员应着总公司统一的标准制服，并保持制服整洁挺括，无破损、污渍和皱褶。

（2）柜面人员应佩戴统一颜色样式的领带、领花，专用柜员工牌。要注意柜员工牌应佩戴在胸部的明显位置上，工牌上的文字不得被遮盖。同时，保持领带、领花干净平整不起皱，领带要紧贴领口，打好的领带尖端应恰好触及皮带扣。

（3）要着黑色皮鞋，不要穿着颜色鲜艳的皮鞋或凉鞋。女士着裙装应配肉色长筒丝袜；男士穿袜应当与工装的颜色相协调，长度以坐下以后不露出小腿为宜。

（4）新员工和实习生在尚未配发制服时，应穿款式、颜色与标准制服相近的职业装。女士怀孕期间不便穿制服时，可穿颜色与制服相近的服装。

（二）仪容规范

（1）应保持头发整洁，不要让服装沾上头皮屑，不得理奇异发型、染怪异颜色。女士为短发或空姐式盘发，不得蓬头散发，刘海不得遮盖眉毛；男士头发长短适中，不要留长发或剃光头，要求前不盖眉、侧不掩耳、后不遮领。

（2）男士应每天修面，不得蓄须；女士应淡妆上岗，不得临柜补妆；同时，要保持面部清洁，经常注意清理眼角分泌物，并注意鼻孔清洁，鼻毛不外露。

（3）不戴有色眼镜，不得文身，不留长指甲，不涂有色指甲油，不喷浓烈的香水；员工只可佩戴项链、戒指、手表等三类饰品，总数不得超过三件，款式应朴素大方。

（4）用餐后要注意牙齿清洁，不要有残留物，上岗前不得饮酒和吃葱、蒜等有刺激性异味的食物，保持口腔卫生。

（三）仪态规范

1.站姿

站姿的基本要求：端正站立，两眼目视前方，两肩平正并稍向后下沉，两臂自然下垂，收腹，挺胸，立腰，提臀，脚跟靠拢，两脚夹角呈30～45度，身体重心放到两脚中间。

女士站姿：（1）在基本站姿基础上，右手搭在左手食指部位放于腹前，又称"体前握手站姿"。（2）在基本站姿基础上，两脚呈丁字步站立，右手搭在左手食指部位放于腹前，又称"丁字步体前握手站姿"。

男士站姿：（1）在基本站姿的基础上，右手搭在左手手背上，放于腹前，又称"体前握手站姿"。（2）在基本站姿基础上，两腿分开，且不超过肩宽，右手搭在左手手背上放于腹前，又称"开立式体前握手站姿"。

2. 坐姿

坐姿的基本要求：入座时走到座位前，轻稳落座，身体端正，背部挺直，大小腿夹角呈90度，两手放于腿上，坐到座位1/3至2/3处。

女士在基本坐姿要求上，两手交叠放于腿上，可两腿并拢，两脚同时放于身体的左侧或右侧，称"斜放式坐姿"；也可将两脚踝交叉垂直于地面，膝盖并拢，两脚尖外展，称"交叉式坐姿"；或者左腿或右腿斜放，将另一只腿叠放于上面，脚踝绷直，脚尖外展，称"斜叠式坐姿"。

男士在基本坐姿要求上，两手五指朝前放于腿上，可两腿分开不超过肩宽，称"开膝式坐姿"。

3. 走姿

走姿的基本要求：身体略微前倾，头正，双目平视，表情自然平和，两肩平稳，手臂伸直放松，以肩关节为轴大臂带动小臂，自然前后摆动，摆幅以35度左右为宜，肘关节略弯曲，行走呈直线。

4. 蹲姿

蹲姿的基本要求：下蹲时左脚在前、右脚在后，左脚完全着地，右脚为前脚掌着地，脚跟提起，右膝低于左膝；上身挺直，身体重心置于右腿。

女士在基本蹲姿要求上，双腿并拢，双手交叠放于腿上。

男士在基本蹲姿要求上，双腿分开且不超过肩宽，双手五指朝前放于两腿上。

（四）语言规范

（1）迎接客户时，应主动热情；解答疑问时，应耐心周到；向客户致歉时，应态度诚恳；接待投诉时，应把握分寸，避免矛盾激化；送别客户时，应亲切自然。

（2）在与客户交谈过程中，要保持语速平稳、语调和缓，禁止讲粗话、脏话或讽刺性言语；与客户交谈应使用普通话；不得与客户发生争执。

（3）语言应通俗易懂，用客户容易理解的表述。如必须使用专业术语，应给予明确的解释，必要时可举例说明，直到客户完全听明白为止。

➤ **思考与练习**

1. 名词解释

保全、标准状态、退保状态、终止状态、保单迁出状态、保单失效状态、领取状态

2. 保全处理作业

A客户到柜面要求办理被保险人（未成年）的生存金转账业务，受理人员经过核对，发现A提供的身份证照片与本人相貌相差甚远，证件载明的出生日期与系统内投保人的出生日期不

相符且签字不符，初步判断 A 客户非投保人本人。与资深柜员再次仔细核对后，认为该客户有冒办嫌疑，故受理人员未当场受理，请客户先离去，并就申请材料提出生存调查。生调人员的反馈意见证实，A 是投保人 B 的胞姐，因 B 已经下岗回农村老家，未在申请书上签字，A 代 B 签名并持 B 的身份证和户口本来办理生存金转账业务。B 的出生日期发生变更属实，因为工作的缘故，其父将出生年龄改小，投保书也为 B 本人签名。最后 B 委托公司生调员代办该业务。

　　请问：此案例中存在怎样的问题？作为柜面人员，应该如何处理？

第四章
保险投诉管理

➤ **知识目标**

　　1. 掌握保险客户投诉的方式及分类。

　　2. 掌握保险客户投诉的类型。

　　3. 了解保险投诉工作处理原则。

　　4. 了解保险投诉工作的处理流程。

➤ **能力目标**

　　1. 能正确看待客户投诉，认识到有效处理客户投诉的意义。

　　2. 能了解客户投诉的心理，并能对客户投诉进行分类。

　　3. 能掌握投诉处理技巧，针对客户投诉，进行相应矛盾化解，提升客户满意度。

第一节　客户投诉对企业的价值

一、投诉的定义

经营一家公司，总会不断地碰到客户投诉，除非公司根本没有客户。处理客户投诉，已经成为公司的必修课。

投诉的定义很多，例如：

①投诉就是抱怨。

②客户强烈地表示不满。

③客户的不满意表述，无论合理还是不合理。

④投诉分有效投诉和无效投诉，有效投诉是指对产品和服务质量、服务规范、服务效率、服务环境的投诉；无效投诉包括客户提出的无理要求和故意刁难。无效投诉不应作为投诉看待。

⑤投诉就是（公司）第二次表现的机会。

⑥美国 COPC 公司（Customer Operations Performance Center Inc，客户运营绩效中心公司）对投诉的定义：对产品、服务、员工或客户服务代表提出的任何负面评论。

⑦ GB/Tl7242-1998 投诉处理指南的解释：消费者针对产品质量向组织提出不满意的表示。

根据以上定义分析，我们认为保险客户投诉是指与公司有承保要约的客户及已承保客户（包括受有承保要约客户及已承保客户的委托）认为公司在经营过程中侵犯其合法权益，对保险合同、公司产品、管理、销售、服务表示不满，并通过各种方式，向公司表达其诉求，要求公司予以协调处理的行为。

二、正确看待投诉

客户的情绪反映了他们内心的声音，这声音并不总是动听的。在商业活动中，几乎各行各业的工作人员都难免会遇到客户的投诉，保险行业也不例外。面对客户的愤怒，实在不是让人开心的事。许多人在接听投诉电话的时候心里就已经敲起了退堂鼓；也有人积极应战，用更怒不可遏的姿态吓退来"找麻烦"的客户；还有人在去见提出投诉的客户时，一路上只想着"今天真倒霉……"。

然而，许多人都没有看到，客户的投诉既可以是燃烧的火山，也可以是翻涌的油田，那里有着无限机会。

美国宾州某公司的创办人华弗说："你应该喜欢抱怨，抱怨比赞美好，抱怨是别人要你知道你还没有满足他们。"

看一下这组数字：不满意的客户中只有5%的人会不止一次提出投诉，直至高层管理者听到他们的声音为止。一般来说，一个满意的客户会向3个人介绍产品的优点，而一个不满意的客户会向11个人讲产品的坏话。如果扩展开来，坏话的传播就会呈指数般的上升。得到满意解决的投诉者往往会比从来没有不满意的客户更容易成为公司最忠诚的客户，其重购率为52%～95%。客户不投诉，可能是因为不知道向谁提出，也可能是因为不想浪费时间和精力，更可能是因为可以选择的商品和服务那么多，公司那么多，改变是非常容易的事。尽管不同的研究得出的数据不同，但结论是统一的，即提出投诉的客户往往是忠实的客户。在日本被誉为"经营之神"的松下幸之助先生认为，对于客户的投诉不但不能厌烦，反而要当成一个好机会。他曾经告诫部属："客户肯上门来投诉，其实对企业而言，实在是一次难得的纠正自身失误的好机会。有许多客户每逢买了次品或碰到不良服务时，因怕麻烦或不好意思而不来投诉，但在他们心中对公司已有了坏印象。"

实际上，处理客户投诉是一件非常有意思也很有意义的事。每天当你在清算一共接受了多少客户投诉的时候，也要想想你同时也帮助了这么多人，这是一件多么有意义的事情；当你接起电话，面临的可能是一个暴怒的客户，但是经过你的努力，对方不但满意地挂断电话，还不断地向你表示感谢，这会给你带来一种多么大的成就感；不是谁都有机会可以在一天之内面对这么多形形色色的人，这对一个人来说，是一个多好的体验社会、了解人情世故的机会。这样看来，处理客户投诉确实是一件很有意思的工作。我们为什么不乐观地面对它呢？

而且，客户对公司的投诉，对于公司来说也是非常珍贵的。据有关统计数据显示，在对公司的产品或服务不满的客户中，只有2%的客户会去投诉，而其余的98%中，有25%的客户遇到了严重的问题也不去投诉。实际上，客户的投诉是对公司的信任，是在为公司提出产品或服务的不足。因此，更多时候，我们说，客户的投诉就是给公司的礼物。

三、有效处理客户投诉的意义

客户投诉至少可以对保险公司产生如下四个方面的积极意义。

（一）保险投诉有利于保险公司经营的规范管理

我国保险公司长期在低水平经营管理状态下运行，无论是经营管理方面还是服务方面，无论是制度建设方面还是行业行为，都不同程度地存在着一些不规范的问题。保险投诉中有相当一部分投诉是因为保险公司过去经营管理不规范而引发的后遗症，比如说擅自变更条款的内容、放宽承保条件、客户资料信息不完善等。保险投诉可以使保险公司正视自己经营管理上的问题，有利于保险公司经营的规范管理。

（二）保险投诉有利于员工队伍素质的提高

投诉率的增减，在很大程度上是对保险公司人员素质的检验。有些保险公司的管理人员整体素质水平与社会主义市场经济下的需求标准相差甚远，无论是业务水平还是效率观念都远远落后于社会主义市场经济的需求，由单纯的管理向服务转型还不到位。营销队伍经过近几年的发展，规模已初步形成，但由于管理机制尚不健全，整体服务水平还较低，对业务知识、展业技能及职工操守的理解、掌握还缺乏深度，尤其是依法经营、树立公司形象的观念还没有真正树立起来，利益驱动、欺诱客户的事件时有发生。因此，不可避免地导致投诉的产生。保险投诉会促使保险公司重视这些问题，加强服务理念、职业操守等多方面的教育与培训，从而提升广大保险公司员工队伍的素质。

（三）保险投诉是公司维持老客户的契机

老客户是最有价值的客户。据统计，公司一般每年平均流失10%的老客户，获得1个新客户的成本是保留1个老客户成本的5倍。维护老客户、降低客户流失率对公司无疑是极其重要的。客户来投诉，是老客户给了公司留住他的机会。客户不满但不投诉，对客户关系伤害可能更大。管理大师约翰·肖的判断是，在任何一个商家有不愉快经历的客户会将此经历告诉9～10个人，其中有13%的人会告诉20多个人。[①]在这种口口相传之下，公司的口碑变差，不知不觉间失去了市场。公司每年正常的客户流失率是15%～20%，只要将客户流失减少一半，就能使公司的经济增长率成倍提高。所以，公司要尽可能让客户有机会表达他的不满，通过妥善处理客户投诉赢得客户更高的忠诚度。

（四）保险投诉隐藏着无限的商机

从投诉问题中，保险公司还能发现商机，发现市场的空白点，进而创造比其他公司更有竞争优势的产品。当前绝大多数公司都已经认识到公司的一切活动要"以客户为导向"，并且在努力从客户的角度出发重组业务和管理流程。但是所有的努力毕竟都是按照公司的内在运作逻辑和体系实施的，与客户真正的需求不可避免地会存在差异。客户投诉是一个公司澄清客户的真正需求，尽可能消除差异、贴近市场的机会。

➤ **阅读材料**

如果遇到一位投诉的客户，一定要感谢他，因为他把牢骚发向你，而不是亲朋好友。客户的投诉为什么值得重视？请看以下数据：

（1）会投诉的客户只占全部客户的5%～10%，有意见而不投诉的客户80%左右不会再来购物，而投诉如果能处理得当，那么有98%左右的客户投诉之后还会再来。

（2）平均每位非常满意的客户，会把他们的满意告诉12个人，而这些人当中，会有10个人左右，在产生同样的需求时，会光顾那些被满意客户赞扬的公司。

（3）一个非常不满意的客户，会把他的不满告诉20个人以上，这些人在产生同样需求的时候，几乎都不会光顾那些被批评的公司。

（4）服务品质低劣的公司，平均每年的业绩只有1%的增长率，而市场占有率却会下降2%。

（5）服务品质高的公司，每年的业绩增长率为12%，市场占有率则增长6%。

（6）每开发一个新客户，其成本是保持一个老客户成本的5倍；而流失一个老客户的损失，却要争取10位新客户才能弥补。

（7）有95%以上的客户表示，如果所遇到的问题能在现场迅速得到解决，他们就不会发脾气。绝大多数客户表示，公司这样做会得到他们的谅解。

从上面的事实中，我们不难看出客户投诉的重要性。

根据以上数据，我们可以总结到，每一次客户投诉将会导致：

---

① 资料来源：http://home.donews.com/donews/article/2/29880.html。

（1）45%的客户流失。

（2）25%的客户不接受公司的道歉及补偿。

（3）投诉人数10次方的人会知道这个不满事件。而不满事件的累积是扼杀公司生存的最重要因素之一。

第二节 保险客户投诉分析

一、客户投诉分类

（一）普通投诉

客户投诉后，投诉受理人员在权限范围内可直接进行协商处理的投诉案件。

（二）特殊投诉

客户投诉后，投诉受理人员在权限范围内不能直接进行协商处理，需经授权或需转交其他相关处理部门进一步调查、研究、处理的投诉案件。

（三）重大投诉

客户投诉涉及公司形象、声誉（被媒体报道、上告到监管部门和政府机关）的案件，影响深远的案件，涉及公司人员挪用、贪污、受贿的案件，涉及承担法律责任的案件。

（四）疑难投诉

客户投诉后，相关部门无法直接进行处理或客户与公司不能达成一致意见的案件。

二、保险客户投诉方式

（一）电话投诉

客户会直接拨打公司的服务热线或投诉热线，表达自己的愤怒。由于双方的连接只靠一条电话线，看不清彼此的表情、动作，因此，很容易给投诉处理造成障碍。

（二）现场投诉

部分客户倾向于当面投诉，认为这样可以发泄心中的怒气和把问题说得更清楚。现场投诉给了公司最好的扭转局面的机会，因为客户就在眼前，只要采用了正确的应对方式，客户就会满意而去，而不像其他的投诉方式存在诸多的问题。

（三）信函投诉

有些客户会选择信函投诉的方式。由于写信是一个较长时间才能完成的事情，因此客户会以一种经过深思的方式真实地反映整个事件，但也可能会遗漏客户认为不重要的地方或者过分强调自己的感受。

（四）网络投诉

有些客户则会选择网络投诉的方式。现在每个公司在自己的门户网站上都设有客户投诉信箱，客户只要按照保险公司设定好的格式对相关内容进行填写并提交即可，是一种高效、便捷的投诉方式。

三、保险客户投诉类型

（一）保单基本服务问题

保险客户投诉类型
及产生原因分析

（1）对柜面服务人员的专业素质、服务态度不满意。

（2）对服务效率表示不满。

（3）出单及保单送达速度太慢。

（4）续期收费银行转账发生差错。

（5）保险单证录入、计算错误。

（6）办理保单转移时间过长，引起客户不满。

（二）业务员后续服务问题

（1）业务员对佣金变少或不再有佣金的保单不再提供服务或服务质量下降。

（2）对孤儿保单的跟进与服务不到位。

（3）客户认为公司在投保前和投保后的服务质量差距太大。

（三）业务员展业问题

（1）误导签单件。

（2）片面夸大条款责任。

（3）虚假承诺分红险收益率。

（四）理赔纠纷

（1）对理赔结果不满。

（2）赔付速度太慢。

（五）电话中心类

（1）对呼叫中心客户服务代表的专业素质、服务态度不满。

（2）对呼叫中心自动语音服务不满。

（3）对呼叫中心服务内容不满。

（4）对呼叫中心服务内容有限、问题处理效率不满。

（六）其他类投诉件

（1）客户对公司的各类宣传途径不满。

（2）对公司的分红收益不满。

（3）对泄露客户个人隐私（不包括销售人员、销售机构）不满。

（4）营销员对管理内容、佣金发放、管理机构及人员不满。

（5）对电销渠道销售人员电话打扰等不满。

（6）对非银行代理的中介代理渠道不满等。

四、保险客户投诉产生的原因

保险投诉与其他消费投诉一样，是存在于保险产品销售、购买、消费过程中的自然现象。现阶段产生这些现象的原因主要有以下几方面。

（一）市场行为不规范

近年来，我国保险市场尽管发展速度很快，但是，仍然处在市场发育的初级阶段，市场行为不规范。如为了争取更多的市场份额，一些保险公司采取降低保险费率、提高手续费、变相改变保险条款内容、扩大承保范围等不正当手段，这样不仅极易导致市场的混乱，在保险主体之间产生恶性竞争，损害保险公司的共同利益，更为严重的是保户的保险利益也难以受到国家法律、法规的有效保障，在其利益受到损害而又难以得到有效补偿时，必然会引发投诉。

（二）经营管理不规范

我国保险业在较短的时期内经过高速发展，尤其是面对整个市场经济飞跃发展的形势，管理方面存在的弊端日趋突显，甚至成为保险业正常发展的障碍，主要表现在：

（1）保险代理人队伍整体素质水平较低。我国保险代理人队伍从组建开始，引进借鉴的就是国外保险代理人管理的基本模式和方法，而真正要与我国保险行业的特点相适应、融合，还有相当长一段路要走。适应我国保险行业状况的保险代理人管理办法尚未成熟和真正得到落实，导致保险代理人队伍管理滞后，整体素质水平起点较低，由于展业行为不规范引发的保险投诉时常发生。

（2）保险公司服务水平较低。在规范化服务、附加值服务方面还不能满足客户的基本需求；在业务处理效率和业务手续的简化办理方面还不能达到客户的要求；对承保理赔工作中出现的问题，缺乏主动为客户提供服务和防范化解矛盾的意识。

（3）业务质量水平较低。一方面，是业务操作不规范的现象普遍存在，老业务保单缺乏正常的维护，业务处理满足不了客户的正常需求；另一方面，由于缺乏有效的业务流转监督制约机制，在展业、核保、承保及理赔调查、保全等业务流转的重要环节上，人为造成业务质量问题和隐患的现象难以克服。

（三）保险市场逐步成熟

近年来，我国保险业在市场化运作的同时，也加速了外部环境的变化，日趋成熟。一是公众在保险意识逐步增强的同时，对保险知识的了解更为广泛深入，自我保护意识普遍增强；二是在社会法制建设增强、完善的大环境中，保险双方当事人运用法律解决问题、维护自身利益的行为趋向日常化，行使法律的自觉性日渐增强；三是作为已逐步走入普通家庭消费的人寿保险，其社会消费的地位和保障作用日渐突出，因而关于保险这一新兴消费领域中出现的问题，更易引起社会舆论等各方面的关注。

五、客户投诉心理状况

客户投诉心理状况
及需求分析

（一）发泄的心理

客户遭遇不满而投诉，一个最基本的需求是将不满传递给保险公司，把自己的怨气、抱怨发泄出来。这样，客户不快的心情会得到释放和缓解，恢复心理上的平衡。

耐心地倾听是帮助客户发泄的最好方式，切忌打断客户讲话，避免其情绪宣泄中断，淤积怨气。此外，客户发泄的目的在于取得心理的平衡，平复心理状态。在帮助客户宣泄情绪的同时，还要尽可能营造愉悦的氛围，引导客户的情绪。美国服务质量管理学院院长、客户服务管理大师约翰·肖曾在演讲中揭示美国商业银行的制胜秘诀——做强大的零售商，做服务的楷模，而非仅仅是银行。如何做到呢？该行总裁维农·西尔的策略是：招聘外向的、使别人开心的员工，然后对他们进行培训、培训、再培训。[1] 作为投诉处理人员，即便有着过硬的业务能力和极强的责任心，如果整天苦着脸或神经质地紧张，给客户的感觉必然会大打折扣。但是，营造愉悦氛围也要把握尺度和注意客户的个性特征，如果让客户感到轻佻、不受重视，那宁可做一个严肃的倾听者。

（二）尊重的心理

所有来投诉的客户都希望获得关注和公司对他所遭遇问题的重视，以达到心理上被尊重的感觉，尤其是一些感情细腻、情感丰富的客户。

在投诉过程中，保险公司能否对客户本人给予认真接待、及时表示歉意、及时采取有效的措施、及时回复等，都会被客户视为自己是否受尊重的表现。

如果客户确有不当，保险公司也要用聪明的办法让客户下台阶，这也是满足客户尊重心理的需要。

（三）补救的心理

客户投诉的目的在于补救，因为客户觉得自己的权益受到了损害。值得注意的是，客户期望的补救不仅指财产上的补救，还包括精神上的补救。根据我国的法律规定，绝大多数情况下，客户是无法取得精神损害赔偿的，而且实际投诉中客户提出要求精神损害赔偿金的也并不多，但是，通过倾听、道歉等方式给予客户精神上的抚慰是必要的。

（四）认同的心理

客户在投诉过程中，一般都努力向保险公司证实他的投诉是对的和有道理的，希望获得保险公司的认同。投诉处理人员在了解客户的投诉问题时，对客户的感受、情绪要表示充分的理解和同情，但是要注意不要随便认同客户的处理方案。比如，客户很生气时，投

---

① 资料来源：http://home.donews.com/donews/article/2/29880.html。

诉处理人员可以回应说："您别气坏了身体，坐下来慢慢说，我们商量一下怎么解决这个问题。"这个回应就是对客户情绪的认同、对客户期望解决问题的认同，但是并没有轻易地抛出处理方案，而是给出一个协商解决的信号。合理回应客户期望认同的心理，有助于拉近彼此的距离，为协商处理营造良好的沟通氛围。

（五）表现的心理

客户前来投诉，往往潜在地存在着表现的心理。客户既是在投诉和批评，也是在建议和教导。好为人师的客户随处可见，他们通过这种方式获得一种成就感。

客户表现心理的另一方面，是客户在投诉的过程中，一般不愿意被人做负面的评价，他们时时注意维护自己的尊严和形象。

利用客户的表现心理进行投诉处理时，要注意夸奖客户，引导客户做一个有身份的、理智的人。另外，可以考虑性别差异地接待，如男性客户由女性来接待，在异性面前，人们更倾向于表现自己积极的一面。

（六）报复的心理

客户投诉时，一般对于投诉的所失、所得有着一个虽然粗略但却理性的经济预期。如果不涉及经济利益，仅仅为了发泄不满情绪、恢复心理平衡，客户一般会选择投诉、批评等对公司杀伤力并不大的方式。当对投诉的得失预期相差过大，或者在宣泄情绪过程中受阻或受到新的"伤害"，某些客户会演变为报复心理。存有报复心理的客户，不计个人得失，不考虑行为后果。

自我意识过强、情绪易波动的客户更容易产生报复心理。对于这类客户要特别注意做好工作。客户处于报复心理状态，要通过各种方式及时让双方的沟通恢复理性。对于少数有报复心理的人，要注意搜集和保留相关的证据，以便在客户做出有损公司声誉的事情时，拿出来给大家看看；在适当的时候提醒一下客户这些证据的存在，对客户而言也是一种极好的冷静剂。

六、客户投诉需求

（一）被关心

客户需要你对他表现出关心与关切，而不是不理不睬或应付。客户希望自己受到重视和善待，他们希望与他们接触的人是真正关心他们的要求或能替他们解决问题的人，他们需要理解的表达和设身处地的关心。

（二）被倾听

客户需要公平的待遇，而不是埋怨、否认或找借口。倾听可以针对问题找出解决之道，并能训练我们远离埋怨、否认、借口。

（三）服务人员专业化

客户需要明白与负责的反应，需要一个能用心解决问题的人，一个不仅知道怎样解决，而且负责解决的人。

（四）迅速反应

客户需要迅速与彻底的反应，而不是拖延或沉默。客户希望听到"我会优先考虑处理你的问题"或"如果我无法立刻解决你的问题，我会告诉你我处理的步骤和时间"。

第三节　保险客户投诉处理要求

一、客户投诉处理原则

保险客户投诉处理
原则及作业规定

投诉工作应遵循"一站式"服务原则、专人跟进服务原则、客户满意原则、定期公示原则、及时原则、责任原则和记录原则。

（一）"一站式"服务原则

对于客户投诉的问题，一经受理，客户不需要再拨打其他电话找其他部门；客户的需求和问题，只需向公司陈述一次，就应得到解决。

（二）专人跟进服务原则

凡不能直接答复客户而需进一步调查、核实的问题，受理人员应立即转交二线支持岗人员全程负责跟进处理，如中途更换经办人，应办理交接手续。不得受而不理或一事多人跟进。需由相关部门处理的，应立即转各级机构相关部门及人员进行处理，做到分工明确、责任到人。

（三）客户满意原则

客户满意度是检验投诉部门工作成效的重要指标，客户服务部门应当做好客户满意度的调查工作。

（四）定期公示原则

投诉处理工作须严格遵守国家法律、法规、监管机关规定、公司文件规定及国际惯例，在规定时间内核实处理；客户服务部门负责投诉处理的监督工作，并定期对投诉处理情况进行公示和检查考核。

（五）及时原则

一旦出现客户投诉，各相关部门应通力合作，迅速做出反应，争取在最短的时间内全面解决问题，给投诉者一个及时、圆满的答复，绝不能互相推诿责任，拖延答复。

（六）责任原则

对客户投诉处理过程中的每一个环节，都事先明确各部门、各类人员的具体责任与权限，以保证投诉及时妥善地解决。为此需制定出详细的客户投诉处理规定，制定严格的奖惩措施。

（七）记录原则

记录原则是指对每一起客户投诉都需要进行详细的记录，如投诉内容、投诉处理过程、投诉处理结果、客户反应等。通过记录，可以为公司吸取教训、总结投诉处理经验、加强投诉管理提供实证材料。

二、客户投诉处理流程

客户投诉操作流程包括：登记、确认、处理、跟进、结案、回访、归档、反馈及上报。

（一）登记

呼叫中心客户服务代表受理客户投诉时，应在呼叫中心系统中对客户投诉内容进行详细记录，对于一次受理涉及几方面问题的，按投诉类别分别进行记录；受理客户来函、来访的咨询投诉，应对客户投诉内容进行详细记录，并于当日补入呼叫中心系统。

（二）确认

在来电接待过程中，应对客户的投诉事由进行复述确认；接待来访客户时，应要求客户在来访受理记录表上签名加以确认；对于电子邮件或来信投诉件，应对电子邮件或来信进行回复以示确认，或以电话方式告知来函人以示确认。

（三）处理

（1）相关部门接到投诉业务后，须及时进行调查核实，与客户进行协商，做出处理决定。

（2）重大、疑难投诉件须报疑难问题协调委员会审定后才能做出决定。

（3）对于需向客户书面反馈的，需填写《客户投诉处理意见书》，送公司法律顾问审核后及时将处理决定告知客户，并督促相关部门及人员实施。

（4）将投诉处理结果记录在案，供客户咨询和公司信息收集之用。

（5）答复时限：受理人员当时能够答复的，当时进行答复；对于需本部门其他科室协办的，对客户承诺3个工作日内进行答复；对于需其他部门协办的，对客户承诺7个工作日内进行答复；对于明显属于重大疑难案件或需报上级公司批复的案件，对客户承诺30个工作日内进行答复。对于不能当时进行答复的投诉件，应提交给二线支持岗。

（四）跟进

二线支持岗对无需转送其他部门的投诉进行调查。

对于涉及其他部门的投诉，需转给其他部门。处理方式应考虑情节的轻重、危害后果、社会影响。如对于个人代理人的投诉，应转个险销售部门协调员，个险销售部门应根据相关规定进行处理。

对特殊问题或重大、疑难问题，跟进的同时应逐级汇报，或提请疑难问题协调委员会召开临时会议。

对于未在规定时限内处理完成的投诉件，按主管、经理、疑难问题协调委员会、总经理室、上级公司的次序进行上报。

对于超过对客户的承诺期限仍未处理完毕的投诉件，应在承诺到期前 1 日分别通知客户及投诉转来部门。

（五）结案

投诉事项有下列情形之一的，可以结案。

1. 无效投诉

经核实，客户投诉不成立，处理人员可进行结案，并做好相关解释工作。

2. 有效投诉

（1）当客户与公司之间达成一致意见，投诉得到相应解决后，处理人员可进行结案。

（2）投诉处理过程中，客户就投诉事项向人民法院提起诉讼或申请仲裁后，处理人员可进行结案。

（3）客户自愿放弃投诉，处理人员可进行结案。

（4）投诉案件有其他可以结案情形的，处理人员可进行结案。

需要注意的是，若客户不同意投诉处理结果或对投诉处理不服，则不得结案，可向上一级公司申请重新处理。

（六）回访

每一投诉件处理完毕后，应安排回访人员就处理结果的满意情况进行回访，并做好记录。对由于非客户原因而给客户带来损失导致的投诉件，应做好重点回访。

（七）归档

通过呼叫中心记录、流转的投诉件，自动归档；客户提交的纸制材料以及对客户回复的文字材料应按期整理、分类归档，每份档案首页设置档案资料列表。每年度整理归档目录，重大、疑难投诉的处理结果，另行归档。档案管理工作由主管或指定人员负责。所有资料注意保密，应专柜保存。无关人员不得持有、复印，经办人员不得向他人透漏案情。

（八）反馈及上报

按期编制报表、客户问题、建议汇总报告，上报主管部门及疑难问题协调委员会；遇重大、疑难问题应迅速撰写情况说明，将处理的过程、结果及投诉影响程度上报上级公司。

➤ **阅读材料**

接待客户投诉建议

（一）接待（隔离客户，降低影响）

1.接待原则

如遇到情绪激动的客户，建议将客户带到接待室，以免影响其他的客户；同时安静的环境对客户心情的平复也能起到一定的作用。

投诉处理的心理准备与处理步骤

2.身体语言和面部表情

身体语言：在与人坐着交流时，有效的身体语言包括身体微微向前倾，身体朝向对方。

面部表情：自然微笑，有亲和力。

3.保持与对方的眼神接触

在与人沟通的时候应该与对方保持一种眼神的交流，如眼神往上瞟，可能会显得傲慢、漠不关心；眼神游离会让人感觉不自信、胆怯。

注意：切忌职业化的冷漠，在一开始就建立起双方信任关系，以第三方的角度公正处理客户投诉，让客户感受到尊重，便于对整个谈话的控制与主导。

（二）倾听（给出时间让客户发泄）

用心聆听：客户感觉不满时，会希望能有地方一吐为快，如果不彻底地发泄出来，就很难听进任何解释及建议。因此，我们首先需要做的是倾听客户的发泄，并积极地引导客户说出他真正的需求。

（1）"您好，有什么可以帮您的？""您有什么不愉快的，您可以告诉我。"

（2）拿出纸笔做好记录。有三种用处：表示对客户的重视；处理的依据；避免客户无理取闹。

（3）有些客户可能一来就坚持要求由领导接待，你可以这样告诉客户："不同的业务，其分管的领导是不同的，如果您不告诉我您的问题，我就不知道应该找谁来为您解决。我想您不妨将事情先说出来，我们会尽力为您想办法，假如超出我的权限，我会上报领导的，请您相信我。"

（4）在客户叙说时尽量不打断客户，将自己的手机调成静音模式。不管客户说的是否有道理，绝对不反驳。我们的质疑只会造成不愉快，使双方沟通失败，对工作没有任何帮助。

（5）始终保持眼神交流，并不时点头——这些身体语言会让客户感觉到你在回应他，起到鼓励他叙说的效果。同时可以不时回应"是的，我能理解您的感受！""没错，您的心情我非常理解！"

记住：一定要控制自己的情绪。客户在发泄时有时候是失去理智的，可能会有不得体的言语，我们一定感觉非常的委屈，但必须学会控制自己的情绪。如果被客户的情绪所影响，与其发生争执，这对我们解决问题没有任何帮助。

（三）理解、解释

引导客户说出问题重点，有的放矢，表示同情、理解。

如果对方知道你的确关心他的问题，也了解他的心情，怒气便会消减一半。找出双方都同意的观点，表明你是理解他的。

1. 真诚地表示歉意

不管客户说的有没有道理，我们都需要首先表示歉意。表示歉意并不代表客户说的是正确的，只是代表了我们的工作态度。

一方面，表示歉意能让客户感受到我们的诚意，对客户的情绪起到安抚的作用；另一方面，无论客户因为什么不满，这些不满总是因为购买了公司的产品后产生的。我们作为客服人员，应该代表公司为带给客户这些不愉快而表示歉意。

2. 解释

"可能当时没有和您解释得很清楚，我现在再向您介绍一下，可以吗？"

"保险产品与银行存款属于不同的金融产品……"

"合同已成立了一年，公司也实实在在地承担了保险责任，如果退保公司会相应地扣除一定的风险费用。"

针对文化程度较低的客户，尽量使用通俗化的语言来解释，通过举例子、打比方等形象的方式来讲解。

针对文化程度较高的客户，回答时必须言简意赅，充分体现娴熟的业务能力，引经据典，给予准确答复，切忌拖泥带水，使客户误解。

（四）收集信息

在提出投诉解决方案之前，尽可能了解客户的各种信息，比如了解当时具体销售情况、抱怨情况；了解投保资料真实情况、电话回访情况；注意客户是否通过其他渠道（银保监局、消协、新闻媒体等）进行了相关投诉。了解的信息越齐全，所提出的解决方案就会越贴近客户需求。

（五）给出解决建议（让客户参与解决方案）

有可能的话，在给客户提供解决方案时永远给客户做选择题。

了解客户真实投诉原因，通过协商后，制定解决方案，可以不限于一个，向客户提供多个解决方案。

如果你还不知道怎么才能让客户满意，就要问：

"您希望如何解决？"

"您希望我们怎么做？"

"您希望我们怎么帮您？"

如果客户的要求可以接受，就能迅速愉快地解决问题。

（六）结束

礼貌地结束。当你将这件不愉快的事情解决了之后，必须问："请问您觉得这样处理可以了吗？您还有别的问题吗？……如果没有，感谢您对我们工作的支持！"

（七）投诉处理的心理准备

（1）以信为本，以诚动人。

（2）我代表的是公司而不是个人。

（3）学会控制自己的情绪。

（4）持续创造积极瞬间。

（5）换位思考，从客户角度想问题。

（6）把投诉处理当作自我提升的一次考验。

（八）投诉处理禁忌及禁语

1. 投诉处理禁忌

（1）缺少专业知识。

（2）怠慢客户。

（3）缺乏耐心，急于打发客户。

（4）允诺客户自己做不到的事。

（5）急于开脱，把责任全部推到客户身上。

2. 处理投诉禁语

（1）公司规定就是这样的。

（2）这种问题我们见得多了。

（3）这种问题连小孩子都明白。

（4）绝对不可能发生这种事。

（5）这不是我们的事。

（6）我不知道，不清楚。

三、客户投诉处理作业规定

客户投诉涉及公司各个环节，为了保证公司各部门处理投诉时能保持一致，通力配合，圆满地解决客户投诉，公司要明确规定处理客户投诉的规范和管理制度。

（一）建立健全各种规章制度

（1）制定专门的制度、配备专门的人员来管理客户投诉，并明确投诉受理部门即客户服务部在公司组织中的地位。

（2）设计投诉处理的业务流程，根据实际情况确定投诉部门与高层经营者之间的汇报关系。

（二）确定受理投诉的标准

在处理投诉上，关键是要把处理的品质均一化。当处理同一类型的投诉时，如果经办人处理办法不同或同时对各个投诉者持有不同的态度，则会失去客户的信赖。因而，应该制定出合乎本公司的投诉处理标准。

（三）确定投诉处理时间

对于客户投诉，各部门应通力合作，迅速做出反应，力争在最短的时间里全面解决问题，给客户一个满意的答复，拖延和推卸责任会进一步激怒投诉者，使事情复杂化。因此，公司应规定投诉的受理时间。

（四）明确责任

分清造成客户投诉的责任部门和责任人，明确处理投诉的各部门、备案人员的具体责任与权限，以及客户投诉得不到及时圆满解决的责任。对于处理投诉的责任人的责任与权限，事先也应进行书面化的规定。

对于重复出现的常规问题，则按规定的程序与方法予以及时处理。对非常规投诉问题，则授权给合适的部门根据具体情况创造性地予以处理，以提高组织在处理投诉上的响应速度，减少经济上和荣誉上的损失，避免恶化客户关系。

（五）建立投诉处理系统

建立投诉处理系统，对每一起客户投诉及处理都要做出详细的记录，内容包括投诉内容、处理过程、处理结果、客户满意度。

➤ 阅读材料

处理客户投诉注意事项

（1）不要在公司的客户服务部门雇用那些从别的地方调过来的有过失败经验的员工。

（2）不要把公司的客服中心设在不受人注意的、靠近洗手间的地方。

（3）不要对那些直接参与解决问题的一线员工投资太少。

（4）不要过低估计公司的员工赢得客户好感并捍卫公司利益的能力。

（5）在公司没有解决客户现存的问题前，不要继续请求不满的客户进行再次购买。

（6）不要把处理投诉看作一件应付客户的事。

（7）不要使用那些毫无联系的计算机程序回复客户。

（8）如果赔偿，应询问客户需要公司做什么。

第四节　保险客户投诉处理技巧

一、一般客户投诉的处理技巧

再规范、优秀的公司也不能 100% 保证自己的商品或服务没有任何差池，再幸运、豁达的人也不能 100% 保证不会遭遇投诉。绝大多数的投诉都是比较好处理的，我们称之为一般投诉。但一般投诉也不可以随便对待，否则就会上升为重大投诉。处理一般投诉是有一定技巧的。

（一）态度诚恳，耐心倾听

先听清楚客户说什么。态度认真，尊重客户，这是第一要义。切忌打断客户，如果有不明白的地方，应该等客户说完了再询问。倾听的过程对客户来说，是一个发泄不满和宣泄情绪的过程，因而倾听过程中要有必要的回应，如点头、"嗯"等，表明你在用心听。在客户发泄完之后，他的情绪也基本平稳了，此时问题便已经解决了一半。甚至很多投诉，仅仅是客户想找一个人耐心地听取他的投诉。

很少有客户在投诉的时候能做到温文尔雅（除了少数涵养极好的客户）。在倾听阶段要有面对客户发火的思想准备，不要试图去制止客户发火，要尊重他，让他发泄。客户在发泄的过程中情绪会渐渐平复，慢慢回到正常的状态中。相反，如果客户宣泄的途径不通畅，只会让他心里更窝火，可能还会更加激烈，甚至表现得很极端。

倾听能够传递出的理解和尊重，能营造一种理性的氛围，感染客户以理性来解决问题。倾听时要注意了解客户的真正意图，了解他所认为的真正问题是什么，了解他这次投诉真正要达到的目的是什么，千万不要主观地认为他是遇到了什么问题，也不要从其语言表面进行判断。

【测一测】

做一下倾听能力测验，评估自己的倾听能力。

选 A 表示"总是"，选 S 表示"有时"，选 N 表示"从不"。

（1）我通常打断别人的话和插入我想说的话。　　　　　　　A　　S　　N

（2）我能料想别人将要说什么，从而结束谈话。　　　　　　A　　S　　N

（3）在交谈过程中，我容易受周围发生的事情的影响。　　　A　　S　　N

（4）当注视谈话对象超过一定时间后，我会感到不舒服。　　A　　S　　N

（5）如果我不同意他的观点，我就对他不予理睬。　　　　　A　　S　　N

（6）我通常将注意力集中在讲话人的衣服和头发上，而不去听他　A　　S　　N

　　说些什么。

（7）如果我听不懂他的用词，我就不再听了。　　　　　　　A　　S　　N

（8）有时，别人同我谈话时，我会想别的东西。　　　　　　A　　S　　N

（9）我发现自己不在倾听，而是在计划自己下一步要讲什么。　A　　S　　N

（10）即使我兴趣索然，我也会假装对别人的话听得津津有味。　A　　S　　N

如果你对每一项都选择 N，那么你就是一个优秀的倾听者；如果你选择 A 或 S 超过 3 项，那么就需要努力提高倾听的技巧。

（二）把握客户的真正意图

化解客户投诉需要了解客户投诉的真正意图，这样才可能对症下药，最终化解客户的投诉。但是，客户在反映问题的时候，常常不愿意明白地表达自己内心的真实想法，这种表现有时是因为客户碍于面子，有时是过于激动的情绪导致的。

因此，客服人员在处理客户投诉时，要善于抓住客户表达中的"弦外之音、言外之意"，掌握客户的真实意图。以下三种技巧可以帮助客服人员。

1. 注意客户多次重复的话

客户或许出于某种原因试图掩饰自己的真实想法，但却又常常会在谈话中不自觉地表露出来，这种表露常常表现为多次重复某些话语。值得注意的是，客户的真实想法有时并非其多次重复话语的表面含义，而是与其相关乃至相反的含义。

2. 注意客户的建议和反问

留意客户投诉的一些细节，有助于把握客户的真实想法。客户的诉求常会在他们建议和反问的语句中不自觉地表现出来。

3. 注意客户的反应

所谓客户的反应，就是当客服人员与客户交谈时，对方脸上产生的表情变化或者态度、说话方式的变化。

就表情而言，如果客户的眼神凌厉、眉头紧锁、额头出汗、嘴唇颤抖、脸部肌肉僵硬，这说明客户在提出投诉时情绪已变得很激动。在语言上，他们通常会不由自主地提高音量、语意不清、说话速度加快，而且有时会重复表达他们的不满，这说明客户处在精神极度亢奋之中。就身体语言而言，如果客户身体不自觉地晃动，两手紧紧抓住衣角或其他物品，则表明客户心中不安及精神紧张；有时客户的两手会做出挥舞等激烈的动作，这是客户急于发泄情绪，希望引起对方高度重视的不自觉的身体表现。

（三）做好记录，归纳客户投诉的基本信息

包括记录投诉事实、投诉要求、投诉人的姓名和联络方式。记录投诉人的姓名和联络方式是非常必要的，不然，在投诉人愤怒地离开、消失在人群中以后，就像在客户群中放了一枚定时炸弹，而你无法把握和预知它何时爆炸及破坏力有多大。

同时，记录本身还有双重的功效，既让客户感受到你对他的重视，起到安抚情绪的作

用，又能通过记录、询问，将客户的注意力引向客观地描述和解决问题本身，起到移情的作用。

处理客户投诉，其要点是弄清客户不满的来龙去脉，并仔细地记录客户投诉的基本情况，以便找出责任人或总结经验教训。记录、归纳客户投诉基本信息更是一项基本的工作，因为公司通常是借助这些信息来进行思考、确定处理的方法。如果这些报告不够真实和详细，可能会给公司的判断带来困难，甚至发生误导作用。

（四）回应客户，对投诉内容表示理解

回应客户投诉的一个重要内容是，向客户确认投诉事实和要求，目的在于确保正确理解客户的意思。回应时，要注意让客户感觉到他的想法得到了你的共鸣。如果是健谈的客户，也可以见缝插针地与客户聊聊投诉以外客户平时可能比较关心的事情。比如同客户讲"公司应该如何提供优质服务"，那么可以引导客户谈服务的话题，不知不觉地让客户转移注意力。如果能够成功转移到客户感兴趣的其他话题上，双方将从一种对立关系转化为一种交换资讯、交流情感的平等关系。拉近与客户的心理距离，处理投诉会容易得多。客户的情绪比较稳定后，要及时抓住机会重新回到当前的纠纷话题。但是要注意，对于不善言辞，或者没有兴趣谈其他问题而一心就想解决投诉的人来说，不要轻易转移话题，否则客户可能会觉得你在回避问题。

（五）及时答复或协商处理

首先向客户适当表示歉意，即使错不在公司，也要致歉，因为道歉是平息客户不满情绪的有效方法。同时感谢客户的投诉，因为客户是公司的朋友，他们在提醒我们解决公司忽略的问题。

对于投诉问题，能够立即答复的，马上给予答复，并征求客户的意见。如果需要进一步了解情况，应向客户说明，并与客户协商答复的时间，但要注意适当留出富余的时间。随后，一定要在承诺答复时间内联络客户，给出答复；如果答复期限到了，还不能给出答复，一定要主动联络客户做出解释，以免失信于人。

（六）处理结果上报

给客户圆满答复以后，投诉处理并未完成，投诉处理情况必须要上报，这是许多公司容易忽视的地方。根据公司情况，以适当的方式和频度，对一定周期的投诉及时上报，上报时可进行必要的分类、分析。客服人员接到的客户反馈，是一个公司的宝贵资源。"千里之堤，溃于蚁穴"，重视每一个小的细节，公司才能及时避免重大的危机；同时，日常的投诉也是公司寻求改进的契机，甚至是公司的商机所在。

➤ 阅读材料

处理客户投诉的关键心理

在处理客户投诉的过程中，首先要具备两种关键的心理，这为处理好投诉奠定了基础。

1. 同理心

投诉的客户大都表现得怒气冲冲，情绪失控，碰上谁就向谁发火。因此，服务人员很容易在心理上对客户产生反感，觉得客户是在和自己过不去，或者认为客户没教养。于是在无意中把自己与客户的关系对立起来，采取了对抗或不理睬的态度。

这样的想法只会导致冲突的发生、升级，无助于问题的解决。其实，此时最需要的是同理心，即站在客户的立场上去看问题，理解、信任客户，相信客户的怨气是有理由的，他们之所以投诉确实是因为他们的某些需求未获得满足；他们之所以见到谁就向谁发火，不是因为天性如此，而是把每个服务人员都看成公司的代表。

抱有同理心，并不意味客户一定是对的，而是尽可能去理解客户为何如此难受，什么原因让他如此生气。只要尽可能这样地去思考问题，服务人员就会对客户抱有理解的心、同情的心，而不会把客户看成令人讨厌的不可理喻的人了。

2. 克制

科学研究发现，当一个人在面对攻击时，会本能地做出搏斗或逃走的反应，肾上腺素分泌加快、心跳加速、血压升高并且呼吸急促，身体自动地准备应对受到的攻击。这些生理反应帮助了我们的史前祖先逃生，但此时却妨碍了我们有效处理客户的投诉。正确的选择是抑制身体对客户愤怒的自发反应，让它回到安静的状态中，即克制。

一个有关"狮子和老虎"的团队对抗游戏很好地解释了克制的效果。团队成员被分成两组，一组担当"狮子"的角色，一组担当"老虎"的角色。面对面站立，举起双手，与地面保持平行，掌心相贴。然后让"老虎"向"狮子"施加压力。可以看到，拼命抵抗"老虎"的"狮子"会遇到更大的阻力；不抵抗"老虎"的"狮子"却遇到了很小的阻力，甚至"老虎"在不知不觉中松开了手。

客户就相当于这个游戏中的"老虎"，他发怒、投诉就相当于向服务人员施压，如果服务人员以同样的态度对待客户，客户就会用更大的愤怒反击；但如果服务人员始终以一种礼貌友好的态度对他，客户的情绪就会慢慢平复，这样问题就好解决了。

所以，克制自己的情绪才能控制客户的情绪。

二、客户投诉面谈的处理技巧

当面投诉是一种主要的投诉方式。它既有方便沟通、察言观色、及时调整谈话内容等优势，也存在容易产生冲动、造成冲突、使矛盾升级等劣势。所以，客服人员必须掌握有效的面谈技巧。

（1）营造亲切轻松的氛围，以缓解客户内心通常会有的紧张心情。

（2）注意听取客户的怨言，把客户投诉中的重要信息详细记录下来。

（3）应看着客户的眼睛以示自己的诚意，在与客户交谈时切忌左顾右盼，表现得心不在焉，或者不礼貌地上下打量客户，盯视客户身体的其他部位，这些都会加重客户的抵抗情绪，容易导致客户愤怒，使问题解决的难度加大。

（4）态度诚恳，表现出真心为客户着想的意图。但同时要让对方了解自己独立处理的授权范围，不使对方抱过高的期望。

（5）在适当的时候详细询问情况，并且注意客户的反应。在客户愤怒时，应先使用各种方法使客户的愤怒情绪平息后，再询问事实情况。在询问事实情况时，先把客户的主张提出来作为话题，然后讲"集中到您的意见上来考虑一下吧……"，这样，对方的主张从个人的东西变成了存在于两者中间的话题，有了客观性。然后，稍稍进行启发，使之对我方的观点表示理解，这对解决双方矛盾是有效的。

（6）与客户沟通时，应当有意识地去了解客户的兴趣和关心的问题，这样交谈容易切入客户感兴趣的话题，使客户产生认同感。

（7）中途有其他事情时，尽量调整到以后去办，不要随意中断谈话。

（8）在提出问题的解决方案时，应让客户有所选择，不要让客户有"别无选择"之感。

（9）尽量在现场把问题解决，如不能马上解决问题，应向客户说明解决问题的具体方案和时间表。

（10）面谈结束时，确认自己向客户明确交代了公司方面的重要信息及客户需再次联络时的联络方法、部门或个人的地址与姓名。

➤ 阅读材料

处理客户投诉时的自我控制

在处理客户投诉的时候难免会遇到情绪低落或情绪难以把控的时候，这时，就要求客户服务人员做好情绪的自我控制，在这里给大家提供几种控制情绪的自我对话：

（1）我是问题的解决者，我要控制住局面。

（2）客户的投诉不是针对我，而是针对公司的产品和服务。

（3）保持冷静，做深呼吸。

（4）客户不满意，不是对我不满意，我不能受他影响。

（5）我需要冷静地听客户诉说，虽然他的措辞很激烈。

（6）我需要知道事情的经过和真相，所以我不能激动。

（7）我要用良好的情绪影响他，使他放松，缓和他的紧张心情。

三、信函投诉的处理技巧

信函投诉处理是一种传统的处理方式，利用信函提出投诉的客户通常较为理性，很少感情用事。对公司而言，信函投诉的处理要花费更多的人力费用、制作和邮寄费用，成本较高，而且由于信函往返需要一定时间，处理投诉的周期往往更长。

根据信函投诉的特点，公司员工在处理时应该注意以下要点。

（一）要及时反馈

当收到客户利用信函所提出的投诉时，就要立即告知客户信函已收到，这样做不但会使客户安心，还给人以亲切的感觉。

（二）要清晰、准确地表达

在信函内容及表达方式上，通常要求浅显易懂，措辞要亲切、简洁明了，让对方有亲近感。尽量少用法律术语、专用名词、外来语及圈内人士的行话，尽量使用结构简单的短句，形式要灵活多变，使对方一目了然，容易把握重点。

（三）要充分讨论

由于书面信函具有确定性、证据性，所以在寄送前，切勿由个人草率决断，应与负责人就其内容充分讨论。必要时可以与公司的顾问、律师等有关专家进行沟通。为了表示公司的慎重，寄出的信函最好以公司负责人或部门负责人的名义主笔，并一定要加盖公司公章。

（四）要正式回复

公司员工与客户之间的信函最好是打印出来的，这样不仅可以避免手写的笔误和因连笔而造成的误认，而且给人以庄重、正式的感觉。

（五）必须存档归类

处理过程中的来往函件，应一一编号并保留副本，把这些文件及时传送给有关部门，使他们明确事件的处理进程与结果。

➤ **阅读材料**

如何写出让客户满意的投诉回复函呢？

写出让客户满意的回复函要遵守一定的格式，格式如下：

署名＋先生／女士（或小姐）

第一段：问候投诉的客户。

第二段：对于造成客户投诉的原因，代表公司全体员工表示最深的歉意，并强调公司非常重视这件事。

第三段：简单描述事情的经过，说明公司对这次事件将采取的措施。

第四段：叙述公司对客户的补偿。

第五段：说明公司尊重客户意愿，如不满意公司的决定，欢迎客户提出解决方案。

第六段：再一次对客户遭遇的事情表示歉意，希望客户原谅，并恳请客户继续支持公司。

第七段：强调公司重视客户的反应，期待客户的支持，使公司的服务质量更上一层楼。

第八段：结尾的敬语。

公司名

部门名

职称和署名

日期

写好客户投诉回函的技巧：

（1）承认自己的错误，并向客户道歉。

（2）提出解决问题的方法。

（3）尊重客户的投诉，承认客户是对的。

（4）引起客户愉快的回忆，或者描绘美好的未来。

（5）向客户致谢，感谢客户的投诉。

四、电话投诉的处理技巧

客户以电话方式提出投诉的情形越来越多见，电话处理投诉的方式越来越成为主流。电话投诉简单迅捷的特点，使得客户往往是在正处于气头上时提起投诉的。这样的投诉常具有强烈的感情色彩，而且接听电话的时候看不见对方的面孔和表情，这些都为电话处理投诉增添了难度。

电话投诉的处理技巧

（一）电话投诉处理的基本要求

（1）电话处理投诉时要特别小心谨慎，要注意说话的方法、声音、语调等，做到认真倾听。

（2）必须善于站在对方的角度来思考问题。

（3）无论对方怎样感情用事，都要重视对方，不要有有失礼貌的举动。

（4）除了自己的声音外，也要注意避免周围的其他声音传入，如周围的谈话声和笑声传入电话里，会使客户产生不愉快的感觉。从这方面来看，投诉服务电话应设在一个独立的房间，最低限度也要在周围设置隔音装置。

（二）通过电话把握客户心理

无论是投诉处理还是提供令客户满意的服务，都需要努力透析客户心理。在电话处理客户投诉时，要先通过声音信息来预判客户心理状态。要点如下：

（1）说话语调一成不变的人，一般具有正直的性格。

（2）说话语调没有力气，语意不明了的，一般是羞怯胆小者。

（3）说话的语音有抑扬，好像在唱歌似的人，一般是空想家或者浪漫主义者。

（4）语气消沉，吞吞吐吐，小心说话的人，一般心中怀有疑虑或生性多疑。

（5）语气有力，毫不客气的，一般是勇敢而精力充沛的人。

（6）用尖锐的声音说话的人，一般具有孩子气的性格。

（7）说话时虽然有力，却经常喃喃细语者，一般是享乐性格较强的人。

（8）声音粗暴，爱责骂人者，一般是性格较为粗野的人。

当然，人是多种多样的，即使是同一个人，在不同情况下，说话的方式也不一样。所以上述结论要注意灵活应用，不能一概而论。

（三）电话投诉的处理技巧

（1）对于客户的不满，应能从客户的角度来考虑，并以声音表示自己的同情。

（2）以恭敬有礼的态度对待客户，使对方产生被信赖的感觉。

（3）采取客观的立场，防止主观武断。

（4）稍微压低自己的声音，给对方以沉着的印象，但要注意不要压得过低，导致对方觉得疏远。

（5）注意以简洁的词句认真填写客户投诉处理表，不要忽略诸如 Who、What、Why 这样的重点项目。

（6）在电话里听到的对方姓名、地址、电话号码等重要信息，必须重复确认，并以文字记录下来或录入电脑。同时，要把处理人员的姓名、机构告诉对方，以便于对方下次联络。有些客服人员在电话刚接通时就报上了姓名，但客户并不一定能够记得住，所以在结尾时再告诉一次就比较稳妥。

（7）投诉处理是与客户的直接沟通，不仅能获取宝贵意见，还有利于营销业务的开展，而且可以借此传递公司形象，促进客户与公司建立更深的信任与理解。

（8）如果有可能，把客户的话录下来，这样不仅在将来有确认必要时可以用上，而且也可以当作提升业务人员应对技巧和岗前培训的资料。

五、上门面谈处理客户投诉的技巧

通常不能通过电话和信函加以解决、需要客服人员登门拜访的客户投诉，往往是性质比较严重、公司方面责任较大的客户投诉案件。这种投诉对客服人员是严峻的考验。在上门之前，要慎选处理人员，并做好充分准备，最好不要一个人前往，以2~3人为宜。预先收集对方的服务单位、出生地点、毕业学校、家庭构成及兴趣爱好等各方面的信息，这样有利于与对方的有效沟通。

然而，当进入实质性面谈时，必须以轻松的心态、稳定的情绪面对。

（一）拜访前预先以电话约定时间

如果对客户的地址不是很清楚，则应问明具体地点，以防止在登门过程中因找不到确切地点而耽误了时间，使对方产生不好的印象。

（二）注意仪表

以庄重、朴素而整洁的服装为宜，着装不可过于新奇和轻浮。如果是女性业务人员去拜访客户，注意不要化过浓的妆，要显得朴素、大方而不失庄重。

（三）有礼貌

见面时首先要双手递上名片，以示对对方的尊重。通常随身要带些小礼品送给客户，但注意价值不要太高，以避免使客户产生被"收买"的感觉。

（四）态度诚恳

言辞应慎重，态度要诚恳。无论对方有什么样的过激言辞，都要保持冷静，并以饱含诚意的用词来表达本公司的歉意。在许诺时要注意不得超越自己的权限范围，使对方有不切实际的期望值。

（五）不要随意中断拜访

在需要登门拜访客户的情况下，客服人员应该预先做好充分考虑和准备，明确拜访要达到何种目的，要争取一次拜访就取得预期效果，不要轻易中断拜访。要知道，一次不成功的拜访的不良影响要远远超过根本不做拜访。

在拜访中，不要过多地用电话向上司请示。这样会给客户一种感觉：公司是派了一位任何事都要向上司请示的低层人士来处理这件事，从而更添对公司的不信任感。

（六）以慎重、负责的态度处理问题

登门拜访前，一定要全面考虑问题的各种因素，预先准备一个以上的解决方案供客户选择，让客户看到公司方面慎重、负责的态度，这对于问题的解决具有至关重要的作用。未经客户允许，不要盲目登门拜访，以免打扰客户，引起不满。

六、难缠客户投诉处理

难缠客户投诉处理

（一）难缠客户的类型

难缠客户是指用分裂的、破坏性的手段来使别人注意自己的心理需求的客户。这样的人非常难沟通，大多数难缠的客户是因为缺乏安全感，实际上他们也有被理解、受欢迎、受重视的需求，尽管他们选择了一种不太合适、不太礼貌的方法。难缠客户的类型有以下几种。

（1）易怒的客户。
（2）矜持的客户。
（3）霸道的客户。
（4）批评家似的客户。
（5）喋喋不休的客户。
（6）犹豫不决的客户。

（二）难缠客户的心理分析

难缠客户一般会有哪些心理呢？
（1）保护自我或自尊，感到被冷落。
（2）心情不好，因而在你身上出气。
（3）期望没有得到满足。
（4）想找个倒霉蛋出出气——因为他在生活中没有多大的权力。
（5）总是强词夺理，从来不管自己是否正确。
（6）觉得你或你的同事对他做了某种承诺而没有兑现。
（7）觉得如果对你凶一点，就能迫使你满足他的要求。
（8）觉得你和你的同事对他没有礼貌或冷漠。
（9）觉得自己的利益受到了损失。
（10）觉得你浪费了他的时间。

（三）难缠客户的应对方法

1. 说话不触及个人

客户服务人员在自己情绪变得不稳定的时候，就会把矛头直接指向客户本人，不再是就事论事，交流就会变成互相之间的一种人身攻击。例如："你怎么这样，我头一回碰见你这样的客服！""我也没见过你这样的客户，别人什么事都没有，怎么就你这么多事呀！""我不是已经跟你说了吗，对不对？我不是已经给你解决了吗，你干吗还不满意？"

客户服务人员在说话的时候，始终不要触及个人。客户服务人员必须要记住一点，客户不是对你有意见，而是对你的产品有意见，至少从表面看上去是这样的。

对事不对人就是说，你要做一个问题的解决者，永远提醒自己，我的工作是解决问题，在处理投诉的时候要解决问题。当你把问题解决了的时候，客户的不满自然就被化解了。

2. 征求对方意见

征求意见是为了了解客户的真实想法，并让客户感觉自己受到了尊重、受到了重视。比如说："您看怎么做才会让您满意呀？""您觉得怎么处理会比较好啊？""您看除了刚才您提的两点以外，还有没有我们双方都能够接受的建议呢？"

3. 礼貌的重复

当客户坚持其无理要求时，不要直接回绝。不断重复告诉他你能做什么，而不是你不能做什么。如果客户接受，投诉处理就结束了。如果客户不接受，那就可能需要你的上级主管来出面解决。

七、说话用词的艺术

（一）3F：太极化解情绪法

3F：客户的感受、别人的感受、发现（Feel，Felt，Found）。

3F是一种表示体谅理解答复的主体结构，你可以在它的后面附上其他的答复。这种技巧承认客户的感受，并且提供一种客户能听得进去的说明："我理解你为什么会有这样的感受（Feel），其他人也曾经有过这样的感受（Felt），不过经过说明后，他们发现（Found）……"例如："我非常理解您现在的心情，很多客户拿到我们的分红通知书，也有和您一样的感受，不过经过说明后，他们发现这样做实际上是为了保护他们的资金安全。"

说话用词的艺术

（二）说"我真的理解你……"以体谅对方情绪

客户需要服务人员理解并体谅他们的情况和心情，而不是进行评价或判断。"我完全理解您的意思了，我们一致认为您的这份保险还要继续下去，是吗？我们的主要分歧就在于您认为需要交纳复效滞纳金不是很合理，是吗？"

经典的让客户发疯的表达方式有：（1）我不知道。（2）你别激动。（3）你可能不明白……（4）你肯定弄混了……（5）我们不会，我们从来没有……（6）你干吗发这么大的脾气？（7）这不是我们公司的责任。（8）不是我们公司的错。

（三）说"我会……"以表达服务意愿

如"我会在今天将您所反映的情况向我的上级主管进行汇报，然后给您一个满意的答复。"

当你使用"我会……"这一技巧时，你和你的客户都会受益。

（1）许多客户听到"我尽可能……"后，会感到很生气，因为他不知道"尽可能"有多大的可能。但当他们听到"我会……"后，就会平静下来，因为你表达了你的服务意愿，以及你将要采取的行动计划。

（2）通过使用"我会……"这一表达技巧，你自己也能从中受益。当你说"我会……"，而且列出了要采取的步骤时，就给了自己一个好的开端，你的脑子里会明确自己所必须采取的行动。

（四）说"您能……吗？"以缓解紧张程度

如"您能把上一次交费的发票带过来吗？这样能有助于我们了解您的这份保险有几年没有交费了。"

这有助于：

（1）消除人们通常听到"你必须……"时的不愉快。"你必须"这三个字会令大多数人恼火。用"你能……吗？"是一条快捷地得到你想要的东西的途径。

（2）避免责备对方"你本来应该……"所带来的不利影响。当客户听到"你本来应该……"时，几乎会不由自主地产生防范心理。"你犯了个错误"这句话也同样。

（3）保证对方清楚地知道你需要什么。"要是星期五能送过来的话就好了"远远不如这句话明确："请星期五送过来。"

什么时候使用"您能……吗？"（1）当你急于通知对方的时候。（2）当你原来的要求没有得到满足的时候。比如，你希望得到客户的交费凭证，但没有得到。为了减少这类问题，你可以说："您能在周末以前带过来吗？"

（五）说"您可以……"来代替说"不"

如"您可以在本周五之前看到您的满期给付金存到您的银行账户上。"

当你婉转地说"不"时，会得到别人的谅解。设想一下，如果别人对你说了下面的话，你会有何感受？"今天不行，你必须等两天才能拿到满期金。"更婉转一点的说法是这样："您可以在本周五之前拿到。"

使用这一表达技巧可以节省时间。否则，你还要回答大多数人紧接着就会问的问题："你说今天不行，好，什么时候行？"

什么时候使用"您可以……"？（1）你不能完全满足客户的要求，但你的确还有别的办法。（2）尽管你可能无法立刻帮上忙，但是却想表达你的真诚，乐于为对方提供服务。（3）你的客户可能对自己要什么并不明确，给他提个建议通常能激活他的思路。如"不，那个水平太差"或者"不，那个太贵了"。

（六）先说明原因以节省时间

人们天生就爱刨根问底。想一想，正在长大的孩子就总喜欢问"为什么"，当有人提供信息时，其他人脑子里最关心的、也是最想知道的就是"为什么"。基于这一实际情况，请先讲明原因。

先讲明原因会更快吸引人们的注意。比如，"为了更快速地处理您的问题……"或者"下面是问题的答案"。

什么时候使用"先讲明原因"这一表达技巧？（1）当你传达技术信息，而其他人可能不懂时。（2）当你认为别人可能不会相助时。（3）当别人可能不了解你或不相信你时。

如果你先讲明了你的办法会给客户带来多大好处，你就会赢得更深入的合作。请看下面的例子："为了节约您的时间……""为了让我更快满足您的要求……""为了便于我接近您的要求……"

➤ **思考与练习**

（1）客户投诉的价值有多大？为什么要鼓励客户投诉？

（2）客户投诉对保险公司来说有哪些利弊？

（3）对待客户投诉，你是何种态度？

（4）处理客户投诉的技巧有哪些？

（5）角色演练：假设一个客户投诉的场景，想想你作为一个客户服务人员应该如何处理？

第五章
保险客户关系管理

► **知识目标**

1. 了解 CRM 系统及其功能。

2. 掌握收集客户信息的方法及技巧。

3. 了解提升客户满意度的方法和技巧。

4. 认识客户忠诚的意义及客户忠诚的价值。

5. 了解忠诚客户的类型及影响客户忠诚的因素。

► **能力目标**

1. 能设计客户资料卡，并建立客户信息数据库。

2. 能通过对客户资料的收集和整理，对客户资料进行进一步分析，从而针对不同的客户采取不同的管理方式。

3. 能够设计并进行满意度调查与分析，并给出总结分析报告。

4. 能运用培养客户忠诚的策略，进行忠诚客户的培养。

5. 能通过对客户流失原因的分析，采取相应措施，防止客户流失，提高保险公司客户的稳定性。

第一节　CRM 客户关系管理

一、CRM

（一）CRM 的定义

CRM（Customer Relationship Management）就是客户关系管理。CRM 是选择和管理有价值客户及其关系的一种商业策略，CRM 要求用以客户为中心的商业哲学和企业文化来支持有效的市场营销、销售与服务流程。如果企业拥有正确的领导策略和企业文化，CRM 将能为企业实现有效的客户关系管理。

CRM 的概念由美国 Gartner 集团率先提出。我们认为，CRM 是辨识、获取、保持和增加"可获利客户"的理论、实践和技术手段的总称。它既是一种国际领先的、以"客户价值"为中心的企业管理理论、商业策略和企业运作实践，也是一种以信息技术为手段、有效提高企业收益、客户满意度、雇员生产力的管理软件。

当我们把 CRM 作为一副可以更加清晰认识客户的眼镜时，它所表现出来的价值在于一个客户角度的方法论、思想、策略，以及相关的组织和绩效考核流程等，当这一切都能够渗透到公司的时候，CRM 系统只不过是一个实现的手段和提高效率的工具而已。

➤ **阅读材料 1**

客户体验的 CRM

情景模拟：

CRM：从比萨开始

必胜客比萨店的电话铃响了，客户服务人员（以下简称客服）拿起电话。

客服：这里是必胜客比萨店。您好，请问有什么需要我为您服务？

顾客：你好，我想要……

客服：先生，请把您的会员卡号告诉我。

顾客：138XXXXXXXX。

客服：陈先生，您好，您是住在 XX 路 X 号 X 楼 XXXX 室，您家电话是 0571-XXXXXXXX，您公司的电话是 0571-XXXXXXXX，您的手机号是 138XXXXXXXX。

顾客：你怎么知道我所有的电话号码？

客服：陈先生，因为我们联机到 CRM 系统。

顾客：我想要一个海鲜比萨……

客服：陈先生，海鲜比萨不适合您。

顾客：为什么？

客服：根据您的医疗记录，您的血压和胆固醇都偏高。

顾客：那……你们有什么可以推荐的？

客服：您可以试试我们的低脂健康比萨。

顾客：好，那我要一个家庭特大号比萨，要付多少钱？

客服：99 元，这个足够您一家六口吃了，您母亲应该少吃，因为她上个月刚刚做了心脏搭桥手术，处在恢复期。

顾客：可以刷卡吗？

客服：陈先生，对不起，请您付现金，因为您的信用卡已经严重透支了，您现在还欠银行 4807 元，不包括房贷利息。

顾客：那我先去附近的提款机提款。

客服：陈先生，根据您的记录，您已经超过今日提款限额了。

顾客：算了，你们直接把比萨送我家吧，家里有现金。你们多久会送到？

客服：大约 30 分钟。如果您不想等，可以自己骑车来。

顾客：为什么？

客服：根据 CRM 系统的全球定位系统车辆行驶自动跟踪系统记录，您有一辆车号为 SB-XXXXX 的摩托车。目前您正骑着这辆摩托车，位置在 XX 路 XX 商城右侧。

顾客：我……（骂人话）

客服：陈先生，请您说话小心一点。你曾在 2011 年 4 月 1 日用脏话侮辱过警察，被判了 10 天拘役，罚款 2000 元。如果您不想重蹈覆辙，就请您礼貌回复。

顾客：……

客服：请问还需要什么吗？

顾客：再送 3 罐可乐。

客服：不过根据您的 CRM 系统记录，您有糖尿病，在 6 月 12 日曾去 XX 医院做过检查，您的空腹血糖值为 7.8（140），餐后 2 小时血糖值为 11.1（200），糖化血红蛋白……电话的那头已经挂断了。

➤ 阅读材料 2

启动企业的 CRM

如果你接受"以客户价值为核心"的理念，请你设想以下的情景：

清早上班，启动 CRM 系统，你首先快速查看了今天和本周的日程、任务，确认一些重要的会议或访问日程，并且设置了自动提醒；通过日程共享功能，你检查了几个主要助手的工作日程；你直接在系统里新建几个任务，指派给助手，系统会自动向任务执行人发出消息。紧接着，你利用预先设置好的查询模块，快速查看了"我指派的任务已经完成的""我指派的任务超时未完成的"，下属工作的进展与反馈一目了然。

拥有 CRM，你不再需要等待下属提交各类的周报、月报和季报，管理不再滞后于经营，你可以随时在线查看各种表格、报表和图表，获得决策的依据。

你十分关心客户资源的安全性。CRM 提供了操作系统级的安全保障，显著优于普通应用软件级的安全措施。在客户资源分配方面，允许按照行政团队范围（自己的、团队的、全部的）和操作权限范围（浏览、新增、修改、废弃、删除）对每个数据项目（例如单位、联系人、合同等）逐个指定权限。数据的访问权限甚至可以细化到数据项目的每个字段。

你十分关心销售的进展。利用销售管道图，你直观地考察当前每个销售阶段完成任务指标的比例；利用查询模板，你得到了这些数据：（1）过去 30 天结案成功的生意机会；

（2）过去30天结案失败的生意机会；（3）今天正处于商务谈判阶段的、销售额大于100万的生意机会；（4）过去7天新建的、生意额在10万元以上的生意机会……随后，你轻松地把数据转换成了折线图或柱状图，打印输出。利用预测功能，你查看了未来6个月的销售金额预测值，并以柱状图形式与此前的历次预测对比，检查趋势背离情况。

你十分关心客户的价值。利用强大的分类功能，你筛选出了VIP客户并按照重要程度对他们进行排序；利用报表，你快速知道了是哪几家大客户贡献了你80%的销售收入，是哪几家大客户贡献了你80%的销售利润（已经减去成本和销售费用）；利用查询模板定位到了"中断交易超过30天的VIP客户"……或许是贵公司的服务品质影响了客户的忠诚度？

因此你绝对不能忽视对客户的服务。你对VIP客户在过去30天所提出的服务请求进行了个案的研究，查看了处理情况及有关人员对客户满意度的评分，分析问题症结之所在；利用报表，你对30天内所有的服务请求进行了综合评分与分值排序，并且与60～31天前的服务请求评分进行了对比。

市场营销工作也不能忽视。你查询了今年上半年各类营销费用（广告、展览等）的开支情况，结合"生意线索来源分析"图表，你可以评价各类营销行动的效果，对今后营销策略的调整已经胸有成竹。你利用CRM的办公自动化功能，调阅、审批了下个季度营销的计划书和预算，系统自动把审批的结果和意见反馈给提交人。

你不直接销售产品，你销售公司的"形象"。因此，你十分注意搜集特殊客户的个人资料，他们可能是政府官员、给你贷款的银行行长、行业协会的领导、企业管理的专家学者等。你可以设立生日、纪念日提醒，利用CRM的自动信函功能发出贺信。

（二）CRM系统

1. CRM提供的功能

CRM是一种管理公司与客户之间的关系，从而使各方都能从中得到各功能许多好处的流程。CRM鼓励双向沟通，并在追求利润的前提下建立互惠关系，归根到底就是要提高客户的终身价值。

CRM的说法始于20世纪80年代，但这种面向客户的做法已经有好几百年的历史了。最明显的例子就是街边小店，小店的业主认识每一位客户，知道他们喜欢什么，最近购买过什么，通常会买些什么，应该怎样招呼他们。但是在比较大的公司里，销售人员和客户没有什么私交，相互之间只是公事公办。CRM利用现代技术来扭转这样一种局面。比如客户服务人员可以从电脑屏幕上看到客户的喜好，他们通常会买什么，他们喜欢什么样的接待方式。计算机技术的发展带来一个让街边小店望尘莫及的好处，它使得公司能够把客户细分为不同的市场，如可以专门针对特定地点、特定社会经济层的爱好运动的有小孩的年轻夫妇推销某一产品。

随着CRM技术的不断应用和发展，CRM系统涵盖的功能越来越多，当前保险公司使用的CRM系统主要分为销售管理、市场营销管理、客户服务管理、呼叫中心管理以及数据分析等多个功能模块，这些功能可以为公司不同岗位的员工及公司客户使用，提升公司与客户之间的关系，从而提升服务质量（见表5-1）。

各个功能模块的主要目标如下。

销售管理：提高销售过程的自动化程度和销售效果。

市场营销管理：对直接市场营销活动加以计划、执行、监视和分析。

客户服务管理：提高与客户支持、现场服务等相关业务流程的自动化，并加以优化。

呼叫中心管理：利用电话进行销售、营销和服务。

数据分析：为公司提供有效的数据筛选和分析，提升效率。

表 5-1　CRM 系统的功能

模块	功能	说明
销售管理	常规销售	这是销售模块的基础，用于为在公司内部办公的销售人员提供服务，通过软件完成联系人和客户管理、销售机会跟踪、配置产品、定价、报价、产品销售、日程管理、报告分析等。
	现场销售、移动销售	为那些在公司外部从事现场销售的人员提供服务，一般通过远程登录或者 Internet 等方式，上传自己的销售进展，包括联系人和客户管理、销售机会跟踪、配置产品、定价、报价、产品销售、日程管理、报告分析等。
	掌上工具	提供与现场销售相同的功能，也是给在公司外部从事销售的人员使用，但接入方式为掌上无线计算设备。
	电话销售	可以进行报价生成、订单创建、联系人和客户管理等工作，还有针对电话商务的功能，如电话路由、呼入转接、潜在客户管理以及回应管理。
	自动销售	使客户通过网络、电话自助完成产品购买。
	合作伙伴管理	包括公司的各种合作伙伴，包括代理人、分销、代销机构的管理。允许销售经理管理销售团队的佣金和奖励计划，并形象展示销售业绩。
市场营销管理	市场活动管理	市场活动的设计和执行监控。通常将活动划分不同阶段，分阶段设定目标，使市场活动的效果比较明确和容易衡量。
	内容管理	提供营销知识查询功能，包括丰富的产品信息、市场信息、竞争对手信息，以及各种媒体信息，为市场活动提供帮助，也为其他模块提供服务。
	营销分析策划	对市场、客户、产品和地理区域信息进行分析，并针对历史营销信息，提供市场策划活动，并加以计划、执行、监视和分析，指导销售队伍有效工作。
	电子营销	通过互联网，与电子商店合作，允许公司在网上进行产品的促销和宣传。
客户服务管理	合同管理	创建和管理客户服务合同，保证客户获得的服务水平和质量与其所花的钱相当。通过此功能可以进行维护工作安排。
	服务任务管理	现有客户管理，客户产品周期管理，服务技术人员档案、地域管理。
	现场服务任务分派、跟踪	对现场服务包括回访等工作的计划、分派，对现场服务人员提供包括产品信息、客户信息的支持。任务完成结果跟踪、分析等。
	服务支持	提供产品标识、业务流程步骤、产品使用与维护 FAQ 等信息的查询。
	自助服务支持	通过电话、Internet 等提供一种双向的、互通的自助服务功能，查询相关服务信息，客户在不能自助完成时可以进行人工服务请求。
	客户关怀	提供给客户进行使用，允许客户记录并自行解决问题，包括联系人管理、客户档案、任务管理、重要问题处理原则设定等。

续表

模块	功能	说明
呼叫中心管理	开放连接	支持大多数的自动排队机，如 Lucent、Nortel、Aspect、Rockwell、Erisson 等。
	语音集成服务	支持大部分交互式语音应答系统。
	呼入呼出调度	根据来电数量和座席服务水平为座席分配不同的呼入呼出电话任务，提高服务水平和座席的生产率。
	报表统计	对呼叫中心进行多种统计分析，提供图形化分析报表，包括呼叫时长、等待时长、座席负载、呼叫接失率、座席绩效对比等。
	管理分析工具	进行呼叫中心实时的性能指数和趋势分析，将座席表现与设定目标进行比较，寻找改进区域。
	代理执行服务	支持传真机、打印机、电话和电子邮件，自动将客户所需信息和资料发送给客户。
数据分析	数据过滤	从大量的销售数据、市场反馈、客户反馈意见等数据中整理出对公司有用的数据。。
	数据分析	属于智能商务的一部分，通过灵活的方式，提供相应市场汇总的各种视图和分析图表。

➤ **阅读材料**

美国 State Farm 保险公司 CRM 实施案例

创建于 1922 年的 State Farm 保险公司，是美国最大的互助保险公司，也是美国排名第二的保险公司。全美超过五分之一的汽车都在 State Farm 投保。State Farm 在短短的 80 年间，从一个小小的汽车互助保险公司发展成为现在财富 500 强排名第 25 位、全球最大的金融机构之一，其多样化的优质服务是功不可没的。

20 世纪 90 年代，美国政府对金融立法做了调整，取消了保险公司从事证券业务的限制。保险业务已经发展成熟的 State Farm 决定扩大自己的经营领域，从事信贷和证券业务。新增加的信贷和证券业务与原有的保险业务是各自独立的业务部门，公司的业务一下子增加了许多，这就要求有更多的人员和机构来操作。庞大的人员和机构很大程度上加大了管理的难度，并增加了经营运营成本。而且，State Farm 的客户量也大量增加，客户所需要的数据越来越多，呼叫中心系统已经不能满足客户的需求。与此同时，随着互联网的迅速发展，金融保险业的交易手段发生了很大的变化。很多客户开始利用电子邮件和公司进行联系。State Farm 要想保持在行业的领先地位，就必须充分利用互联网提供的机遇来创新发展自己的业务。另外，保险公司的网上销售方便客户同时比较各家保险公司的价格，价格已经不能成为竞争的手段，服务就显得更加重要。整合公司所有业务的信息，实施客户关系管理系统势在必行。

如何选择最合理的客户关系管理软件，State Farm 做了很多考虑。开始，State Farm 打算用自己的 IT 部门来做这套系统，因为他们自己的 IT 部门有 6000 多名员工，而且有很强的研发能力。但是，经过仔细的分析考察以后，State Farm 的管理层最终还是决定让专业软件公司来做。因为专业客户关系管理系统公司的产品专业性强、质量可靠、综合成本低、产品按时上线的可能性高，而且专业公司还富有创新精神。最后，经过严格的挑选，State Farm 选用了 Web Tone Technologies 的 CRM 系统。

Web Tone 的 CRM 思想正好能跟 State Farm 的需求相吻合：（1）它把 State Farm 的各

种金融保险业务的信息有效地整合在一起；（2）它的界面对 State Farm 原有其他系统的界面开放；（3）它提供了产品推销、信用管理和顾客利润分析系统；（4）它把别的系统的数据都整合到一起，这样就可以更快更方便地为客户解决问题。更重要的是，虽然 Web Tone 只是一个比较小的客户关系管理软件公司，但它对金融保险行业却更加专注。

系统上线工作以后，很快就取得了显著的效果：

（1）呼叫中心的效率提高，成本降低。因为 CRM 系统和别的系统都连接着，有效地把信息整合了起来，处理事务的员工很快就能调用客户的详细资料，尽快地帮助客户发现问题、解决问题。这对于拥有 6000 多万个客户的 State Farm 来说，能大量减少呼叫中心员工的数量，从而大大降低人力成本。

（2）销售能力明显提高，销售量增长了将近百分之百。实施 CRM 信息得到整合以后，客户到门市办理业务的时候，业务员可以同时了解客户其他方面的需求，有的放矢地进行产品推销。比如说在客户购买保险的时候，可以争取客户再开个银行账户或者股票交易账户。

（3）在员工培训方面，这个系统的 user friendly（用户友好）让新手非常容易上手，而且系统已经把别的系统的数据都整合好了，员工只需要学习新系统，而没有必要把旧系统都再重新学习一遍。因此在营业部，State Farm 对新雇员的系统训练时间从过去的两周缩短到现在的两天。

案例分析

State Farm 从成立开始就认识到了客户关系的重要性。因为金融保险行业的客户关系是稳定、长久的，有的客户甚至一生只和一家银行或保险公司做交易。State Farm 从一开始就有这样的理念，从而奠定了后来决定使用 CRM 系统的基础。State Farm 的广告词："Like a good neighbor, State Farm is there."（犹如一个好邻居，State Farm 无处不在。）对 State Farm 来说，"好邻居"服务就是无论何时何地，只要客户有需要，State Farm 就能够提供面对面的服务。该公司的服务意识强，也具有良好的企业文化，为实行客户关系管理奠定了较好的基础。客户关系管理并不只是一个 IT 部门的事，销售部门、市场部门以及后台财务部门甚至所有员工都要参与。State Farm 在满足客户需求的同时，也非常讲求内部管理的效益，讲究如何合理有效地安排员工的工作、评估员工的工作成绩，这样非常有利于提高员工的工作积极性。而运用 Web Tone 的数据分析工具，能有效满足该公司的这种需求。我们知道，公司员工特别是保险业务员是最直接面对客户的一群人，提高他们的素质及给予他们较好的工资水平有利于提高服务水平，从而赢得客户的信任，促进客户满意度的提高，并与客户保持长久的关系。该公司对员工进行教育培训，进行事先设计的教程和实践锻炼，使 CRM 理论与战略可以有效地内化在每个员工头脑之中，强化客户关系管理文化，而且培训也有利于提高员工的专业作业能力，掌握交流的技能和技巧，形成团队的合力。另外，市场部门的积极推广、财务部门的资金投入、销售部门的积极销售，使该系统能够正常运行。最后，还有该公司高层的支持，使 CRM 系统运行更加顺畅，使该公司 CRM 实施成功。

其次，State Farm 对 CRM 系统进行了严格的筛选，而没有采用知名品牌，如 SAP、People Soft 等大公司的系统，最主要的原因是这些知名品牌公司的优势在于 ERP。而他们选择的 CRM 系统能够提供合理准确的计算方法来计算风险，还提供了不同的计算方法，包括行为模型计算和期权计算方法。这对于保险金融来说是很重要的工具。State Farm 充分根据自己公司的实际情况来选择系统,减少失败的可能性,使公司购买的系统最大限度地适合本公司,减少不必要的成本。CRM 的选择要充分考虑到公司当前的技术基础和实际需求,以及 CRM 系统的实施、安装与持续管理,该公司充分考虑到这些因素,而且了解不同行业的流程不同,所需要的 CRM 系统也是大相径庭的。

建立了一个完善的 CRM 系统使公司办事效率明显提高,也使客户的满意度大大提高。因为员工可以获取最正确的信息,从而制定出适合顾客的方案。此外,对所有客户的信息进行整理和必要的分析,可以总结出哪些是长久顾客,寻找有价值的客户。不是所有的客户都是有价值的客户,企业在确定目标顾客群体之后,对客户的直接和间接的贡献价值进行评估,从中选择有价值的客户,为之提供服务,使效率明显提高。

而且,State Farm 保险公司在 20 世纪 90 年代时,发展也还不错,所以有一定的资金储备,能够承受较大的开支。因为 CRM 系统的前期投入肯定是巨大的,然而短期内也不可能很快获得成效、获得收益,所有需要使用 CMR 系统的公司必须具有一定的经济基础,而该公司具备。

此外,State Farm 刚开始打算用自己的 IT 部门来做这套系统,后来经过仔细的分析、考察以后,State Farm 的管理层最终还是决定让专业软件公司来做。该公司考虑非常充分,因为专业客户关系管理系统公司的产品专业性强、质量可靠、综合成本低、产品按时上线的可能性高,而且专业公司还富有创新精神。最后该公司选择了适合的 CRM 系统,这对于 CRM 的实行更加有利。

所有的一切使 State Farm 保险公司 CRM 系统获得成功。

资料来源:http://wenku.baidu.com/link?url=_R_7EgtTtEXC96_bd8W3uBUPVXy8_LoNqYRijvayFIG6EUPmL-Y6QWkb_VXYSikqE-wJWZI5Gp1vzacLcn-sRKVfqSUpZ5uhtxIF263-Eti。

2. CRM 的系统构成

CRM 系统通常由界面层、功能层和支撑层 3 个层次组成(如图 5-1)。

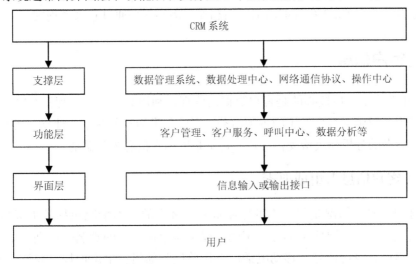

图 5-1　CRM 系统结构模型

（1）界面层

界面层是CRM系统与用户进行交互、获取或输入信息的接口，通过提供直观的、简便易用的界面，用户可以方便地操作。

CRM提供服务的用户类型较多，包括公司不同岗位的员工及公司的客户，界面层可以根据CRM系统的设置，向每一个不同的客户展示不同的界面，以提供不同的功能和服务。

（2）功能层

功能层由构成CRM基本功能的各个功能模块组成，具有前台服务功能和后台服务功能。

前台服务功能是公司利用数据库中心信息对客户进行各种管理和服务，包括客户管理、销售管理、客户服务、呼叫中心、电子商务等，根据公司的具体需求可以做相应的设置。

后台服务主要侧重于数据分析应用，通过对信息库中心的客户数据进行评估、分析，并结合公司各个部门的具体情况，形成公司管理战略和具体的行动方案，最后通过CRM系统的前台服务方案实现对客户的管理和服务。

（3）支撑层

支撑层则是指CRM系统所用到的数据库管理系统、数据处理中心、网络通信协议、操作系统和操作中心等，是保证整个CRM系统正常运行的基础。

数据库管理系统和数据处理中心通过收集、存储客户基本信息和客户访问信息，处理和分析客户数据，并在此基础上建立客户模型，为公司前台服务和后台服务提供第一手的客户资料和分析数据，这部分是CRM能够正常工作的基础。

网络通信协议保证CRM系统中在物理空间尚处于分布状态的客户信息数据库、运算服务器及访问终端等能够有效地提供功能运行，确保每一个用户（包括公司员工和客户）在任意一个接入点上都能使用系统功能。

操作系统和操作中心是CRM的运行主体，融合了人工智能，具有强大的处理分析功能的软件系统，整个CRM系统的内部联系和外部沟通都是通过它来实现的。

二、保险客户信息

在CRM系统中，最核心的是客户数据的管理，利用数据中心，保险公司可以记录整个市场与销售过程中和客户发生的各种活动，跟踪各类活动的状态，建立各类数据的统计模型，用于后期的分析和决策支持。这一切都是以客户信息为基础的。

（一）客户信息卡组成要素

保险客户的基本情况是最基本的原始资料。客户的基本情况包括基本资料、生活情况、家庭情况及投保情况四个部分。家庭情况主要包括客户的姓名、性别、生日、籍贯、婚姻状况、学历、身份证号、移动电话、工作单位及部门、单位地址、职位、工作电话、职业类型、电子邮件、工作传真、住宅地址、住宅电话等。生活情况包括职业经历、经济条件、兴趣爱好、交友情况、个性性格、健康状况等。家属情况包括家属的称谓、姓名、生日、职业等。投保情况包括投保公司、投保险种、投保日期、年期、保额、年保费等基本情况。

➤ **参考文本**

准保户卡

卡号：

年　月　日　　　　　　　介绍人：　　　　　　　关系：

基本资料	姓名		性别		生日	
	籍贯		婚姻		学历	
	身份证号					
	移动电话					
	工作单位				部门	
	单位地址				职位	
	工作电话				职业类别	
	电子邮件				工作传真	
	住宅电话					
	住宅地址	（自有　租赁　）（邮编　　　　）				
生活情况	职业经历					
	经济条件					
	兴趣爱好					
	交友情况					
	个性性格					
	健康情况					

家属情况	称谓	姓名	生日	职业	备注	

投保情况	公司	险种	投保日期	年期	保额	年保费

（二）获取准客户信息的方法

客户信息收集的工具很多，其中有些工具（如实验法）所要求的技术性很强，需要支付较高的费用，故一般难以经常采用。较为常用的客户调查方法有人员走访、电话调查、邮件调查、现场观察。

1.人员走访法

人员走访就是实地与客户进行接洽，从中了解情况和收集所需要的资料。人员走访通常被认为是获取资料的最为可靠的手段，也是客户调查赖以获取详细、准确资料的重要方法。在使用这种方法时，调查人员既要适当地提出问题，又要细心地观察客户的反应。

该方法的优点是可以在双方接洽过程中直接观察对方对问题的反应并与其进行沟通，进而了解其对保险公司的产品或服务是否满意。其灵活性较强，不受任何限制。但此方法的效率较低，且需要花费较多的时间和费用。此外，此种方法受制于调查人员自身素质，较为依赖调查人员的现场反应和应变能力。

2. 电话调查法

电话调查法是由调查人员根据抽样要求，在样本范围内通过电话访问的形式向被调查对象询问预先拟定的问题，从而获取信息资料的方法。

这种方法较为简便快捷，能够在较短的时间内调查较多的对象，且能够以统一的流程、形式进行调查，利于信息资料的收集整理。但电话调查法的拒答率较高，且谈话内容不够深入，不宜进行复杂的问题，很难进行较深层次的调查。

3. 邮政调查法

邮件调查法是将事先设计好的问卷或调查表，通过邮件的形式寄给被调查对象，调查对象填好以后按规定的时间寄回来。这种方法主要是为了减少实地走访的人次，从而减少整个调查项目的费用开支，通常是与其他方法配合使用，很少单独使用。

邮件调查法最主要优点是费用低廉，无须太多开支，却可在大范围内进行；匿名性较好，一些客户不愿在公开场合谈论的问题，可以由此得到结果。但这种方法的回应率很低，一般不超过10%。因为回应率低，所以也就难以得到较为全面的资料。

4. 现场观察法

现场观察法要求客户调查人员亲自到客户或公司的经营场所进行直接观察，从中了解有关情况并收集所需要资料的方法。这种方法即使在调查预算费用十分有限的情况下也可以采用，而且经常可以获取大量有用的资料。

在采用这种方式时，客户调查人员无须与任何个人接洽，唯一要做的工作就是细心观察现场情况，并根据调查表格所列项目做好详细记录。

（三）潜在客户信息收集技巧

收集客户信息资料的技巧主要有：

1. 留意客户的重要资料，将记录发展为一个记录系统

对于重要客户要留心观察，专门准备一个本子，随时记录客户的个人资料，要尽可能的详细。当资料积累到一定程度后，及时把它发展为一个记录系统，从中可以分析出客户的需要和喜好，以及客户愿意与之共享的其他资讯。这套系统既包括基本资料，供自己与客户联系；也包括特别资料，记录客户非常个性化的嗜好，有助于为客户提供贴心服务。记录系统可以是一本笔记簿，也可以做成一个电子文档或一张一张的卡片。每位客户要分页记录，以便日后查找。

2. 挖掘客户购买时留下的信息

在客户投保的时候，要对客户进行有意识的观察，包括表情、购买的时间、次数等。客户走后，要对这些信息进行分析，找出客户的购买喜好、消费额等带有规律性的信息。

在客户投保的时候，针对客户的年龄和性别等，引出一个话题，引起其说话的兴趣，然后顺势和其聊家常，让客户感到自然、亲切、友好，在不经意中透露自己各方面的情况。

3. 主动询问客户，表示关怀

挑选比较热情、开朗的客户，主动了解他们的有关情况，例如姓名、地址、喜好、家庭成员等情况，询问他们最近有什么样的需求，对购买的产品有什么意见等。在询问的时候，要表现出自己对客户的热情与关怀。主动询问时一定注意对象，态度要诚恳，不能引起客户的警惕甚至反感。

4. 让客户自己动手填写卡片

设计一些有关客户个人资料的卡片，在客户愿意的前提下，让客户自己填写。对客户要说清楚，填写卡片的目的是为了更好地为他开展个性化服务，争取客户的理解和支持。

在实际业务活动中，要留心观察，勤动手记录，勤开口说话，通过各种合适的途径掌握客户的有关信息，只有掌握客户的信息才能对客户进行有效而准确的分类，提供有针对性的服务。

（四）建立客户信息档案

无论是开发新客户，还是巩固老客户，客户信息的管理是最基础、最重要的工作。当公司规模较小、客户数量有限时，公司可以对客户悉心照顾，了解每一个客户的特点。但是当客户增加并达到一个临界点时，简单方法就无法应付了，公司对客户的掌控能力就急剧减弱。因此，建立客户信息数据库，在处理分析的基础上，研究客户的购买倾向，发现适合公司发展的目标客户群体，有针对性地向客户提出各种建议，以更加有效地说服客户接受公司产品／服务，并且分析好、维护好客户信息数据库显得非常重要。

建立客户档案资料即建档管理。建档管理是将客户的各项资料加以系统记录、保存，并分析、整理、应用，借以巩固双方的关系，从而提升销售业绩。其中，客户资料卡是一种很重要的工具。

1. 客户信息管理的重要性

（1）有助于与客户沟通，帮助客服人员了解客户基本信息，能够对客户有一个相对明晰的描述。

（2）有助于对客户进行分析与分类，帮助客服人员了解客户的基本资料、生活情况、家庭情况及投保情况，帮助客服人员制定沟通策略。

（3）有助于客户关系的管理，帮助管理者了解保险代理人或客服人员的工作现状，帮助保险代理人或客户人员进行客户维护。其中的信息记录着保险代理人或客服人员的沟通计划、沟通过程及沟通结果。

（4）有助于客户关系管理的分析，帮助公司管理者分析客户管理的效率与瓶颈，以便指导客服人员的工作。

2. 客户信息的分类

为了提高服务效率、促进服务工作更顺利地进行，客户服务部应将公司拥有的客户信息进行科学划分。通常情况下，根据客户与公司的交易数量、客户的信用状况，确定客户等级标准，将现有客户分为不同的信用等级。

3. 客户信息库的整理

由于客户信息库的资料很多都是客服人员在工作中收集的，所以需要将客服人员手头的各种资料整理汇编。另外，还有许多其他途径得来的信息也要进行分门别类的整理，这是客户信息系统建立的第一步。

（1）销售业绩分析。

客服人员可通过客户资料，对客户的贡献进行对比分析，从而确定重点客户。

（2）划分客户等级。

依据客户的消费额，可以将客户分为 A、B、C 三级。

（3）客户名册等级。

将全部客户分级后应分列成册。其中：

①按客户开拓的先后顺序，排出"客户名册"。

②按客户的资信或规模等状况，排出"客户等级分类表"。

③按客户的地址，排出"客户地址分类表"。

（4）对客户进行区域分析。

为便于客户回访、保单保全等服务的开展，将客户按地区和最佳交通路线划分为若干区域。

（5）确定客户访问计划。

公司各级销售主管及业务人员对所负责地区客户的访问工作，应有周密的访问计划，访问次数因客户的级别不同而有所不同。

第二节　客户满意度管理

一、客户满意度

（一）客户满意度的定义

客户满意就是客户接受产品或服务时感受到需求被满足的状态。这种感觉决定他们是否继续购买公司的产品或服务。一个客户将会经历三种状态中的一种：

认识客户满意度

（1）如果绩效不及期望，客户会不满意。

（2）如果绩效与期望相称，客户会满意。

（3）如果绩效超过期望，客户将会非常满意。

公司不断追求客户的高度满意，原因就在于一般满意的客户一旦发现更好或者更便宜的产品，会很快地更换产品供应商，只有那些高度满意的客户一般不会更换供应商。

客户满意度其实是一个相对的概念，是指客户满意的程度，是客户期望值与最终获得值之间的匹配程度。用公式来表示为：

$$客户满意度＝理想产品－实际产品$$

"理想产品"是客户心中预期的产品，客户认为自己支付了一定的货币，应该购买到具有一定功能、特性和达到一定质量标准的产品。而"实际产品"是客户得到产品后，在实际使用过程中对其功能、特性及其质量的体验和判断。如果"实际产品"劣于"理想产品"，那么客户就会产生不满意，甚至抱怨；如果"实际产品"与"理想产品"比较吻合，客户的期望得到验证，那么客户就会感到满意；如果"实际产品"优于"理想产品"，那么客户不仅会感到满意，而且会产生惊喜、兴奋，有些公司就宣称其目标不是"客户满意"而是"客户惊喜"。

公司推出产品时对自己产品的介绍也是客户形成其"理想产品"的信息源之一，因此公司对客户的"理想产品"的形成具有一定的影响力和控制力，尤其在客户对产品不熟悉的情况下，这种影响力和控制力会影响到客户的满意度。如果公司言过其实地宣传自己的产品或服务，结果导致客户的"理想产品"超过"实际产品"，客户发现自己吃亏上当，必然产生严重的不满；如果公司实事求是地宣传自己的产品或服务，客户的"理想产品"必然接近于"实际产品"。由于感觉到公司是讲实话的，客户不仅对产品实体感到满意，而且对公司行为也感到满意，从而增强了对公司的信任；如果公司"名副其实"地宣传自己的产品或服务，且在介绍时"留有余地"，那么"实际产品"必然超过客户的"理想产品"，惊喜的情形就会发生，客户对公司就会格外信任，客户满意自然会提升到一定高度。

（二）客户满意度分类

客户满意的内容分横向层面和纵向层面两个层次。

1. 横向层面

在横向层面上，客户满意包括以下五个方面的内容。

（1）理念满意。

即公司经营理念带给内外客户的满足状态，它包括经营宗旨满意、经营哲学满意和经营价值观满意等。

（2）行为满意。

即公司全部的运行状况带给内外客户的满足状态，包括行为机制满意、行为规则满意和行为模式满意等。

（3）视听满意。

即公司具有可视性和可听性的外在形象带给内外客户的满足状态，包括公司标志（名称和图案）满意、标准字满意、标准色满意，以及上述三个基本要素的应用系统满意等。

（4）产品满意。

即公司产品带给内外客户的满足状态，包括产品质量满意、产品功能满意、产品设计满意、产品包装满意、产品品位满意和产品价格满意等。

（5）服务满意。

即公司服务带给内外客户的满足状态，包括绩效满意、保证体系满意、服务的完整性和方便性满意，以及情绪和环境满意等。

2. 纵向层面

在纵向层面上，客户满意包括以下三个逐次递进的满意内容。

（1）物质满意。

即客户对公司产品的核心层，如产品的功能、设计和品牌等所产生的满意。

（2）精神满意。

即客户对公司产品的形式层和外延层，如产品的外观、色彩、装潢、品位和服务等所产生的满意。

（3）社会满意。

即客户在对公司产品和服务的消费过程中所体验到的社会利益维护程度，主要指客户整体（公众）的社会满意程度。它要求在对公司产品和服务的消费过程中，要具有维护社会整体利益的道德价值、政治价值和生态价值。

（三）影响客户满意度的因素

客户满意度通常与产品和价格关系不大，甚至完全没有关系，但它与以下因素的关系却相当密切。

1. 核心产品或者服务

在竞争性的市场上，公司必须把核心产品做好，如果做不到这一点，客户满意就永远不会出现。

基于很多理由，客户对核心产品通常不大关心或者完全不关心，或者是因为它与竞争对手的产品和服务太相似了以至于提供不了任何价值，或者是因为它的质量出色，不太可能会出问题。在一些行业中，技术和其他方面的发展已经创造出这样的一种情况，相互竞争的公司所供给的产品和服务实际上是相同的。在公用事业中这种情况很明显，金融服务业也越来越向这个方向发展。

在这些类似情况中，核心产品上的差别很小而质量已经得到了巨大的提高，客户需求得到了核心产品和服务的满足，以至于客户寻找供给中的其他成分来增加价值或者寻找他们与某个特定公司交易的理由。大量事实证明，优秀的核心产品或者服务绝对是成功的基础，它代表的是进入市场的基本条件。

2. 服务和系统支持

它包括外围和支持性的服务，支持/求助热线，以及其他支持核心产品的计划。这里表达的主要信息是即使客户接受了非常出色的核心产品，也可能对服务表示不满。

3. 技术表现

这主要与服务提供商能否将核心产品和支持服务做好有关。重点在于公司向客户承诺的服务表现上。

客户期望事情能进展顺利并且公司能够遵守承诺，如果这种愿望未能得到满足，客户就会产生不满和失落。很多公司都是在这个层次上失败的，因为他们未能信守承诺，满足客户对服务的外在或内在期望。公司确实高标准地满足客户，甚至超过了客户对服务供应的期望，就会取得令人羡慕的竞争优势，客户知道他们可以信赖这些公司，这是影响客户满意度的一个非常重要的因素。

4. 客户互动的要素

这是公司与客户进行个人交往的情况。这里强调的是保险公司与客户之间面对面的服务过程或者通过以技术为基础的接触方式进行的互动。

在这个层次上，公司满足客户的时候考虑的不能仅仅是核心产品和服务的供应，或者只是把注意力放在服务的提供上面，而应把注意力放在客户与员工之间的人际互动上，这种互动通过面对面的方式或者电话来完成。

公司越来越需要面对这样的事实，其与客户的大多数互动是通过技术手段进行的，许多客户对必须通过以技术为基础的系统与公司交易感到失望。确保公司能提供一些平行的或者可选择的方法，允许客户在一个更加个人化的环境下交易，可能是一种解决问题的方法。

5. 情感因素

从客户的调查中获得的很多证据说明，相当一部分客户的满意度与核心产品或者服务的质量并没有关系。实际上，客户可能对他/她与服务提供商及其员工的互动中的大多数方面感到满意，但因为一位员工的某些话或者因为其他的一些小事情没有做好而感到不满，这样就致使公司失去了这个客户的业务，而那些事情，员工们甚至都没有注意到。

在与目标群体访谈和调查服务质量的过程中，客户经常会描述服务提供商带给他们的感受如何。我们发现，很少有公司对自己的员工给客户的感受给予特别的关注。

6.环境因素

一个客户满意的东西可能不会让另外一个客户满意，而且在一种环境下令客户满意的东西在另一种环境下可能不会让客户满意。客户的期望和容忍范围会随着环境的变化而变化。

对于员工来说，认识到环境中存在的区别及这些区别在提供高质量的服务和创造客户满意度中的重要性是很重要的。客户面对不同的服务环境时，都带着对结果的期望，通常这些期望都是建立在他们从前的经历或者是他们所信任的那些人的经历上的。公司通过在交流上的努力和掌握，分辨出面对的情况并且做出反应。对员工来说，要花费很多时间和积累许多经验才能变得善于读懂客户，在许多情况下，员工可以提前做准备，老员工可以凭借经验帮助新员工应付这些情况。

当考虑客户满意度的6个影响因素的时候，公司应当记住下列观点：

（1）从这些因素对客户满意度的影响来看，公司及其员工在每个层次上所提供的服务都将随着核心产品或服务逐步深入互动中的情感因素，而且情感因素越来越重要。

（2）随着从核心产品或者服务向情感的转移，客户需求的层次会越来越高。

（3）同样，在这个过程中，公司为客户增加的价值也越来越多。

（四）衡量满意度的指标

客户满意度指标是衡量客户满意程度的量化指标，由该指标可以直接了解公司、产品或服务在客户心目中的满意程度。客户满意度的衡量指标通常包括：

1.美誉度

美誉度是客户对公司的褒扬程度。对公司持褒扬态度的人，肯定对公司提供的产品或服务满意，即使他本人不曾直接消费该公司提供的产品或服务，也一定直接或间接地接触过享受过该产品或服务的消费者，因此他的意见具有代表性。借助对美誉度的了解，可以知道公司提供的产品或服务在客户中的满意状况。

2.指名率

指名率是指指名消费公司产品或服务的程度。如果客户对某种产品或服务非常满意，他们就会在消费过程中放弃其他选择而指名购买。

3.回头率

回头率是指客户消费了该公司产品或服务之后再次消费，或可能愿意再次消费，或介绍他人消费的比例。当一个客户消费了某种产品或服务后，如果他心里十分满意，那么他将会再次消费，如果这种产品或服务短期内不能重复消费，他会向别人推荐，引导他们加入消费队伍。

4.抱怨率

抱怨率是指客户消费公司产品或服务之后产生抱怨的比率。客户的抱怨是不满意的具体表现，通过了解客户抱怨率就可以知道客户的不满意程度。

5. 销售力

销售力是产品或服务的销售能力。一般来说，客户满意的产品或服务就有良好的销售力，而客户不满意的产品或服务就没有良好的销售力，所以销售力是衡量客户满意度的指标。

客户满意度指标适用于衡量客户满意度的项目因子或属性。找出这些项目因子或属性，不仅可以用来测量客户的满意程度，而且还可以由此入手改进产品或服务的质量，提升客户的满意度，使公司永远立于不败之地。

二、客户满意度测评

保险公司客户服务
满意度调查

（一）保险公司客户服务满意度调查

1. 确定客户满意度的调查内容

保险公司向客户提供的产品和服务多种多样，满意度调查可以针对某一款产品、某一项服务或者是某一种工作岗位。因此在开展调查以前，需要明确本次调查的内容，也就是我们需要通过此次调查向客户了解什么，这个目标将影响到后续各个步骤的开展。一般说来，评价指标可以包括如下几个方面：

（1）与公司服务相关的指标。如服务岗位员工的态度、礼貌用语，与客户沟通情况，客户意见的反馈渠道和程序的合理性。

（2）与实务操作有关的指标。如核保核赔的及时性，咨询投诉处理的及时性、有效性，预约和回访的匹配程度。

（3）与产品和价格有关的指标。产品和价格带给客户的满意程度是第一位的，因此价格合理性和产品的功能、效用等是调查的一个主要内容。

（4）与行业标准有关的指标。包括两个部分：一个是公司是否满足了行业的相关规范要求，另一个方面是公司在与其他竞争对手之间的横向比较。

2. 确定客户满意度测试对象

由于不同的客户在事前对公司的期待是不同的，有的客户容易满意，有的客户却不容易满意。因此在测试客户满意度时，仅仅调查少数人的意见是不够的，必须以多数人为对象，然后再将结果平均化。

（1）投保人。

也称要保人，是与保险人订立保险合同并按照保险合同负有支付保险费义务的人。自然人与法人皆可成为投保人。成为投保人的条件：具有相应的民事权利能力和行为能力，对保险标的具有保险利益。投保人是购买保险公司产品的人，即保险产品的现实（既有）客户。

（2）被保险人。

被保险人，是指根据保险合同，其财产利益或人身受保险合同保障，在保险事故发生后，享有保险金请求权的人。投保人往往同时就是被保险人。

（3）受益人。

受益人，是指人身保险合同中，由被保险人或投保人指定的享有保险金请求权的人。

（4）潜在客户。

当前没有与保险公司签订保险合同，但有保险需求的潜在购买者。

大多数的保险公司不是因为吸引客户过少而失败，而是由于未能提供客户满意的保单和服务所造成了客户流失和业绩减退。因此，测试并提高现实客户满意度非常重要。

3. 调查问卷的设计

确定了调查评价的内容、目标，以及发起调查的目标群体，需要开始设计调查问卷，调查问卷一般包括封闭式问题、开放式问题、对比式问题。通常，为了使被调查者能够迅速有效地反馈问卷，应当以选择形式出现的封闭式问题为首选，开放式问题作为一种补充，在被调查者时间充裕的情况下可作为选择回答。

以保险公司客户服务部的专业服务评估为例：

专业服务评估问卷

为了提升××保险股份有限公司客户服务人员的专业服务素质，烦请阁下对本公司的客户服务做专业服务水准的评估，以便我们能提供更优质的服务给我们的客户。

	满意	一般	不满意
（1）能够清楚地介绍产品或解释条款。	☐	☐	☐
（2）能够耐心有效地解答您的问题。	☐	☐	☐
（3）在和您的交流中使用礼貌用语。	☐	☐	☐
（4）能够及时对您进行回访。	☐	☐	☐
（5）对您关怀备至及保障您的权益。	☐	☐	☐
（6）乐意为您提供卓越的服务。	☐	☐	☐
（7）对您的态度诚恳及开明。	☐	☐	☐

4. 收集客户满意度信息

收集客户信息的方法有很多，常采用的方法包括：

（1）现场发放调查问卷。

在客户或公众比较集中的地方（如客户茶话会、产品推介会等），向现实客户及潜在客户发放问卷，现场收回。如果辅之以小奖品，问卷回收率会更高，同时具有宣传效果。其缺点是调查的准确性不高。

（2）电话调查。

电话调查的好处在于保险公司可以直接倾听客户的问题，速度快，能体现对客户的关怀，效果较好；不利之处在于可能干扰客户工作和生活，造成客户反感。因此调查项目应尽量简洁，以免拉长调查时间。

（3）邮寄问卷调查。

通常在重大节日来临之际，向客户邮寄问卷，并辅之以慰问信、感谢信或小礼品。邮寄问卷调查数据比较准确，但费用较高，周期长，一般一年最多进行2次。

（4）网上问卷调查。

这种调查方式具有节省费用、快速的特点，特别是在门户网站（如新浪网）上开展的调查很容易引起公众的关注。问题是网上调查只对网民客户有效，结论有失偏颇，所提问题不可能太多。

5. 客户满意度测评的分析和报告

将收集的客户满意度调查数据整理成表格（见表5-2）。

表5-2　满意度测评分析表

测评内容	K	满意 $(X_1 = 1)$	一般 $(X_2 = 0.6)$	不满意 $(X_3 = 0)$
能够清楚地介绍产品或解释条款	$K_1 = 0.2$	n_{11}	n_{12}	n_{13}
能够耐心有效地解答您的问题	$K_2 = 0.2$	n_{21}	n_{22}	n_{23}
在和您的交流中使用礼貌用语	$K_3 = 0.1$	n_{31}	n_{32}	n_{33}
能够及时对您进行回访	$K_4 = 0.2$	n_{41}	n_{42}	n_{43}
对您关怀备至及保障您的权益	$K_5 = 0.1$	n_{51}	n_{52}	n_{53}
乐意为您提供卓越的服务	$K_6 = 0.1$	n_{61}	n_{62}	n_{63}
对您的态度诚恳及开明	$K_7 = 0.1$	n_{71}	n_{72}	n_{73}

将表中不同的测评项目（K）和满意级别（X）分别赋予不同的权数，由此得出以下计算公式：

$$CSD = (K_1 \times X_1 \times n_{11} + K_1 \times X_2 \times n_{12} + \cdots + K_7 \times X_3 \times n_{73}) \times 100/N$$
$$= \sum K_i \times X_j \times n_{ij} \times 100/N$$

其中，$i = 1\sim7$，$j = 1\sim3$，$N = \sum n_{ij}$ 为实际样本数。

将客户满意度测评数据进行统计计算后，应进行分析并做出报告，从而获得：

（1）客户对当前服务的满意程度；

（2）当前服务的优势项和待改进项，后续改进重点。

➤　知识链接

满意度测评的注意事项

（1）如果被调查客户数量不多，不要使用发放调查问卷的形式，通过直接回访的方式会更为有效。

（2）如果公司并不十分了解客户，不要进行大量的客户研究，做针对性的调查比问卷调查的形式更有效。

（3）不要频繁地进行问卷调查，应该花费更多的时间和金钱提高服务质量、改善服务项目，行动比评估更重要。

（4）让员工知道公司进行调查的结果，不要对员工保密，员工会对结果产生共鸣，会帮助公司分析客户的要求。

（5）问卷调查中使用常用的词语表示某一结果。例如使用"完全满意""比较满意""尚可""不太满意""是""否"等词语，而不要使用填写满意度1～10。使用图标也是比较好的方法，如"笑脸"表示满意，"哭脸"表示不满意等。

（6）调查结果中不要使用无意义或者不可理解的数据。例如达到 4～2 级满意度对于大多数人来说并不明白什么意思，而 75% 达到"比较满意"或"完全满意"更直观一些。

（7）不要将满意度调查工作完全委托外部机构进行。亲身参与有助于调查问卷设计得更合理，同时参与调查工作有助于提升公司相关部门的客户服务意识，减少调查的局限性。

（二）客户满意度调查的误区

随着客户满意理念的逐渐推广和深入，越来越多的公司开始认识到客户满意调查的重要性，并开展了定期或不定期的调查。但客户满意调查也是一把双刃剑，实施得好可以为公司的改进方向提供重要的信息，实施不当则可能导致公司得出不正确的结论，从而做出错误的决策。总体来说，公司在开展客户满意调查过程中，可能陷入的误区有：

1. 以投诉或抱怨情况来衡量客户满意

目前许多公司都设立了客户服务中心或 800 免费电话的"客户热线"，为客户提要求、谈建议、发牢骚敞开了大门。这些信息流为公司带来了大量好的创意，能促使公司更快地采取行动，解决问题。但仅仅靠一个投诉和建议制度，公司无法全面了解客户的满意度，更无法确定导致客户满意/不满意的关系因素和公司的现有绩效。单纯以客户意见为客户满意度的测量标准，有时可能导致错误的结论。一些研究也表明，客户在每 4 次购买中会有 1 次不满意，而只有 5% 以下的不满意的客户会抱怨。另外客户很少主动地反馈意见，而且他们的反馈可能是及时的，也可能是滞后的或回顾性的。所以，公司不能以抱怨水平来衡量客户满意度。

2. 对客户"一视同仁"

许多公司在开展客户满意调查时，往往是不加区分地对所有的客户群体都采用相同的调查方法和方式。事实上，正如帕累托原理（Pareto Principle：20% 的人拥有 80% 的财富）所指出的一样，在经济领域，重要的少数对总体起着决定性的作用。即在一个群体中，相对少的人产生着相当大的影响。因此，公司无论是开展营销工作还是进行客户调查，都应首先对客户群体进行细分，然后对"重要的少数"进行重点的研究和关注。

3. 对竞争者信息不作设计

很多公司在进行客户调查的时候，往往注重纵向对比，即在时间上来比较客户满意的变化趋势，但忽略了与竞争者的横向比较，不考虑竞争对手的信息而获得的数据通常会产生某种程度的变形。实际上客户的最终购买决策通常不是由公司的产品/服务有多么好来决定的，而是由与竞争者相比本公司的产品/服务如何来决定。如果在调查中对竞争者的信息进行设计，还可以获得客户对本公司市场价值的认知情况。

4. 一年开展一次客户满意调查

客户满意数据作为公司的即时性数据，具有前瞻性的特点，它可以帮助公司及时发现问题所在、差距何在，进而采取改进措施。在当前竞争激烈的买方市场环境下，公司尤其需要获得能够采取快速反应的信息和数据。一年只做一次调查是远远不够的，而且对应市场变化来说显得太迟了。无论规模大小，公司都需要一套简单但比较完整的系统去发现问题，了解客户的想法，以保证在竞争中处于领先地位。

5. 调查问卷是客户服务部或质量管理部的事

许多公司的客户调查是由客户服务部或质量管理部来设计的。实际上，正如客户满意理念中所体现出的一样，客户满意信息最终是要为公司管理服务的，它应当融入公司的整个系统中去，才能发挥应有的作用。客户调查问卷的设计需要各部门的共同参与，而客户满意系统的建立更需要公司高层人员的支持和认可，否则即使获得了重要的信息也会因得不到重视而被束之高阁，难以产生持续发展的动力。

6. 未经测试就直接对客户进行调查

在市场竞争程度日益激烈的今天，依靠公司领导者拍脑袋做决策已然是不可能的了，注重调查和研究在现代公司已蔚然成风，通过聆听客户的声音进而改进质量成为公司的重要工作方式之一。这一思想同样适用于客户调查。经过公司或第三方公司设计出来的问卷在最终面对客户测试之前，也应该先聆听客户的声音，以确定客户对每一问题的理解没有歧义，防止由此带来的信息失真。因此无论采取哪一种客户调查，都应先对客户进行试访，用客户熟悉的言语来表达问题。

三、客户满意度提升

（一）提高客户满意度的方法

提高客户满意度、赢得客户的忠诚是一个复杂的系统工程，常用的使客户满意的方法如下：

1. 贴近客户

公司应首先确立以客户为中心的理念，然后再通过实施一系列的项目来获得客户体验资料，对公司员工进行客户关系课程的培训，并将客户的需求写入所有的工作日程，从而实现这一价值。其次，就是建立"内部客户"制度，使公司的整个工作都围绕客户服务来展开。最后，还应与客户建立有效的沟通系统，及时了解客户需求，并对客户需求进行快速反应。贴近客户，就是要把"客户是衣食父母"写进公司文化，明确收益来自为客户服务的回报，并把"贴近客户"作为精诚服务的一个原则，以真正实现了解客户需求、满足客户要求的目的。这种强烈的服务意识，将对提高服务质量和迅速扩展业务起到重要作用。

如何贴近客户呢？（1）根据客户需求的变化设立新的机构；（2）缩短与客户的距离；（3）建立"内部客户"制度。

2. 关注细节

关注细节是对客户的真正关怀。客户服务做得越好，越应该注意到在哪些方面做得还不够，哪些地方可能出错。从客户的角度来说，现在的客户越来越挑剔了，在一年前还是很正常的事，现在却嗤之以鼻了。即使有99件事做得让他们满意，但只要做错了一件事，他们就会记住那件做错了的事。

关注细节会给公司带来回报，所以关注细节一定要追求完美。用一句经典的话说"细节决定成败"。如果一个员工99%的时间是可靠的，那么他的服务99%是可靠的；如果3人一组，则可靠性只有97%；如果是一个几千人、几万人的公司呢？服务的可靠性是递减的。这一规律被称为"客户满意度递减原理"。递减的比率到了一定的界限，客户满意度就会下降，致使公司利润下降。

3. 让客户感动

客户要求的是完美服务，即在他们提出要求之前服务到位。当然这是一种服务理念，在实际中并不易做到。但从客户的角度来看，这是一种需求，任何公司都有必要尽量做到让客户满意。完美服务无疑在一定时间内会增加公司成本，但这是一种极有远见的投入，它所带来的收益是巨大的。

在客户提出要求之前服务到位，实质上这是从客户的角度增加客户价值的过程，它不仅仅是对客户的承诺，更是对客户真正的关心，只要你做到了，客户就会感动。

让客户感动的理念是驱动公司服务创新的动力。公司在推出新产品或服务时，需明确客户心理并进行理性分析，并不是所有的客户都会积极、热心，不少的客户对你的创造性：（1）冷漠，因为他们从没想到或用过；（2）缺乏责任感，把好话送给公司服务人员，把真实想法留给自己；（3）把对其他服务的不满发泄在你身上，让你丧失信心。

当然，为了给客户提供完美的服务，投入是必要的，但回报令人高兴。

4. 聘用客户喜欢的服务人员

服务人员是客户服务非常重要的因素。公司在招聘服务人员时常见的误区是只招聘自己喜欢的人。其实，公司最应该招聘的应是客户喜欢的人，因为服务人员与客户打交道时，他所代表的是公司的形象和承诺；如果公司服务人员对待客户不友好，就会造成公司形象下降，导致客户变心。因此，公司应该采用各种办法来找出客户喜欢的人，并且让他们来为客户服务。

公司应从以下四个方面培训员工：

（1）培养他们有关客户服务的全局观念，这方面的内容主要是公司文化和价值观培训，前提是公司应当有良好的公司文化氛围和正确的价值导向。

（2）让他们熟悉公司组织结构和其他部门的运作，使他们能够回答关于其他部门工作之类的问题或响应客户需求，正确地指引有管辖权的职能部门，一旦他们需要与公司内部其他部门进行协同作业时，也有利于准确到位。这方面的内容主要是公司组织结构和管理制度的培训。

（3）培训适当的决策技能，使他们明确掌握公司的授权，而不是在客户需要时推诿，或者滥用承诺。这是服务技能培训，传、帮、带和现场培训是主要方法。

（4）产品知识和公司背景知识培训，这是必不可少的。前者是客户服务的一部分，特别是一线员工在面对客户咨询、答疑和进行口碑宣传时，这部分内容就显得至关重要；后者是培养员工对公司认同感的必修课，因为没有认同感的员工不可能为客户提供优质服务。

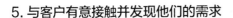

5. 与客户有意接触并发现他们的需求

应当制订详细的计划，有意和客户多接触，应当把与客户的接触看作一种心与心的交流，通过相互的交流建立起一种合作伙伴式的"双赢"关系。同时，通过这种接触可以了解客户当前的需求，以便于采取更有针对性的措施，更好地为客户服务。也许仅仅是客户在不经意间说出的一些建议和需求，就会刺激公司发现新的商机。与客户主动接触的方式很多，一般的措施有：(1)主动发函给客户，询问客户的需求和意见；(2)定期派专人访问客户；(3)时常召开客户见面会或联谊会等；(4)将公司新开发的产品和发展目标及时告知客户；(5)把握每一次与客户接触的机会，在一点一滴中赢得客户的心。

6. 满足客户需要

不折不扣地满足客户需要是客户管理的宗旨，是公司竞争的主要手段之一。

不折不扣地满足客户需要是关键的客户服务策略，是公司经营的基础。有了这种准备，才能做到品种齐全、价格低廉、微笑服务、包退包换。除此之外，敏捷、畅达的物流也是实现其经营理念的重要措施。

7. 补救并创造声誉

大多数客户的抱怨并非指向产品和服务的质量，而往往指向公司忽视的小问题。客户能够用双眼观察到的质量比产品和服务的基本质量还重要。其实，任何一个公司都不可能没有客户的抱怨，客户抱怨事实上只是一种反馈信息的方式，这并不一定是坏事。一个奇怪的现象是，客户投诉的问题一旦得到妥善解决，客户反而更容易和公司建立起一种牢固的关系，这种关系比什么问题都不发生时还要牢固得多。

当然也有负面效果。如果你不及时而有效地解决这些问题的话，将失去这位客户，那就意味着损失一大笔钱。

对客户价值的认识越清晰，管理者和一线员工才越有可能严肃地对待客户服务和抱怨处理。你需要从两个角度来考虑客户价值：一是对公司总体利益的影响，二是单个客户的终身价值。一旦出现客户问题，必须迅速补救。遇到的情况不同，补救策略也各不相同。服务补救是对服务失败进行的一种弥补措施，它通过对客户真诚道歉，并给予客户相应的补偿等措施，最终赢得即将失去和正在失去的客户，为公司挽回重大的损失。

（二）提高客户满意度的技巧

提高客户满意度首先需要导入客户满意理念，引导员工树立客户满意意识，建立以客户为中心的全员服务的服务理念，充分保证公司为客户提供高质量的产品和服务，确保客户感到满意，培养客户成为公司长期的、忠诚的客户。

公司可以通过外部机构培训、组织内部讨论、领导人推介来导入客户满意意识，促使公司员工了解并认识什么是客户满意、客户满意的作用与推行客户满意度管理的意义，从而在公司员工心目中有效地树立以客户为中心的全员服务的服务理念。

同时，也要注意到客户满意度会随着时间的变化、竞争对手的变化、产业的变化、客户自身的变化而发生变化，客户关注的因素、影响客户满意度的因素也会随之改变。因此，公司员工需要掌握提高客户满意度的技巧。

1. 树立为客户服务的观念

"礼貌待客，微笑服务"并不等于优质服务，这仅仅是服务态度上的要求。公司要做到全面优质服务，就必须将为客户服务的观念贯彻到营销活动的全过程中去。公司必须对每个员工进行公司理念的培训，帮助他们理解本公司的宗旨就是为客户提供最好的服务，达到客户满意的水平，并使员工认识到与客户打交道，不单纯是为了公司经营，而是要为客户解决实际问题，要以完善的服务和对客户负责的精神使客户对其产生充分的信赖感。

客户的满意在于经营中对客户获得的利益的保障，在于交流中客户受到的重视程度，在于公司所给予客户的人文关怀。要提高客户满意度，就要以客户期望为准绳，真正体现为客户分忧解难，急客户之急，想客户所想，争取让每个客户都满意。

2. 提供个性化的产品和服务

较高层次的客户已不再满足于批量生产出来的产品，他们对能体现个性的产品更加青睐。由于技术的发展，产品的个性化与生产的规模经济效益已不再是相互对立的矛盾，公司可以在保持一定规模的同时，为客户提供满足其不同需求的个性化产品，使客户能获得满意的服务。现在生产理论中的大规模定制正是这种思想的表现，它既可以满足特定客户群的个性化需要，又可降低生产成本。

3. 增强客户体验

客户很在乎与你做生意的感受，尤其是对某种产品或服务或某公司有感情的客户，很难用打折来改变其主意。他们在购买产品和服务时是在享受一种体验，频频光顾某一公司的产品和服务实质上是因为该公司创造了比竞争对手更让他们倾向的体验。因此增强客户体验是培养客户信任感的重要方法。

4. 兑现承诺

要想使客户获得好感，就得向客户做出承诺，获得客户满意的前提是履行承诺，而提高满意度则要求履行以前的承诺之后向客户做出新的承诺，这样环环相扣，任何一个环节的中断都会影响客户整体的满意度。公司正确理解客户期望与目标的最好方法是尽量采用客户能够接受的方式与之沟通，并且通过富有竞争力的产品、一流的质量、恰当的价格、承诺的交货时间和出色的客户服务满足客户的各方面需求。客户服务中最重要的原则是重时守诺，一旦承诺了，就必须认真履行，不可轻易改动，否则将失去客户的信任。

5. 制定服务质量标准

许多公司通常以客户满意度甚至公司利润来评价客户服务质量，这是有价值的，因为它重视结果评价，但是服务是一个过程，服务质量的好坏是由服务过程决定的。

制定有效的服务质量标准必须使其符合以下几个特点：

（1）从客户的需求出发。

（2）具体明确。公司应确定尽量具体的质量标准，以便员工执行。

例如，海尔集团的"12345"法则：1个证件——上门服务要出示上岗证；2个公开——公开统一收费标准并按标准收费，公开出示维修或安装记录单，并在服务完毕后请客户签署意见；3个到位——服务后清理现场到位，电器演示到位，向客户讲明使用知识到位；4个不准——不准喝客户的水，不准抽客户的烟，不准吃客户的饭，不准要客户的礼品；5个一——递一张名片，穿一双拖鞋，自带一块垫布，自带一块抹布，赠送一件小礼品。

（3）员工接受。员工只有理解并接受公司确定的标准，才能切实执行和落实标准。公司可以发动员工参与制定质量标准，这样不仅使标准更精确可行，而且可以获得员工的认同和支持。

（4）强调重点。如果确定的质量标准过于烦琐，势必会使员工无法迅速了解所需达到的要求。

（5）具有一定的灵活性。在基本原则统一的前提下，可以给予员工一定的灵活性，使其能够根据不同客户的具体情况灵活变通，有针对性地提供特殊服务。

（6）既切实可行又有挑战性。如果公司制定的服务质量标准太高，员工无法达到，必然会使员工产生不满情绪；如果标准过低，又无法促使员工提高服务质量。随着客户的服务要求日益提高，公司必须不断地提高服务质量。

（7）服务质量的考核和改进。做好服务质量检查、考核工作，才能使员工进一步做好服务工作。公司应定期考核员工的服务质量，并将考核结果及时反馈给有关员工，研究改进措施，不断提高服务质量。

➤ **知识链接**

客户服务要做到7个"R"

7个"R"是指：

（1）合适的客户（Right Customer）。不是所有的客户都是适合自己的客户，有些客户对于公司来说是无利的，甚至是有害的。客户服务的前提是有区别地为客户提供服务：一般客户的基本服务，合适客户的完善服务，关键客户的完美服务，有害客户的防御服务。

（2）合适的产品和服务（Right Product&Service）。产品和服务是客户真正的需要，个性化产品和服务日益受到客户的推崇，让客户参与设计产品或服务，按照客户要求个性化定制渐成新潮流，可以肯定的是个性化定制将成为提高客户价值的主要手段。

服务的价值不在于越多越好，而是恰到好处地满足客户的需要，因此过度的服务对于客户是一种负担，对于公司也是一种浪费。

（3）合适的价格（Right Value）。价格应该适合客户的愿望，不是越高越好，更不是越低越好。价格是寻找合适客户，稳定合适客户，增加公司收入的杠杆。

（4）合适的时间（Right Time）。客户的需要是一定时间的需要，在客户需要的时候满足客户的需要，就是提高客户价值。

（5）合适的场合（Right Place）。在客户需要的地方，在合适的情景中为客户提供服务会使客户感动。

（6）合适的方式（Right Method）。合适的方式是指适合客户的性情和满足客户的方便。

（7）合适的需求（Right Require）。客户的需求有不同种类、不同层次。不同客户在不同时间、不同地点、不同环境下有不同种类和不同层次的需求。公司寻找到合适客户之后还应该找准客户的合适需求，不同的产品和服务应该有相对集中的诉求对象和诉求点。

6. 重视客户关怀

客户背离的实质就是公司对客户的关怀不够。客户背离现象已经越来越引起公司的重视。在竞争日益激烈的市场环境中，客户"跳槽"购买竞争对手的产品和服务，是许多公司面临的一个重大问题。

客户关怀的特征主要有以下三个方面。

（1）寻求特征。指客户在购买服务之前就能决定的属性，它们不仅是客户服务的有形证据，还是引导客户寻求所需个性化服务或产品的重要指标。因此广告不仅仅是一种诉求，更应该是一种引导客户的工具。

（2）体验特征。指的是在购买后或消费过程中才能够觉察到的属性，如适合需要、礼貌待人、安排周到和值得信赖。

（3）信用特征。指的是客户在购买服务后仍然无法评价某些特征的属性（原因在于客户不具备这方面的专业知识和技巧）。因此必须依赖提供该服务的公司的职业信用和品牌影响力。

客户关怀不仅仅是对客户有礼貌，客户关怀的培训也不应该只包括微笑、不回避客户的目光、声音的控制等内容。这些东西虽然不可少，但对客户来说，还不是决定性因素。客户需要的服务必须能够满足7个"R"的标准，否则一线服务人员再怎么礼貌有加，都不能转移客户对产品和服务质量的关注。

客户关怀活动包含在客户接受产品和服务的全部过程中。购买服务前的客户关怀为公司与客户之间关系的建立打开了一扇大门，为鼓励和促进客户购买产品和服务做了铺垫。购买期间的客户关怀则与公司提供的产品和服务紧紧地联系在一起，包括订单的处理及各种有关的细节，都将与客户的期望相吻合，满足客户的需求。购买后的客户关怀活动则集中于后续服务的跟进和提供有效的关怀，其目的是促进客户信任的形成和巩固，使客户能够重复购买公司的产品和服务。

第三节 客户忠诚管理

一、客户的价值和忠诚度

（一）忠诚客户及其价值

忠诚客户及其价值

1. 客户忠诚的定义

客户忠诚就是客户更偏爱购买某一产品或服务的心理状态或态度，或是"对某种品牌有一种长久的忠心"。客户忠诚实际是客户行为的持续反映。

忠诚型的客户通常是指会拒绝竞争者提供的优惠，经常性地购买本公司的产品或服务，甚至会向家人或朋友推荐的客户。尽管满意度和忠诚度之间有着不可忽视的正比关系，但即使是满意度很高的客户，如果不是忠诚客户，为了更便利或更低的价钱，也会毫不犹豫地转换品牌。

忠诚客户所带来的收获是长期且具有累计效应的。一个客户能保持忠诚越久，公司从他那儿得到的利益就越多。公司实行以客户忠诚为基础的管理是其提高利润的一个有效途径，原因如下：

（1）对于许多行业来说，公司的最大成本之一就是吸引新客户的成本。

（2）公司吸引一个新客户的成本往往比留住一个老客户的成本高 4～6 倍。

（3）客户的满意程度与公司的利润之间具有很高的相关性。统计数据表明：客户对公司表示满意与他们对公司保持忠诚之间没有必然的联系，仅仅得到客户的满意还远远不够，更重要的是让他们得到想要的价值。

（4）客户流失率每减少 2% 就相当于降低了 10% 的成本。

（5）与长期利润相关的唯一因素往往是客户忠诚，而不是销量、市场份额或是低成本供应商。

（6）对大多数公司来说，如果能够维持 5% 的客户忠诚增长率，其利润在 5 年内几乎能翻一番。

> ➤ 阅读材料

美国贝恩顾问公司曾经通过"忠诚实践项目"对几十个行业进行研究，研究证明：客户忠诚和持续忠诚度极高的公司，其利润额始终保持高位，增长速度很快。忠诚、价值和利润之间存在着直接的关系，客户忠诚度越高，公司为客户创造的价值越大，反过来为客户创造更多的价值又有利于培养客户的忠诚，而忠诚的客户又会给公司带来利润的增长。在广告业、保险业、汽车修理、商品分销等各种行业，忠诚的力量都产生了令人惊愕的效果。

客户忠诚之所以产生如此高的经济效果，主要源于两种力量：

（1）客户数量增长效应，即忠诚对公司客户存量的增长作用。假设有两家公司，一家公司的客户保持率为 95%，另一家公司是 90%，即前者的客户流失率是每年 5%，后者每年 10%，再假设两家公司每年的客户新增长率为 10%，那么第一家公司的客户存量每年将净增5%，而第二家公司则为零增长。这样持续14年后，前者的客户存量将翻上一番，但后者将没有实质性的增长。可见，在其他条件相同的情况下，客户保持率维持在每年增加5%，则公司的客户存量每14年就会翻一番，倘若每年维持10%的增长，公司的客户存量每7年即可实现翻番。

（2）客户保持时间效应。这一力量往往在利润方面为公司带来更为直接和显著的效益。在大多数情况下，公司赚取每一客户的利润与其停留的时间成正比，随着客户保持年限的延长，投资回报率会以指数规律增长。

造成利润增长的主要原因是：客户人均的营业收入增长效应。在大多数行业，长期客户对公司的贡献随时间的延长而增加，因为高度满意的客户随时间的增加会购买更多的产品或服务，并愿意为物有所值的产品或服务付出费用，使营业成本减少。长期客户的服务成本会随着时间的增加而递减，因为在已经建立信赖前提下的交易行为会为双方节省大量的时间、精力、体力成本。高度满意的客户经常会把卖方推荐给其他潜在客户，公司在向此类新客户进行营销推荐时成本几乎为零，从而间接地为公司创造更多的收入和利润。当面临卖方合理的价格调整时，长期客户对价格的敏感度更低，不会因为一点小利而离开。

2. 客户忠诚的价值

（1）销售量上升。

忠诚客户都是良性消费者，他们向公司重复购买产品或服务，不会刻意去追求价格的折扣，而且他们会带动和影响自己周围的人产生同样的购买行为，从而保证公司销量的不断上升，使公司拥有一个稳定的利润来源。

（2）加强竞争地位。

忠诚客户持续地从公司而非公司的竞争对手购买产品或服务，则公司在市场上的地位变得更加稳固。如果客户发现所购产品或服务存在某些缺陷，能够做到以谅解的心情主动地向公司反馈信息，求得解决，而非以投诉或向媒体披露等手段扩大事端，因此公司将会以良好的形象，在激烈竞争中立于不败之地。

（3）能够减少营销费用。

首先，通过忠诚度高的客户的多次购买，公司可以定量分析出他们的购买频度，不必花太多费用去吸引他们。其次，关系熟了，还会减少经营管理费用。再次，这些忠诚的客户还会向他们的朋友宣传，为公司赢得更多正面的口碑。

（4）不必进行价格战。

忠诚的客户会排斥公司的竞争对手，他们不会被竞争者的小利所诱惑，会主动拒绝其他品牌的吸引；只要忠诚的纽带未被剪断，他们甚至不屑与胜公司一筹的对手打交道，这样公司就不必与竞争者进行价格战。

（5）有利于新产品的推广。

忠诚的客户在购买公司的产品或服务时，选择呈多样性，因为他们乐意买你的产品或服务，信任你，支持你，所以他们会较其他客户更关注你所提供的新产品或新服务。一个忠诚的客户会很乐意尝试公司的新业务并向周围的人介绍，这样会有利于公司扩展新业务。

当公司节省了以上的种种费用之后，就可以在改进网络服务方面投入更多的资金，进而使客户获得良好的回报。所以，今天的公司不仅要使客户满意，更要紧紧地维系住自己的客户，使他们产生较高的忠诚度。

（二）测量客户忠诚度的标准

1. 客户重复的购买次数

在一定时期内，客户对某一品牌产品或服务的重复购买次数越多，说明对这一品牌的忠诚度越高；反之，则越低。

2. 客户购买挑选时间

客户购买商品都要经历挑选过程，但由于信赖程度的差异，对不同产品，客户挑选的时间是不同的。根据购买挑选时间的长短，可以确定客户对产品忠诚度的大小。通常客户挑选的时间越短，说明他对该品牌的忠诚度越高；反之，则说明他对该品牌的忠诚度越低。

3. 客户对价格的敏感程度

客户对价格都是非常重视的，但这并不意味着客户对产品或服务价格变动的敏感程度相同。事实表明，对于喜爱和信赖的产品或服务，客户对其价格变动的承受能力更强，即敏感度低；而对于不喜爱或不信赖的产品或服务，客户对其价格变动的承受能力更弱，即敏感度高。据此可以测量客户对某品牌的忠诚度。

4. 客户对竞争产品的态度

根据客户对竞争产品的态度，可以从反面来判断对某一产品忠诚度的高低。如果客户对竞争产品不感兴趣，或没有好感，就可以推断他对本品牌的忠诚度较高，一般对某种产品或服务忠诚度高的客户会不自觉地排斥其他品牌的产品或服务。

5. 客户对产品质量的承受能力

任何产品或服务都有可能出现因各种原因而造成的质量问题。如果客户对该品牌产品或服务的忠诚度较高，不会由此而失去对它的偏好；如果客户的品牌忠诚度较低，服务产品出现质量问题时，他们会深深感到自己的正当权益被侵犯了，可能产生很大的反感，甚至通过法律途径进行索赔。

（三）实现忠诚价值的方法

基于忠诚管理的商业体系，保险公司必须学会忠诚领先公司、构筑忠诚力量的决策与方法。各个忠诚领先公司的策略各具特点，但基本的做法有以下几种。

1. 设计一个卓越的客户价值主张

保险公司在制定战略规划时都应该对价值主张进行设计，而衡量价值的标准是客户的需求，针对目标客户的需求进行价值让渡系统的设计，能为客户提供比竞争对手更优异的价值。

2. 建立客户忠诚

建立客户忠诚的有效方法：选择合适的客户，将客户进行分类，选择有保留价值的客户，制订忠诚客户计划；了解客户的需求并有效地满足其所需；与客户建立长期稳定的互需互动关系，有效地吸引客户为获得较高级别的待遇和服务而重复或扩大购买；不断发现并制订超越客户要求和期望的特别策略，持续超越客户的期望，不仅让客户满意，而且令客户感动。

3. 培养雇员的忠诚

采取的方法：寻找最佳的雇员，公司应选择那些特质、潜力、价值观与公司的制度、战略和文化相一致，才识兼备、技术娴熟、工作能力强，能够长期做出令人满意贡献的人；充分满足雇员的需要，如尊重员工的合理要求，满足员工上进的需求等；在员工培训和个人发展上舍得投资；在员工中树立"客户至上"的意识；充分授权，使员工感到受重视、被信任，从而增强其责任心；建立有效的激励制度，将员工的报酬与其客户的满意度挂钩。

4. 赢得投资者忠诚

忠诚领先的公司必须谨慎选择合适的投资者，即愿意与公司达成长期合作关系的投资人。为赢得投资者的忠诚，公司必须花费大量的经费建立一个忠诚投资者的评价体系。赢得投资者忠诚的最佳途径：一是丰厚的利润；二是工作能力强的经理人；三是公司的发展潜力。投资者的忠诚是公司必须争取的重要一环，直接关系到公司的生死存亡。

二、忠诚客户的类型

（一）客户忠诚度级别

我们口中常说的忠诚其实是最高层次的忠诚。客户忠诚有着不同的级别，下面就来看看客户忠诚共有哪几个级别，以及每个级别具体是怎样的。

客户的忠诚级别共有 6 类，分别如下。

客户忠诚的级别与类型

1. 普通购买者

包括了市场上所有种类产品或服务的购买者，这类购买者可能没有感觉到你在向他推荐或者没有购买意向。这些购买者可能成为你的客户，有可能成为竞争对手的客户，或者根本就不会购买保险。如果要将这些购买者培养为保险公司的客户或者忠诚客户，需要的投入比较大。

2. 潜在的客户

这是指对你的产品或服务有兴趣，但是还没有开始交易的客户。保险公司需要增强对这部分购买者的宣传，同时通过一些技巧和手段使自己在竞争对手中胜出，真正将这部分购买者变为客户。

3.一般的客户

这里的客户指的是偶尔或者一次性购买者，但对公司谈不上有何种感情。这是保险公司现有客户中所占比例最大的一组，如果处理得好，他们可以成为更为忠诚的客户，但也可能由于各种原因成为流失的客户。

4.活跃的客户

这里指的是那些有重复购买行为的客户，但他们除了会重复购买外，对公司的关心不够主动。在保险公司中，此类客户是主要的业务来源，他们会定期、持续地购买所需要的产品。

5.拥护的客户

拥护的客户是指那些会给公司做良好宣传的客户，他们对公司的关心表现得很主动。除了购买保险公司的产品，他们还会主动地了解保险公司的当前动态、新产品发布情况，并将相关信息传播给其他购买者（包括各个等级的客户），对保险公司的品牌起到了很好的宣传作用。

6.合作伙伴

这是处于忠诚度顶端的一类客户，他们与公司间达成了共识，双方以一种共赢的姿态存在下去。他们与保险公司之间不仅仅是产品或服务的购买者和提供者关系，双方之间还存在一定的合作和共利关系，彼此的进步、成功或者失利都会对对方产生影响。

由图 5-2 可知，越往上的客户忠诚度越高，而我们口中所说的忠诚客户通常是指活跃的客户、拥护的客户和合作伙伴等三个级别的客户。

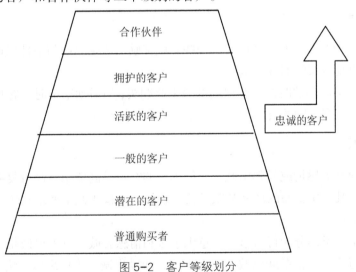

图 5-2　客户等级划分

（二）客户忠诚的类型

客户忠诚可以划分为以下不同的类型，其中某些类型的客户忠诚要比其他种类的更为重要。

1. 垄断忠诚

垄断忠诚是指客户别无选择。比如，新中国成立初期我国只有一家保险公司——中国人民保险公司，那时候客户要想购买保险产品就只有一种选择。这种客户通常是低依恋、高重复的购买者，因为他们没有其他的选择。

2. 惰性忠诚

惰性忠诚是指客户由于惰性而不愿意去寻找其他的保险公司。这些客户是低依恋、高重复的购买者，他们对公司并不一定满意。如果其他的公司能够让他们得到更多的实惠，这些客户便很容易被人挖走。拥有惰性忠诚客户的公司应该通过产品和服务的差异化来改变客户对公司的印象。

3. 潜在忠诚

潜在忠诚的客户是低依恋、低重复购买的客户。客户希望不断地购买产品和服务，但是公司的一些内部规定或是其他的环境因素限制了他们。

4. 方便忠诚

方便忠诚的客户是低依恋、高重复购买的客户。这种忠诚类似于惰性忠诚。同样，方便忠诚的客户也很容易被竞争对手挖走。

5. 价格忠诚

对于价格敏感的客户会忠诚于提供最低价格的保险公司。这些低依恋、低重复购买的客户是不能发展成为忠诚客户的。

6. 激励忠诚

公司通常会为经常光顾的客户提供一些忠诚奖励。激励忠诚与惰性忠诚相似，客户也是低依恋、高重复购买的那种类型。

当公司有奖励活动的时候，客户们都会来此购买；当活动结束时，客户们就会转向其他有奖励或是有更多奖励的公司。

7. 超值忠诚

这是一种典型的感情或品牌忠诚。超值忠诚的客户是高依恋、高重复购买的客户。这类客户对那些使其从中受益的产品和服务情有独钟，不仅乐此不疲地宣传其好处，而且还热心地向他人推荐。

可以将以上分类划分为行为忠诚、意识忠诚和情感忠诚。行为忠诚是客户实际表现出来的重复购买行为，包括垄断忠诚、方便忠诚、激励忠诚、价格忠诚、惰性忠诚；意识忠诚是客户在未来有可能购买的意向，主要指潜在忠诚；情感忠诚则是客户对公司及其产品和服务的态度，包括客户积极向周围人士推荐公司的产品和服务，主要指超值忠诚。

（三）影响客户忠诚的因素

影响客户忠诚的因素很多，但最重要的则是客户满意、愉悦和信赖三个方面。

1. 让客户感到满意是建立客户忠诚的基础

让客户感到满意是形成客户忠诚的重要一环。客户消费过程是一个客户与保险公司相互交换的过程，客户付出金钱、时间、精力，以期从保险公司那里得到他们的所需，然后，客户根据感受到的需求的满意程度形成对保险公司的态度。很多情况下，客户的这种态度恰恰决定了他们是否继续选择该公司。如果客户感到不满意，他们可能就会选择其他公司，所以说客户满意度是建立客户忠诚的基础。

影响客户忠诚的因素

应当强调的是，客户的满意度仅仅是形成客户忠诚的第一步。一些公司简单地认为：只要客户感到满意，就可以锁定他们，但事实并非如此。满足客户需求，让客户感到满意，已不再是公司追求的目标，而应成为公司必备的能力。现在要做的是，在客户满意的基础上再提升一步，建立起客户对公司的忠诚。

2. 帮助客户拥有愉悦是建立客户忠诚的关键

帮助客户从他的消费过程中感到愉悦是建立客户忠诚关键的一步，或者说这是一个从客户满意到达客户忠诚的"桥梁"。客户感到满意仅仅是因为产品或服务达到了他的需求，但是这仅是一个基础。如何让客户难忘，就是想办法让客户满意度提升到难忘的程度，消费中的愉悦正是这样的一种感受。调查表明，能够让客户感到愉悦的公司与仅仅让客户感到满意的公司相比，其销售额要高出6倍。

客户在消费中的这种愉悦感来自不同因素的影响，整洁舒适的购物环境、保险公司代理人及员工热情的笑脸、保险公司完善的售后服务等都会给客户带来愉悦。

3. 使客户产生信赖是建立客户忠诚的终点

客户的消费过程总是有一定的风险和不确定性，而面对值得信赖的保险公司，客户的这种风险和不确定性将降到最低。而且，这种信赖感来自于客户长期与保险公司合作的过程中不断感到的满意和愉悦感的积累。与值得信赖的保险公司合作，客户总能够感受到最为个性化和满意的服务，以及消费中的愉悦。只有当客户产生真正信赖，他才会被你锁定，成为你忠诚的客户。

➤ **知识链接**

满意不等于忠诚

传统观念认为，发现正当需求—满足需求并保证客户满意—营造客户忠诚，如此过程构成了营销三部曲。因此客户满意必然造就客户忠诚。

但是，满意的客户就是忠实的客户，这只是一个神话——世界知名的美国贝恩管理顾问公司的研究表明，40％对产品和服务完全满意的客户也会因种种原因投向竞争对手的怀抱。根据清华大学中国企业研究中心对全国40多个不同行业390多家企业的调查，许多客户满意度比较高的企业其客户忠诚度并不高。

那么客户的满意度和客户的忠诚度有什么区别呢？

满意度衡量的是客户的期望和感受，而忠诚度反映的是客户未来的购买行为和购买承诺。客户满意度调查反映了客户对过去购买经历的意见和想法，只能反映过去的行为，不能作为未来行为的可靠预测。忠诚度调查却可以预测客户最想买什么产品，什么时候买，这些购买可以产生多少销售收入。

客户的满意度和他们的实际购买行为之间不一定有直接的联系，满意的客户不一定能保证他们始终会对企业忠诚，产生重复购买的行为。在畅销书《客户满意一钱不值，客户忠诚至尊无价》中，作者认为："客户满意一钱不值，因为满意的客户仍然会购买其他企业的产品。对交易过程的每个环节都十分满意的客户也会因为一个更好的价格更换供应商，而有时尽管忠诚客户对你的产品和服务不是绝对的满意，你却能一直锁定这个客户。"

由此看来，公司必须"两手抓，两手都要硬"，既要抓客户满意，又要抓客户忠诚。

三、培养忠诚客户

（一）获得客户忠诚的策略

1. 产品差异化策略

产品差异化是指立足于保险公司保单的基本功能，尽可能多地向客户提供增补性能。公司通过差异化的产品来吸引客户，赢得客户的满意和忠诚，应注意以下几点。

（1）提供能够给客户带来尽可能全面的保障、费用相对低廉的保单。

（2）及时迅速地提供产品和服务信息。

（3）不断开发适应客户需求的新产品。

（4）采取"先做后说"的策略。

（5）尽可能多地带给客户附加价值。

产品的差异化从本质上来看是一种以客户为中心的策略，其目标就是要通过形成产品的差异化，带来附加价值，提供一系列满足甚至超过目标客户群体期望的产品和服务。

2. 客户差异化策略

采用客户差异化策略的前提是了解客户，熟悉每个客户的独特之处、特别需求等，以便掌握导致客户之间差异的原因。"了解客户"对于建立客户忠诚非常重要，为了识别每个客户的独特之处，可从以下几个方面着手。

（1）从内在因素识别忠诚客户群。例如成熟的市场或是某个关系密切的群体。

（2）对不同的消费群体进行准确的营销定位。

（3）测算客户能够带来的赢利，或客户价值。

（4）"一对一"进行个性化服务和营销。

（5）制定合理的定价，使处于赢利边缘和非赢利的客户为你带来利润和忠诚。

充分了解客户，掌握的客户信息越多，就越能够具有针对性地制定个性化的服务和一对一的营销策略，从而获得客户的忠诚。个性化的服务和一对一营销是以产品最终满足单一消费者需求为依据的，如果能够对每个客户提供差异化的解决方案，为他们提供最大的附加价值，就能从中得到最大的客户忠诚。

（二）获取和提高客户忠诚的途径

1. 从思想上认识客户的重要性

当前，几乎每个公司的领导者和员工都会说"尊重客户，以客户为中心"。但是，要真正做到"尊重客户，以客户为中心"就必须首先从思想上认识到客户的重要性，要让保险公司的每一个员工不仅仅知道、懂得，而且更重要的是从思想上意识到客户是公司生存的根本，并把"以客户为中心"的思想贯彻到自己的行动中去。

为了达到思想上的统一，可采用如下做法。

（1）讲明宗旨：以获取高额利润为出发点和最终目的。

（2）确保公司的员工都意识到建立客户忠诚的优先地位。

（3）召集所有员工，讲明建立客户忠诚是每个员工的职责，而不是能够推给其他部门、其他员工的事情。

（4）牢记自己的一举一动都会影响客户如何看待公司，无论是开发、销售、客户培训，还是售后服务等都应处处为客户着想。

（5）建立在互惠互利的基础之上。

在公司获得稳定收入来源的同时，客户能够获得高度的需求满足，这是建立客户忠诚的基础。一个客户在公司的生命周期长短，取决于公司为其提供的生存环境。公司要以客户需求为导向，解决不同客户在不同阶段的消费需求，这是维系客户关系，使客户忠诚保持持久的核心。

2. 赢得高级管理人员的支持

建立客户忠诚计划是一个从上而下的过程，如果没有公司高层领导的支持和表率，很难进行下去。公司的高级管理人员在建立客户忠诚计划的过程中所起到的作用不仅仅是发号施令和协调统一，更应成为这一过程中非常重要的一个组成部分和决定因素。当然，公司的高层管理人员距离客户比较远，但是仍然可以采取以下的方式接近客户，为普通员工做出表率。

（1）与具体接触客户的员工交流。

（2）出席为赢得客户忠诚而举行的会议，并明确表达自己的观点。

（3）参加有关与客户交流的活动。

（4）从更高的层次制定赢得客户忠诚的各种公司标准。

3. 赢得公司员工的忠诚

为了赢得客户，必须首先赢得员工，这包括两个方面：首先是要赢得员工在工作中的忠诚，再者是要保证员工不跳槽。很多公司为了赢得客户，都制定了严格标准，但是如果员工不遵守这些规章标准，那么公司的努力就等于零。为了解决这一问题，公司一方面要选用高素质的员工，另一方面还要制定严格的监督政策并对员工进行定期的培训，让每个员工都拥有良好的职业道德和"客户第一"意识。

当前保险公司面临的一个很普遍的现象就是员工跳槽。员工的这种高流动性对于建立客户忠诚来说是一个很大的障碍，尤其是那些与客户近距离接触的代理人的流动带给公司的影响更加严重。频繁的员工流动不仅增加了公司的员工培训费用，还使客户不得不重新认识和熟悉新的接触对象，更重要的是，那些已经与客户长期接触并建立起深厚感情的代理人的流失，同时也意味着对他保持"忠诚"的客户的流失。所以，公司应当从员工的需求（物质的、心理的）出发去关怀他们，赢得公司员工的忠诚是赢得客户忠诚的基础。

4. 赢得客户的满意和信赖

客户的满意、愉悦和信赖是形成客户忠诚的最主要因素，所以如何在这些方面取得成功也正是保险公司需要考虑的问题和努力的方向。为此，保险公司可采取以下方法。

（1）提高客户的兴趣。

（2）与客户有意接触并发现商机。

（3）建立反馈机制，倾听客户的意见。

（4）妥善处理客户的抱怨。

（5）分析客户的需求，开发新的保单。

5. 提高客户的兴趣

提高客户兴趣的方法有很多，比如聘请明星进行广告宣传、推出有奖销售。但是，这些都是短暂和不牢固的，最为有效的措施还是通过优质的产品和服务来吸引客户。要无微不至地考虑客户的需求，并竭尽全力满足他们，这样做不仅能让客户感到满足，还能使客户产生对你的感激，并且愿意将这种感受告诉自己所熟悉的人。

6. 与客户有意接触并发现他们的需求

接触客户可以让客户更好地了解公司，也能够让公司更好地了解客户，通过相互的交流建立起一种朋友式的"双赢"关系。通过这种接触，还可以了解客户当前的需求，以便采取更有针对性的措施，更好地为客户服务，也许仅仅是客户不经意说出的一些建议和需求，就会给公司带来新的商机。与客户主动接触的方式有很多，一般的措施有：

（1）发函给客户，询问客户的需求和意见。

（2）定期派专人访问客户。

（3）时常召开客户见面会或联谊会。

（4）将公司新开发的产品和发展目标及时告知客户。

（5）把握每一次与客户接触的机会，从一点一滴赢得客户的欢心。

7. 建立反馈机制，倾听客户的需求和意见

建立有效的反馈机制非常重要，保险公司面临的不是客户的一次性交易，而是长期的合作，一次交易的结束正是下一次新的合作的开始。事实上，客户非常希望能够把自己的感受告诉公司，因此友善而有耐心地倾听能够极大地拉近公司和客户之间的距离。反馈机制就是建立在公司和客户之间的一座桥梁，通过这座桥梁，客户和公司双方能够更好地沟通感情，建立起相互间的友好关系。一些成功公司的秘诀就是善于倾听客户的意见，并善于发现这些意见中有用的市场信息和用户需求，将其转化为新的商机。

8.妥善处理客户的抱怨

客户抱怨产品或服务中存在的不足，这正是保险公司进一步完善自己、增强产品竞争力的好机会。妥善地解决客户的抱怨，将客户的不满转变为满意，保险公司将赢得客户。因为，客户不仅得到了解决问题的答案，而且得到了尊重，这些恰恰最能够打动客户的心。为妥善处理客户的抱怨，公司应注意如下问题：

（1）公司是否鼓励客户抱怨和说出自己的不满？

（2）公司是否有特别的机构处理这些不满的问题？

（3）客户是否能够得到机会说出自己的不满？

（4）公司的高层领导是否注意到抱怨对公司的价值？

（5）公司是否制订了良好的计划以解决那些从根本上引起客户不满的问题？

（6）客户是否知道公司对这些不满的处理结果？

四、预防客户流失

（一）客户流失原因

客户的需求不能得到切实有效的满足往往是导致公司客户流失的关键因素，一般表现在以下几个方面。

1.缺乏创新

公司缺乏创新，导致客户"移情别恋"。任何产品都有自己的生命周期，随着市场的成熟及产品价格透明度的提高，产品带给客户的利益空间往往越来越小。若公司不能及时进行创新，客户自然会另寻他路，毕竟利益才是维系买卖关系的最佳杠杆。

2.服务意识淡薄

服务意识淡薄即公司内部服务意识淡薄。员工傲慢、客户提出的问题不能得到及时解决、咨询无人理睬、投诉没人处理、服务人员工作效率低下等都是直接导致客户流失的重要因素。

3.代理人跳槽带走客户

很多保险公司由于在客户关系管理方面工作不够细腻、规范，客户与保险代理人之间关系很好，而公司自身对客户影响相对乏力。一旦业务员跳槽，老客户就随之而去，由此带来的是竞争对手实力的增强。

4.客户遭遇新的诱惑

由于市场竞争激烈，为迅速在市场上获得有利地位，竞争对手往往会不惜代价以优厚条件来吸引那些资源丰富的客户。在更优厚条件的诱惑下，客户弃你而去也就不奇怪了。

5.短期行为作梗

一些公司的短期行为也会导致老客户的流失。

另外，个别客户自恃实力强大，为拿到公司的市场最优惠"待遇"，以"主动流失"相要挟，公司满足不了他们的特殊要求，只好作罢。

➤ **知识链接**

可能导致失去客户的错误

以下几种错误都可能使得一个公司失去客户。

1. 替自己找借口

在客户投诉时，如果不着手采取措施解决而只是找借口，只会使客户更加恼怒，使事情恶化。

所以，与其找借口，还不如先老老实实承认自己的过失，然后再尽力弥补过失，使事情好转。当公司能承担所有责任并弥补过失时，本来一件不好的事反而会让公司赢得客户的信任。

2. 忽视反馈信息

大多数客户并不会告诉公司他们的不满，只是转身离开、另觅交易罢了。而客户投诉、抱怨，是因为他们仍然关注公司，公司若忽视这些，自然而然就会失去这些客户。公司应该用些额外的时间来争取他们的注意力，约定时间进行一次私人会面，或者办一个主题讨论会，或者与客户直接电话联系，或请他们回答一些调查问题，如：

（1）您为什么选择我们的产品与服务？

（2）是什么使您购买我们的产品而非其他保险公司的？

（3）您觉得我们的产品和服务还有哪些方面需要改进？

找到这些问题的答案将会有助于公司的发展，能使公司了解到哪些方面已经做好了，哪些方面还存在不足。如果有客户不满意，公司就能在他改变主意之前采取沟通、弥补等措施。当公司向客户提出调查问卷，就表明了对客户的重视，从而吸引他成为回头客。

3. 思想消极懈怠

人们只愿意同那些充满自信的人做生意，如果公司的各级人员思想消极懈怠，客户自然而然地会流失。因此，公司各级人员必须克服消极思想，集中精力在自己的目标上，相信不管遭遇多少挫折，最终都能心想事成。公司的信心增加也会使客户的信心倍增。

4. 损害竞争对手的声誉

公司员工对客户或潜在客户说一些有损于竞争对手的话是很不明智的，因为竞争对手也可以用同样的方法来对付你。当有人问贵公司是如何在与 A 公司的激烈竞争中积累财富的，可以用这种方式回答："A 公司的产品的确很不错（或很有实力），但请允许我告诉您，为什么客户选择了我们公司？"然后向客户或潜在客户出示一些以往客户满意的感谢信件等等，用这种方式，就轻而易举地将话题从竞争对手转移到自己的交易上来。

5. 对客户想当然

想当然地认为客户在公司这儿购买过一次产品，就会成为公司的终生客户。其实不然，要吸引客户成为回头客，必须采取一定的感情交流方式，如记住客户的特殊日子（生日或周年纪念日），给客户寄去贺卡祝贺，并提供某种免费服务或商品，等等。

（二）预防客户流失的方法

1. 做好质量营销

通用电器公司董事长杰克·韦尔奇说过："质量是通用维护客户忠诚度最好的保证，是通用对付竞争者最有力的武器，是通用保持增长和赢利的唯一途径。"可见，保险公司只有在产品上下功夫，才能在市场上取得优势，才能为产品的销售及品牌的推广创造一个良好的运作基础，也才能真正吸引客户、留住客户。

2. 提高服务质量

树立"客户至上"意识，帮助员工认识维系客户满意的重要性。客户是公司生存的根本，员工一定要认识到客户满意的重要性，只有认识到其重要性，才能真正为客户着想，处处使客户满意。客户首先面对的是保险公司的代理人，代理人服务态度、服务质量的好坏将直接影响客户对保险公司的印象。这就需要保险公司加强员工服务意识的培养，建立"无客户流失"文化，并将其渗透到员工的观念上，贯彻到行动中。

目前，很多公司都会对新进入公司的员工进行"挫折训练"。训练主要是由经验丰富的老员工担任客户的角色，接受新员工的服务。在这个过程中，老员工会根据自己和公司的服务经验，对新员工在服务过程中的错误和疏忽进行针对性的训练，训练新员工面对挫折的承受能力，提升新员工面对压力时快速反应的能力，同时积累客户服务经验。在经历了此类训练之后，正式进入服务岗位的员工在掌握客户服务理论知识的同时也具备了一定的经验，在处理实际客户服务中出现的问题时就会更加得心应手，使客户对公司服务的质量有更好的认可，最大限度提升客户满意度。

3. 降低客户的经营成本

公司在竞争中为防止竞争对手挖走自己的客户，吸引更多的客户，就必须向客户提供比竞争对手具有更多"客户让渡价值"的产品，这样才能提高客户的满意度及双方深入合作的可能性。为此公司可以从两个方面改进自己的工作：一是通过改进产品、服务和形象提高产品的总价值；二是通过改善服务和促销网络系统，减少客户购买产品的时间、体力和精力的消耗，从而降低其货币和非货币成本。

4. 对流失的客户进行成本分析

部分公司员工会认为，客户流失就流失了，旧的不去新的不来，他们根本就不知道流失一个客户公司要损失多少。一个公司如果每年降低5%的客户流失率，利润每年可增加25%～85%，因此对客户进行成本分析是非常必要的。美国一家大型的运输公司对其流失的客户进行了成本分析，该公司有64000个客户，由于服务质量问题，一年中丧失了5%的客户，也就是3200（64000×5%）个客户流失。平均每流失一个客户，营业收入就损失40000美元，相当于公司一共损失了128000000（3200×40000）美元的营业收入。假如公司的盈利率为10%，那这一年公司就损失了12800000（128000000×10%）美元的利润，而且随着时间的推移，公司的损失会更大。

另外，获取一个新客户的成本是留住一个老客户的5倍，而且一个不满意的客户平均要影响5个人。依此类推，公司每失去一个客户，其实意味着失去了一系列的客户，其口碑效应的影响是巨大的。

5. 加强市场监控力度

公司应建立市场监控办公系统，迅速解决市场问题，保证客户的利益。

6. 建立投诉和建设制度

95%的不满意客户是不会投诉的，仅仅是停止购买。面对投诉，最好的方法是欢迎并积极解决，一个以客户为中心的公司应为投诉和提建议提供方便。现在几乎每家保险公司都开设了免费的客户服务热线，很多公司还增加了网站和电子信箱，以方便双向沟通。这些信息流为公司带来了大量的好创意，使公司能更快地采取行动、解决问题。

7. 与客户建立关联

公司与客户合作的过程经常是短期行为，这就需要公司对其客户灌输长期合作的好处，对其短期行为进行成本分析，指出其短期行为不仅给公司带来很多的不利，而且还给客户本身带来了资源和成本的浪费。公司应该向客户充分阐述自己公司的美好远景，使客户认识到只有跟随公司才能够获得长期的利益，这样才能使客户与公司同甘苦、共患难，不会被短期的高额利润所迷惑，而投奔竞争对手。

同时，公司应该与客户进行深入沟通，防止出现误解。公司应及时将自己的经营战略与策略的变化信息传递给客户，便于客户顺利开展工作，并及时把客户对公司产品、服务及其他方面的意见、建议收集上来，将其融入公司各项工作的改进之中。这样，一方面可以使客户知晓公司的经营意图，另一方面可以有效调整公司的营销策略以适应客户需求的变化。

在优化客户关系方面，感情是维系客户关系的重要方式，日常的拜访，节日的真诚问候，婚庆喜事或过生日时的一句真诚祝福、一束鲜花，都会使客户深为感动。交易的结束并不意味着客户关系的结束，在售后还应与客户保持联系，以确保他们的满足感长久持续，这样可赢得客户忠诚，防止客户流失。

（三）恢复客户关系

1. 恢复客户关系的前提

公司要想通过成功地恢复客户关系管理来实现较高的收益，则必须具备一定的前提条件。

（1）建立完整的客户档案，并且通过客户档案了解特定客户现在和将来的价值。

（2）建立一个专门的机构，如客服中心、呼叫中心或客户热线，这个机构并非是公司电话总机的代名词。公司必须为此配备高素质的员工担当重任，在此服务的员工必须有能力就恢复客户关系管理问题与客户进行各种对话，并结合客户价值、客户流失原因及客户的期望有权力采取针对性的措施，以与流失客户重新建立长期、信任、互惠的业务关系。

2. 客户流失分析

在该阶段公司要对流失客户的价值、流失原因进行分析，并对流失客户进行细分。客户价值和流失原因的分析结果是流失客户细分的依据，同时也是针对特定客户采取相应措施的基础。

（1）确定流失客户是否应争取回来。

该阶段首先要解决的问题是流失客户是否应该争取回来。为此应进行系统的、差异性的客户价值分析。客户价值分析可借助于以销售收入为导向的 ABC 分析法、客户边际贡献法和客户终身预期利润法等来进行。公司设法争取的是有价值的流失客户。

（2）流失客户的结构。

在进行客户流失原因分析时，要根据客户流失的原因确定流失客户的结构。从客户流失原因角度，可以将流失客户分为下列五种不同的类型（见表5-3）。

表5-3　客户流失类型

流失客户类型	说　明
有意推走的客户	公司出于收益原因与其断绝关系的客户。
无意推走的客户	公司提供的产品或服务不符合客户的预期，导致客户对公司不满意，从而引起客户的流失。
被收买的客户	竞争对手提供的产品和服务质量并不见得优于本公司，但是，竞争对手向特定客户提供特殊的、经正常业务途径无法获得的利益。
被拉走的客户	竞争对手通过更优质的产品或服务来吸引客户，从而导致本公司客户流失。
迁移客户	客户情况有变化，不可能继续成为公司的客户，如客户公司破产。

（3）流失客户细分。

客户价值分析和客户流失原因分析是流失客户细分的重要依据。流失客户细分可分两步进行。首先是在客户价值分析的基础上对客户群进行筛选，然后根据客户流失的原因对客户进行进一步的细分。

公司通过对流失客户的细分，大致可以得出以下结论。

①"有意推走的客户"可以排除在恢复之外，因为公司从收益角度考虑不应该与这类客户恢复业务关系。

②一般情况下，公司与"迁移客户"和"被收买的客户"恢复业务关系是不可能的，或者要付出较高的代价才可能与之恢复业务关系。

③其余两类客户，即"无意推走的客户""被拉走的客户"才是公司重新争取的对象，公司主要是针对这两类客户采取具体的管理措施，尽力争取与之恢复业务关系。

3.采取措施

公司争取恢复客户关系的管理措施主要有：与特定客户进行个别沟通或对话，向特定客户提供恢复业务关系的优惠条件等。

（1）如果某客户属于"无意推走的客户"，公司则要向其澄清事实，并说明原因，同时提供解决问题的方案，说服客户改变初衷，使危机中的客户关系正常化。

（2）如果某客户属于"被拉走的客户"，公司则必须针对竞争对手的优越性进行认真分析，并根据客户价值决定是否值得向该客户提供更具吸引力的条件。

4. 成本效益分析

实施恢复客户关系的管理措施要发生一定的成本，包括人员费用、通信费、间接成本分摊费用等。通过公司各种努力，若客户关系能够得到恢复，则会给公司带来多种收益。具体为：

（1）客户重购带来的收益。

即客户关系恢复后，公司从该客户在日后业务关系存续时间内向公司购买的产品中直接获得的经济收益。该收益的大小取决于公司在特定客户身上实际的销售收入和边际贡献的数额及恢复后的客户关系的存续时间。

（2）避免替补流失客户产生的收益。

若客户大量流失，则公司必须设法争取新的客户，以替补流失的客户，维持一定的客户存量，而争取新客户要发生新的开发费用。有资料表明，维持一个老客户产生的费用仅为开发一个新客户产生的费用的1/6。公司如能避免客户流失，就可以省下一笔可观的新客户开发费用。

（3）沟通促销收益。

公司成功实施的恢复客户关系管理有助于避免流失客户散布不利于公司的各种传言或口头广告，促进正面沟通效应。

（4）信息收益。

信息收益产生于对公司在恢复客户关系管理过程中获取的各种信息进行系统的加工和处理，并利用经过处理的信息避免各种失误成本，提高公司产品和服务的质量。

通过成本与效益分析，公司可以对恢复客户关系管理工作进行考核，并计算恢复客户关系管理的投资回报率，即恢复客户关系管理的收益与成本之间的比率。

➤ **思考与练习**

（1）假定身边的同学为保险产品客户，制作一份客户资料卡。

（2）客户满意度与客户忠诚度有什么样的关系？

（3）请列举提升满意度的管理措施（不少于10条）。

（4）请陈述："客户永远是上帝"这句话在保险行业应有什么新的解释？

（5）角色演练：和你的伙伴一起测评你的客户的忠诚度，同时练习那些忠诚的客户对待客户服务人员的态度表现是什么样子，自己模拟一个场景进行对话。

（6）思考：当一个客户对保险公司的客户服务工作非常不满意时，这个客户很有可能就是一个即将流失的客户。如果你碰见了这样的客户，你该做何种努力来挽留该客户？

（7）实践练习：设计一份调查问卷，问卷中同时使用开放题和封闭题。

问卷设计通常包括以下三个部分：

第一部分是有关客户的基本情况，如性别、年龄、文化程度、职业、家庭月收入等有关问题，以了解消费者特征。

第二部分是有关客户购买行为特征的问题，如何时购买、何地购买、如何购买等问题。

第三部分为主题问题，以指标评价体系为基础设计态度测量问题，使被访者在表上标明他们的满意程度，从"非常满意"到"非常不满意"。

第六章

服务规划

➤ **知识目标**

  1.了解大客户服务的重要性。

  2.了解保险公司的客户服务节活动。

  3.掌握策划方案的构成要素。

➤ **能力目标**

  1.能够根据保险公司 VIP 客户的划分标准，有效地识别 VIP 客户。

  2.能够进行客户活动方案的设计和策划。

  3.能够独立地完成活动方案的策划书。

第一节　大客户管理

一、大客户服务

（一）识别 VIP 客户

大客户服务

在日常生活中，我们经常看到 VIP 客户，所谓 VIP，其实就是 Very Important Person（十分重要的人）的首字母缩写，译为重要客户，这也是本模块所提的"大客户"的意思。但什么客户是大客户呢？我们先举一个简单的例子：

一个公司有许多客户，在公司的年终报表中，我们常常可以看到不同等级的客户所占的不同的市场份额（见图 6-1）。

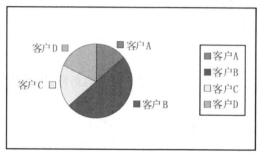

图 6-1　某公司市场份额

哪一个是大客户？先不着急下结论，我们再看一张报表——每个等级客户的利润贡献（见图 6-2）。

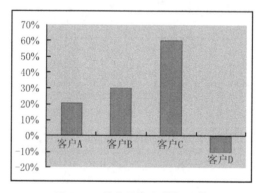

图 6-2　某公司客户利润贡献

从市场份额占比图中，我们会立即指出 B 等级客户占比较大，是大客户。但是我们再看看利润贡献情况，就会发现，虽然 C 类等级客户所占的市场份额较小，但其利润贡献远远大于 B 等级客户，而 B 等级客户耗费了大量的人力和物力，产出却只有 C 等级客户的一半。

市场永远是不均衡的。公司 80% 的利润来自 20% 的客户，这就是著名的帕累托"80/20 法则"。一小部分客户为公司创造了绝大部分的利润。例如，英国航空公司 35%

的客户创造了 65% 的利润，俄亥俄州哥伦比亚第一银行全部的利润是由 10% 的客户创造的。

一位著名的管理学家说："成功的人若分析自己成功的原因，就会知道'80/20 法则'是成立的。80% 的成长、获利和满意，来自 20% 的客人。公司至少应该知道这 20% 是谁，才会看清楚未来成长的前景。"

公司绝对不能对每个客户不加区分、一视同仁地对待，这会使公司有限的资源被低价值客户占用，而使高价值客户无法得到应有的服务和支持，这是一种资源浪费，也会引起高价值客户的不满而导致出现危局。

并不是所有的客户都是公司需要关注和满足的客户，公司的产品和服务不可能、也没必要满足所有客户的需求，公司应该将客户进行细分，甄选出对公司有价值的客户，按照不同的价值等级，有的放矢地提供相应的产品，实施相符的服务政策。

➤ **知识链接**

80/20 法则

早在 19 世纪末，意大利著名的经济学家和社会学家维尔弗里多·帕累托（Vilfredo Pareto）在研究英国人的收入分配问题时发现，大部分财富流向小部分人的一边。还发现某一部分人口占总人口的比例与这一部分人所拥有的财富的份额，具有比较确定的不平衡的数量关系。而且，进一步研究证实，这种不平衡模式会重复出现，具有可预测性。经济学家把这一发现称为"帕累托收入分配定律"，认为是"帕累托最引人注目的贡献之一"。现实生活中确实大量存在"帕累托现象"（亦可称为"80/20 现象"）。日常生活中，经常光顾酒吧的客户中，大约 20% 的客户为 80% 的啤酒销量买单；20% 的优质客户为银行提供了 80% 的利润；20% 的驾驶员引发了 80% 的交通事故；女士们 80% 的时间穿她们拥有的 20% 的衣服；每月 80% 的电话消费都是与 20% 的朋友进行通话等。如果不拘泥于数字的精确性，"80/20 法则"揭示了一个道理：一小部分原因、投入和努力，通常可以产生大部分结果、产出或收益；反过来看，人们所付出的绝大部分努力，实际上与既定目标成果无关。

"帕累托法则"所提倡的经营指导思想，就是"有所为，有所不为"的执行方略。"帕累托法则"将 80∶20 作为确定比值，本身就说明了经营企业没必要面面俱到，而应侧重抓关键的人、关键的环节、关键的岗位、关键的项目。这一企业经营法则之所以得到国际企业界的普遍推崇，就在于它用 20% 的比例，确定了经营者管理的大视野，让企业家们知道，要想使自己的经营管理突出重点，抓出成效，就必须首先弄清楚企业中 20% 的经营骨干力量、20% 的重点产品、20% 的重点用户、20% 的重点信息、20% 的重点项目到底是哪些，从而将自己经营管理的注意力集中到这 20% 的重点经营要务上来，采取有效的倾斜措施，确保重点突破，进而以重点带全面，取得企业管理能力的整体提升。美国和日本的一些国际知名企业的经营管理层都很注重运用"帕累托法则"进行企业经营管理运作，不断调整和适时确定企业阶段性的 20% 的重点经营要务，注重从"帕累托法则"这一经营法则中，体会如何采用得当的方法，使下属企业的经营重点也能间接地抓上手、抓到位、抓出成效。

成功运用"帕累托法则"，能将一个规模很大的企业管理得有条不紊，并使那些重点经营要务在倾斜性管理中得到突出，并有效发挥带动企业整体性经营全面发展的"龙头"作用。

将"帕累托法则"运用到客户管理中，企业起码应该得到三点启示：其一，明确自己企业的 20% 客户；其二，明确应该采取什么样的倾斜性措施，以确保 20% 客户的业务取得重大突破；其三，抓住重点客户，带动中小客户。企业可以依照客户的重要性，制定相应的服务手段和优惠措施以巩固 20% 的优良客户；同时要注意捕捉 80% 客户中的潜在客户，促使他们向 20% 的优良客户转化，从而提高企业客户的管理能力。

（二）主要保险公司的 VIP 划分原则

1. 平安寿险公司 VIP 客户划分

平安寿险公司按照不同的标准，将 VIP 划分为三种：黄金层级会员、铂金层级会员和钻石层级会员。

黄金层级会员的要求：

甲类机构：年交折算保费 4 万元（含）～7 万元（不含）。

乙类机构：年交折算保费 3 万元（含）～6 万元（不含）。

丙类机构：年交折算保费 2 万元（含）～5 万元（不含）。

铂金层级会员的要求：

甲类机构：年交折算保费 7 万元（含）～40 万元（不含）。

乙类机构：年交折算保费 6 万元（含）～35 万元（不含）。

丙类机构：年交折算保费 5 万元（含）～30 万元（不含）。

钻石层级会员的要求：

甲类机构：年交折算保费在 40 万元（含）以上。

乙类机构：年交折算保费在 35 万元（含）以上。

丙类机构：年交折算保费在 30 万元（含）以上。

注 1：

平安寿险甲类机构：苏州、深圳、广东、无锡、佛山、上海、宁波、温州、大连、珠海、北京、厦门、青岛、浙江、天津、东莞、江苏、绍兴、南通；

平安寿险乙类机构：湖南、辽宁、烟台、济南、湖北、新疆、山西、河南北部、重庆、安徽、江西、泉州、吉林、福建、惠州、四川、海南、黑龙江、河北；

平安寿险丙类机构：内蒙古、宁夏、陕西、云南、甘肃、河南南部、青海、贵州、广西。

注 2：寿险保费折算标准：

（1）短期险：保费基数是保费，折算系数是 1。

（2）长期险年交保单（除万能）：10 年期以上，保费基数是年交保费，折算系数是 1；10 年期以下，保费基数是年交保费，折算系数是 X/10（X 为年期）。

（3）万能险：保费基数是当年实际交费，折算系数是 1。

（4）趸交保单：保费基数是趸交保费，折算系数是 0.1（如客户趸交保费超过 5000 万元，且后续无领取或者退保行为，则为其标注钻石 VIP 资格至保单效力终止）。

（5）追加保费：保费基数是当年追加金额，折算系数是 0.1。

2. 中国人寿 VIP 客户划分

中国人寿 VIP 客户共有四个级别，分别是贵宾级（二星）、白金级（三星）、钻石级（四星）、尊钻级（五星）。具体划分标准见表 6-1。

表 6-1 中国人寿 VIP 客户划分标准

级别	标准保费（星点值）
尊钻级（五星）	70 万元及以上
钻石级（四星）	30 万元（含）~70 万元（不含）
白金级（三星）	10 万元（含）~30 万元（不含）
贵宾级（二星）	4 万元（含）~10 万元（不含）

标准保费＝1 年期以上保单期交保费 × 折算系数＋1 年期以上保单趸交保费 ×0.1

对于 1 年期以上 10 年期以下期交保费的折算系数为"交费年限 /10"，10 年期以上期交保费折算系数为 1.0。对于月交、季交的保费将其折算为年交保费后再根据交费年期依上述系数折算。

可纳入计算标准保费的保单应同时符合以下条件。

（1）1 年期以上长险，不包括短险、团体保险、万能保险。

（2）保单状态为有效或失效状态，不包括永久失效或终止。

（3）期交保单计算至保单交费期满。趸交保单的折算标准保费从保单生效后连续计算 10 年，若趸交保单的有效期小于 10 年，则计算至保单有效期结束。

（三）大客户服务的重要性

（1）大客户对于公司要达到的销售目标是十分重要的，虽然这些客户的数量很少，但在公司的整体业务中有着举足轻重的地位。

（2）如果失去这些大客户，将严重影响到公司的业务，并且公司的销售业绩在短期内难以恢复过来，公司很难迅速地建立起其他的销售渠道。公司对这些大客户存在一定的依赖关系。

（3）公司与大客户之间有稳定的合作关系，大客户对公司未来的业务有巨大的影响力。

大客户对公司的发展如此重要，公司应花费较多的时间、人力和物力来做好大客户关系管理。这些大客户具有很强的判断能力、讨价还价的能力，公司必须花费更多的精力来进行客户关系的维护。

● 特别提示

1. 大客户是销售保单的稳定来源。

2. 成功的大客户经验在行业客户中的辐射效用最大。

3. 发展大客户是提高市场占有率的有效途径。

4. 大客户的需求是供应商创新的推动力。

5. 大客户是公司的重要资产。

6. 大客户最大的价值是体现双赢的战略。

（四）大客户服务的基本环节

根据"80/20法则"，大客户就是指那些占总客户数的20%却能给公司带来80%利润的客户。由于大客户的地位和作用的特殊性，为大客户服务就显得尤为重要。为大客户服务主要是指通过实施一定的、有针对性的特殊服务措施来增强大客户的忠诚度，以达到长期留住大客户的目的。

大客户服务的基本环节有以下三个。

1. 充分认识为大客户服务的重要性

这是为大客户服务的先导，如果没有认识到为大客户服务的重要性或认识不足，就不可能形成一系列为大客户服务的措施。

2. 针对大客户开展一系列特殊服务

为大客户开展一系列特殊服务，如开展一对一大客户服务、大客户上门服务、建立大客户VIP俱乐部等。这是为大客户服务的中心环节，也是进行大客户服务中最难的环节，它直接决定了大客户服务的效果。

3. 为大客户服务的保障措施

针对大客户开展的特殊服务，必须有相应的保障措施，以避免大客户服务中出现不当或不利的情况。

➤ 阅读材料

平安人寿公司的 VIP 服务

平安保险公司的VIP服务并不仅仅限于平安寿险公司内部，而是依托整个平安集团对VIP进行统一的管理和服务，VIP会员可以享受到平安集团提供的服务。

（一）高尔夫贵宾礼遇

1. 全球顶级高尔夫球场推介及预订

平安特约服务机构将为您提供全球顶级高尔夫球场的地址和联系方式，并将尽力协助您在可对非会员开放的高尔夫俱乐部进行预订。

特别提示：根据不同的高尔夫球场的规定，您在预订时可能需要提供相应的定金。

2. 推介私人高尔夫教练及课程

平安特约服务机构将协助推介高尔夫私人教练及课程，并尽力提供此类课程信息和举办地点。

3. 协助购买顶级球杆、高尔夫服饰等

平安特约服务机构将协助您从专卖店购买顶级球杆和高尔夫服饰。

特别提示：此类物品的购买费用和递送过程中产生的第三方费用需要您承担。

4. 世界高尔夫公开赛信息咨询

平安特约服务机构将为您提供世界高尔夫公开赛的相关信息。

5. 世界高尔夫公开赛协助订票

平安特约服务机构将协助您预订或购买指定赛事的门票。

（二）体育贵宾礼遇

1. 全球体育赛事信息咨询

平安特约服务机构将为您提供全球体育赛事信息咨询。

2. 知名体育会所/俱乐部入会安排

平安特约服务机构将协助提供知名体育会所/俱乐部的信息，包括入会手续、会员费用、设施配置、分会所地址和课程设置等。

特别提示：您需与选定的会所直接联系，商讨入会程序。

3. 全球知名体育运动训练学校推介

平安特约服务机构将协助推介全球知名体育运动训练学校。若您有要求，平安特约服务机构将尽力提供信息，包括开放时间、地址和联系方式。

（三）驾车贵宾礼遇

1. 邀请参加高档汽车新车发布、试驾，或相关派对

平安VIP俱乐部将向您提供近期高档汽车新车上市、鉴赏、试驾等活动和相关派对的信息。若您有要求，平安特约服务机构将安排预订。

2.F1赛车及国际汽车大赛订票及旅途安排

平安特约服务机构将协助您预订、购买和递送F1及其他国际汽车大赛之门票，如需要，还将协助旅程安排，包括机票酒店的预订和接送车辆的安排。

3. 全球自驾游安排及豪华房车租赁

平安特约服务机构将协助您安排豪华房车的租赁，机票、酒店的预订及接送服务。

4. 全球汽车展会信息及旅程安排

平安特约服务机构将按您的要求提供全球汽车展会的信息。平安特约服务机构将协助安排机票、酒店的预订和行程中的车辆接送服务。

5. 高档汽车新品信息及采购推介

平安VIP俱乐部将向您提供全球高档汽车新品信息。若您有要求，平安特约服务机构将提供指定汽车经销商的联系方式以便您直接联系、购买。

6. 汽车美容服务推介

平安特约服务机构将为您提供汽车美容服务的信息，包括服务提供商的联系方式等。

（四）休闲贵宾礼遇

1. 旅行、海外会议安排及行前建议

平安特约服务机构将提供协助安排机票、酒店、会议室等及行前注意事项的信息。

特别提示：平安特约服务机构仅为私人/个人使用提供预订，团体活动需自行安排。

2. 海外个人秘书及翻译推介

平安特约服务机构将提供私人秘书服务机构及翻译服务机构的信息，包括联系方式。

3.鲜花、名品巧克力及蛋糕递送

平安特约服务机构将协助您递送鲜花、名品巧克力及蛋糕给您的亲友或商业伙伴。

特别提示：此类物品的购买费用及递送过程中产生的第三方费用需由您承担。

4.推介全球游艇之经销商

平安特约服务机构将提供全球高档住宅、游艇的经销商、经纪人等的信息以方便您直接联系并购买。

（五）机场贵宾礼遇

1.代办登机牌、代办行李托运

深航出行秘书将为您代办或协办，如购票、购买保险、办理登机牌和行李托运等烦琐的登机手续，免去您为办理登机手续而排长队等候及来回奔波之苦。

2.优先安检通道

进行安检时，深航出行秘书将带您通过"快速通道"，您不需要与其他乘机旅客一起排队，为您节省宝贵的时间，同时体现您的尊贵。

3.贵宾候机服务（公务舱休息室候机）

您可以凭在深航机场柜台领取的"公务舱休息室的兑换券"免费进入机场公务舱休息室休息。公务舱休息室为您提供自助餐饮，您可以根据自己的喜好选择食品，温馨惬意的环境可为您缓解旅途劳累，让您舒适候机。

4.提醒登机、专人引导登机

在公务舱休息室候机的过程中，您不必担心错过了航班登机时间。开始登机时，深航出行秘书会提醒您带齐随身物品准备登机，并指引您前往登机口，帮助您踏上轻松、尊贵、成功之旅。

特别提示：因各地机场条件不同，能提供的服务项目亦有差别，且因机场公务舱休息室可容纳人数有限，可能导致您申请时服务无法提供（尤其在节假日期间），需以机场柜台实际回复为准。

资料来源：www.pingan.com/personal/vipclub/honoured_guest_vas.jsp。

二、高端客户增值服务

《2017 中国私人财富报告》显示，中国（大陆）个人可投资资产 1000 万人民币以上的高净值人群已达 187 万人。报告指出，高净值人群持有的可投资资产总体规模达到 188 万亿元人民币。中国私人财富市场规模 10 年增长了 5 倍，高净值人群 10 年翻 3 番。中国高净值人群更加关注"财富保障"和"财富传承"，投资心态更为成熟、稳健，跨境多元化配置需求日益显著。财富管理的核心是三权统一，即所有权、控制权、受益权统一。

遗产纠纷日渐增多，富人缺乏什么？遗产规划。中国企业家客户目前主要的需求是财产的隔离和传承，中国企业家普遍希望子女接班，其实在国外，子女接班是非常少数的，实现家族财富传承的家族咨询服务十分普遍。

中国富豪显现"昙花效应"，75% 富人不懂理财。比尔·盖茨为何能多年高居美国富豪

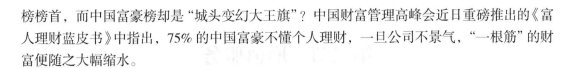

榜榜首，而中国富豪榜却是"城头变幻大王旗"？中国财富管理高峰会近日重磅推出的《富人理财蓝皮书》中指出，75%的中国富豪不懂个人理财，一旦公司不景气，"一根筋"的财富便随之大幅缩水。

（一）相关法规

遗产是自然人死亡时遗留的个人合法财产（《中华人民共和国民法典》第一千一百二十二条）。

继承人。根据《中华人民共和国民法典》，第一顺序法定继承人为配偶、子女、父母；第二顺序法定继承人为兄弟姐妹、祖父母、外祖父母。

（二）财富传承的定义

财富传承是指以客户意志为中心，通过预先的、持续的、系统化的设计规划，综合运用各种金融工具及法律手段，以实现客户家族财富的风险隔离与代际继承。

（三）财富传承的常见方式

财富传承的常见方式有遗嘱规划和寿险规划。

1. 遗嘱规划

遗嘱规划是财富传承的基础，根据《中华人民共和国民法典》，遗嘱分为自书遗嘱、代书遗嘱、打印遗嘱、录音录像遗嘱、口头遗嘱、公证遗嘱。遗嘱无效部分所涉及的遗产按照法定继承办理。

2. 寿险规划

人寿保险的优势有确定性、有效性、隐私性、安全性和经济性，可以实现所有权、控制权、受益权三权统一。

《中华人民共和国保险法》第十八条，受益人是指人身保险合同中由被保险人或者投保人指定的享有保险金请求权的人。因此受益人不等于继承人。

《中华人民共和国保险法》第四十二条，被保险人死亡后，有下列情形之一的，保险金作为被保险人的遗产，由保险人履行给付保险金的义务：（1）没有指定受益人，或者受益人指定不明无法确定的；（2）受益人先于被保险人死亡，没有其他受益人的；（3）受益人依法丧失受益权或者放弃受益权，没有其他受益人的。因此，保险金不等于遗产。

保险传承的优点：（1）受益人明确（无纠纷），可按投保人意愿进行传承；（2）零成本，不需公证费；（3）无须上缴遗产税（不怕遗产税开征）；（4）受益人可变更（根据投保人意愿）。

第二节　增值服务

一、为客户提供优质服务

虽然保险公司的主要利润来源于大客户，但公司广大的中小客户群体也对公司业绩起到了一定的支撑作用，而且这部分客户也是潜在的大客户，有可能成为未来公司业绩的主要增长点。此外，仅为大客户提供服务而忽略其他客户的感受明显有悖于"客户至上"的服务原则，因此为全体客户，包括潜在客户设计和提供增值服务也是各个保险公司客户服务工作的重要内容。但是该如何去做，才能更好地为客户提供优质服务呢？

（一）对客户表示热情、尊重和关注

"客户就是上帝"，对于服务工作来说更是如此，只有做到充分尊重客户和客户的每一项需求，并以热情的工作态度去关注你的客户，客户才能够对服务表示满意，你才能够在市场竞争中取得有利的地位。

（二）帮助客户解决问题

客户找到公司，接受公司的服务，其最根本的目的就是为了公司能够帮助他妥善地解决他所遇到的问题。如果公司不能帮他解决问题，试想一下，客户还会选择这家公司吗？因此，帮助客户解决问题是最重要的。

（三）迅速响应客户的需求

客户服务的一个重要环节就是能够迅速地响应客户的需求。对于服务工作来说，当客户表达了他的需求后，公司应该在第一时间对他的需求做出迅速的反应。反应不及时造成的影响与不能解决问题相同，最终的结果都会造成现有客户的流失。

（四）始终以客户为中心

在为客户提供服务的过程中，是否始终以客户为中心，是否始终关注他的心情、需求，也是非常重要的。始终以客户为中心不能只是一句口号或者贴在墙上的服务宗旨，而是一种具体的实际行动和带给客户的一种感受。

（五）持续提供优质服务

对人来说，做一件好事容易，难的是做一辈子好事。对于公司来说也是一样，公司可以为客户提供一次优质的服务，或者一年的优质服务，难的是能够为客户提供长期的、始终如一的优质服务。能够坚持下来的公司将形成自己的服务品牌甚至是公司品牌，并在同行业的竞争中取得相当大的优势。

（六）设身处地为客户着想

作为公司，需要经常换位思考，设身处地地为客户着想意味着站在客户的角度思考问题，理解客户的观点、了解客户最需要的和最不想要的是什么，只有这样，才能够为客户提供优质的服务。这也是做到始终以客户为中心的前提。

（七）提供个性化服务

每一个客户都希望获得与众不同的"优待"，如果所有的客户都能得到个性化的服务和格外的尊重，就会使公司拥有更广阔的客户群。个性化的服务包括面对客户的一些特殊要求，依然能够加以特殊对待、及时去满足。

➤ 　阅读材料

保险业：创新客户服务形式　打造特色文化活动

（一）平安产险搭建业内首个火灾实验基地

4月20日，平安产险与上海同泰火安科技有限公司（以下简称"同泰火安"）在上海举行火灾实验基地揭牌仪式，这标志着国内保险行业第一个火灾实验基地正式建立。该实验基地可用于消防设备和新技术测试、火灾实验、支持平安客户消防培训等，推动创新消防设备与技术落地应用，助力保险服务从灾后救助向灾前预防转变。

（二）富德生命人寿打造特色文化活动

富德生命人寿近年来创造性地打造了四季主题活动，每个季度都会举办符合当季特色的客户文化活动，从音乐会、客服节到摄影比赛、联欢会等，形式新颖，活动多样。

2018年开春之际，富德生命人寿"富蕴蓬勃，雅歌芳华——2018年VIP新春艺术季"在全国各地上演，各地分公司先后精心策划了二十余场高端艺术盛宴。据了解，此后还有中小学生音乐会、特色曲艺赏析、越剧品鉴等精彩艺术活动陆续上演。

（三）焦作市民确诊心肌梗死，泰康人寿两小时赔付15万

近日，客户马先生的家属给泰康人寿河南焦作中心支公司送上一面"优质服务，真诚守信，一诺千金，情系客户"的锦旗，不停地对工作人员表示感谢。

马先生在2015年5月通过泰康人寿的电话销售渠道投保了"祥云二号"，年交保费7878元，保额15万。2018年3月的一天，马先生被确诊为心肌梗死。

泰康人寿当天上午9点进行移动调查端受理，11点整，泰康就给付马先生重大疾病保险金15万，理赔全流程仅用时两小时。

（四）保险知识进社区贴心服务暖人心

4月22日上午，河南省保险行业协会组织20家产寿险公司开展"品质时代诚信保险——保险进社区之绿地老街"大型宣传活动。

当日上午10点，活动现场，台上的戏曲演出、小丑魔术、变脸艺术等精彩表演轮番登场，有奖互动游戏与保险知识竞答陆续进行。台下各家保险公司咨询台前，工作人员向居民发放宣传彩页，悉心讲解保险知识，热心普及保险理念，对居民在参保中遇到的各种问题进行耐心解答，现场气氛异常热烈。

据了解，本次活动是河南省保险行业协会开展的 2018 年第二阶段保险"进社区"大型宣传活动。在组织公司进行保险宣传的同时，河南省保险行业协会也将快处快赔、典型理赔事迹等宣传主题带到了现场，旨在让保险知识深入人心。

资料来源：https://m.bx58.com/newsdetail/259226.html。

二、保险客户服务节

如今，很多保险公司每年都会策划和推出一个大型的主题活动，活动跨越一个月或者更长的时间，在不同的地区、不同的时间逐步开展。对于主题活动下的不同专题，会邀请保险公司的 VIP 客户、普通客户、潜在客户参加，有些活动甚至会深入社区，将客户服务活动以一种公益活动的形式呈现出来。这种大型的主题活动被称为"客户服务节"。

（一）某寿险公司客户服务节活动方案

某寿险公司客户服务节活动方案

1. 客户服务节主题

互联互动××人寿与你零距离

本届客户服务节活动全程贯穿"提升客户体验、引导客户与公司建立联系互动"这一主线，通过线上及线下相结合的方式，实现客户与公司互动。

2. 客户服务节时间

2019 年 5 月 19 日—2019 年 7 月 28 日

3. 客户服务节活动内容

本届客户服务节包括六个活动。其中活动一"客户服务节开幕式"包括总部开幕式和机构开幕式。

活动一（总部）："挥动精彩，光耀未来"高尔夫贵宾邀请赛暨××人寿第七届客服节开幕式

（1）活动时间

2019 年 5 月 21 或 22 日

（2）活动主题

"挥动精彩，光耀未来"高尔夫贵宾邀请赛暨××人寿第七届客服节开幕式

（3）活动目的

树立××人寿客户服务的高端形象，提升客户的服务体验，倡导健康生活，通过开球仪式，正式开启寿险客服节大幕。

（4）活动对象

部分客户及准客户

活动一（机构）："相约××，健康同行"大型万人健步走活动暨分公司客服节开幕式

（1）活动时间

2019 年 5 月 21 日或 22 日

（2）活动目的

作为经典活动的延续，2019年的"万人健步走"依然倡导健康低碳的生活方式，通过让客户体验徒步运动，提高客户的健康意识。在全国范围内推出大型万人健步走活动，启动2019年各分公司客服节，为客户提供一个亲近自然、关注健康、享受健身乐趣的机会，使客户真切感受公司对客户的关爱。

（3）活动对象

ＸＸ人寿客户及准客户

（4）活动内容

①活动形式：全系统32家二级机构在同一时间以健步走活动启动客服节。分公司参考总部指导的活动流程自行组织、策划开幕式健步走活动。

②目标任务：分公司客服节开幕式邀请客户参与量不少于300人。

③指导单位及专家：健步走活动可邀请有关组织或协会作为协办或指导单位，可聘请运动专家莅临现场给予指导或带领客户健步走，提升活动知名度及影响力（分公司自行组织安排，总部不统一要求）。

④场地选择：挑选交通便利、可以容纳百至千人、具有徒步走道、环境优美的公园或户外场馆等。

活动二："百万客户同关注，非凡体验Ｅ起来"

（1）启动时间

2019年5月19日

（2）活动目的

引入互联网技术搭建客户服务与管理平台，为客户提供多种形式方便快捷的服务方式，在为客户提供优质的保险服务的同时提升客户价值。

（3）活动对象

ＸＸ人寿客户

（4）活动内容

①新单客户：扫描保单上印制的个性二维码并关注"ＸＸ保险"微信公众号，登录ＸＸ官网参加客服节活动报名。

②存量客户：关注"ＸＸ保险"微信公众号，点击"寿险客户活动"菜单，填写客户信息，登录ＸＸ官网参加客服节活动报名。

客户也可直接关注"ＸＸ保险"微信公众号并完善个人信息或完成官网登录操作即可体验保单查询等服务。客服节期间，为倾听客户心声，集团公司将通过微信统一向客户推送调查问卷，收集服务建议，加强互动，提升公司客户服务水平。

③奖励方案：业务员每推动一个客户完成微信关注和官网账户注册登录可获得价值2元奖励。公司同时将不定期进行客户和业务人员的抽奖活动。

活动三：ＸＸ自由"PAY"—ＸＸ理赔细致入"微"

（1）启动时间

2019年5月19日

（2）活动意义

突出微信小额理赔快速处理、结案后实时给付赔款服务。周六、周日无休，及时响应，给客户更好、更快的服务体验。

"自由"包含自助的内容，客户可随时随地进行申请。"PAY"与"赔"同音，可指理赔，同时可指赔付。细致入"微"涵盖微信理赔契合自助模式，同时代表公司对理赔的极致化服务。

（3）活动内容

对于案件清楚、资料齐全且符合实时给付赔款的小额医疗险（1000元以下）理赔案件，客户可登录"ＸＸ保险"微信报案，报案后通过微信上传影像资料，公司后台即时处理，实时给付赔款。从客户微信上传影像资料，到案件处理完成实时给付赔款，应在工作时间内2小时完成，客户亦可在赔款到账后再提交理赔实物资料，实现赔款先行给付。

（4）活动宣传

此活动同时也会单独通过海报、媒体稿件、原创微信图文、H5动态页面进行宣传。

（5）激励方案

客服节期间以二级机构为单位，客户每操作成功完成一例微信理赔案件，给予20元费用，用于机构指导、协助客户进行微信理赔操作及推广奖励。

活动四：ＸＸ续期好"管家"让您续保更轻松

（1）启动时间

2019年5月19日

（2）活动目的

此活动也是"超级账户"在寿险运用的一个场景，除了为客户提供多样的服务方式及服务内容外，同时提升客户价值。

（3）活动内容

客户在微信端开通续期管家服务，提前存入续期保费，存入的续期保费同时会产生收益，为客户提供资产保值增值服务。

（4）奖励方案

客服节期间开通续期管家并交纳续期保费成功的客户即可获得ＸＸ保险官网2000积分奖励。

活动五：ＸＸ人寿第三届全国青少儿绘画大赛

（1）活动时间

2019年5月19日—2019年8月19日

（2）活动主题

美与生活

（3）活动意义

对业务员：通过与营销渠道联动组织青少儿绘画大赛，回馈客户，帮助渠道开拓新主顾。

对客户：成就孩子们的绘画梦想，引导青少年儿童热爱生活，热爱美好的事物。

（4）参赛对象

分支机构所在地区的客户/准客户子女，分为少儿组、小学组、初中组、高中组。

（5）活动内容

联合中国艺术教育促进会及《中国校外教育》杂志社在全国范围内举办为期近3个月的青少儿绘画大赛，获奖选手将获得"中国艺术教育促进会"统一颁发的获奖证书。

（6）活动组织单位

主办单位：中国艺术教育促进会

承办单位：《中国校外教育》杂志社

XX人寿为比赛组委会授权的全国中小学生绘画书法作品比赛集体参赛组织单位。

（7）作品要求

参赛作品需为绘画作品。参赛者须使用总公司统一下发的参赛画纸，所有参赛作品均须为原创作品。

（8）比赛评委会

由中国艺术教育促进会聘请书画家、美术教育专家和优秀美术教师组成评选委员会，负责全部作品的评选工作。

（9）评比原则

符合比赛主题；有独特的创作思路和符合年龄特点的表现形式；鼓励少年儿童表达自己的真实感悟；鼓励有创意的表现形式。

活动六：分公司特色客服节活动

（1）活动时间

2019年5月19日—2019年7月28日

（2）活动内容

各分公司在客服节期间因地制宜，开展机构特色活动，具体活动形式及内容不限。活动需围绕本届客户节主题，重点引导客户与公司互联互动，提升客户服务体验，回馈关爱客户。

（二）某寿险公司客户服务节组织保障

1. 项目小组成员

寿险总公司客服节项目组成员包括组长、执行组长、副组长和组员。

寿险分公司客服节执行小组包括组长、执行组长和组员。

某寿险公司客户
服务节组织保障

组长是各分公司负责人；执行组长是各分公司客户服务部经理；组员是二级机构客户服务部、各渠道及品宣、行政等相关岗位人员。

2. 项目小组职能

（1）寿险公司总部项目组职能。

①负责策划并确定活动主体思路。

②负责确定活动主题及活动各项内容，监督活动方案的策划、实施进度。

③负责研讨、明确活动可行性策划方案，活动宣传与推广，追踪机构活动执行情况。

④负责活动期间重大客户投诉案件的监控和处理。

（2）寿险分公司执行小组职能。

①制定分公司活动主题、策略、计划、目标。

②制定分公司执行方案；整合、分配各部门分工，并监督活动的进展情况。

③认真执行各项活动，按照总部活动要求反馈活动进展情况；对敏感及危机事件提前预警，有效化解客户投诉，防止投诉案件的升级，保证各项活动在分公司顺利开展。

3. 客服节活动总体要求

（1）整体要求。

①各机构需充分领会此次客服节活动主题和内容，积极与机构各部门沟通，保证客服节活动顺利开展。

②本次客户服务节活动针对各渠道开展相关活动；活动以提升客户体验、引导客户与公司互联互动、体现ＸＸ人寿回馈客户为宗旨，提升公司品牌形象，要求销售人员在活动过程中不能急功近利，不可利用活动之际强行销售保险。

③对敏感事件提前预警，有效化解客户投诉，防止投诉案件升级，确保活动顺利开展。

④各机构在开展活动时应注意新客户信息的收集和积累。

⑤各机构需于2019年5月10日前上报分公司客服节活动执行方案。

⑥分公司需每月向总部报送分公司客服节月报。

⑦各机构需于2019年8月10日前上报分公司客服节活动总结及评优材料，集团、总部结合分公司活动开展情况进行评优及表彰。

（2）宣传要求。

活动的宣传至关重要，要协调机构品宣部门做好宣传报道工作。品宣方案由总公司企划部品宣处统一发布及宣导。

宣传途径：内部OA、公司官网、外部媒体。

稿件量：每家机构撰写客服节内宣稿件不得少于5篇，要求在总公司OA发布并附活动照片。

时效性：分公司开展各项活动后，需于3个工作日内在总公司OA提交新闻稿件及活动照片。

4. 物资发放

各机构需做好各类客服节宣传品的发放工作，在发放客服节宣传品时需登记客户名单。

5. 费用要求

要求各分公司对下拨费用专款专用，严禁挪作他用。

6. 客服节总结评优

（1）活动总结。

根据集团统一要求及时间安排总结客服节活动开展情况、经验分享及不足分析等。

（2）评选对象。

寿险各分公司、客服一线的员工、机构，参与组织、策划、执行客服节活动的个人。

（3）奖项设置。

①优秀组织机构评选。

优秀组织一等奖（1名）、二等奖（2名）、三等奖（3名）、互联先锋奖/最佳创意奖/最佳宣传奖（3名）。

评选原则：

根据分公司客服节活动推广效果（如客户与公司互联互动数量、自由"PAY"及续期管家开通交费数量等）、参与客户量、宣传稿件数量及发布时效、分公司活动材料及总结上报时效和质量等指标综合评比。

奖项办法：

优秀组织一等奖：奖励3000元并颁发荣誉奖杯。

优秀组织二等奖：奖励2000元并颁发荣誉奖杯。

优秀组织三等奖：奖励1000元并颁发荣誉奖杯。

互联先锋奖/最佳创意奖/最佳宣传奖：奖励1000元并颁发荣誉奖杯。

②杰出客服员工评选。

杰出客服员工（10名）。

评选原则：根据客服节活动推广效果及日常工作表现、撰写客服节宣传稿件数量、客户投诉情况，突出服务事迹等综合评选。

奖项办法：每人奖励价值500元的奖品并颁发荣誉证书。

注：当上述奖项与集团奖项重合时，不再重复进行奖励。

第三节　服务策划基础

一、服务策划人的素质

（一）必须保持对事物敏锐的洞察力和旺盛的创造力

这种能力是需要不断地从实践中得到锻炼的。所谓的洞察力，就是要善于发现别人发现不了的事物。所谓创造力，就是于"无"之中生出一个"有"，而且更为重要的是，这个"有"是具有一定的功用和价值的。

➤ **小案例**

日本有一家味精公司的老板为了提高味精的销售量，要求全体员工每人提出一个方案，被采纳者将获得一笔奖金。

该公司员工中，有人建议增加销售网点，有人建议改变包装，有的建议多发广告，最后评选中奖的是一位工厂女工的提议——将装味精瓶子的瓶口小洞放大一倍。

该女工的创意是在家中用餐时无意中想出来的。有一天在家中用餐时喝汤，顺手拿起桌上一瓶胡椒粉，要把胡椒粉倒进汤里，却因为瓶口的小洞受阻而倒不出来，她拿牙签清理小洞里的胡椒粉时，灵光一闪，便想出了那个绝妙的创意。

无独有偶。美国著名的高露洁牙膏公司曾经公开征求销售方案：无论什么，只要想出能使高露洁牙膏销量大增的方法，就能获得一万美元的奖金。

在千千万万的应征信中，最佳得奖者只有短短的两行字："简单极了，只要把高露洁牙膏管的管口放大50%，这么一来，消费者每天早晚匆匆忙忙挤牙膏的时候，就会多挤出一半，销量自然就增加了。"

（二）必须博学、广识、对许多事情都感兴趣，是一个"杂家"

一个人要想具有敏锐的洞察力和旺盛的创造力，没有一定的知识储备是不行的，而且这里的知识，不仅仅是指专业知识，更是指多种知识。对任何事情都要保持一种兴趣，一种钻研性。例如，做书包礼品，不仅要对书包的基本规格、材质选择、产地厂家、价格、运输进行了解，而且还要对这个行业中一些不成文的所谓"行规"和细节技巧进行了解，可以说，只有成为半个书包专家时，才可以真正下订单。

（三）必须能够会写、会画、会说、会交际

一个做策划的员工，如果不会写、不会画，也不会说，那怎么开展工作？

策划人员不仅要会动笔写，而且还要会使用电脑和计算机网络。这一点，已成为衡量一位策划工作者是否具有发展前途的基本前提条件了。

（四）策划是一个从大处着眼、从小处着手的岗位

优秀的策划人员不能是只会说不能做的人，他们要善于组织工作，做好每一件具体的事情，而且还要知道每一件事情的工作难点在哪里，成败的关键点在哪里，并能把握住点点滴滴的细节。

（五）时时要把个人能赚多少钱的问题放在后面，而把公司的、客户的（或当事人）的实际需求摆在第一位

要明确无误地认识到我们是思想、智慧、方案的提供商和销售者，我们向客户提供问题的解决之道。只有保证了对方的利益和价值，我们才有真正的、长远的收益。

➤ 知识文件夹

做一个优秀的策划人需要的能力

一个优秀策划人应当具备以下几种基本能力：

（1）理解事物的能力——要求做到逻辑严谨，思维敏捷，纲举目张，直抓要害。

（2）反向思维的能力——要求做到多方论证，三思后行。只及一点，不及其余，不听劝告，一意孤行则极有可能失败。

（3）判断抉择的能力——要求做到在认真求证的基础上，果断决策。优柔寡断、患得患失、朝令夕改则极有可能失败。

（4）预测未来的能力——要求做到把握大势，未雨绸缪，早做安排。

（5）实施行动的能力——要求做到全面计划，并安排好时间。

在宣导自己主张方面，应当具备以下几种能力：

（1）表达自己的能力——要求做到表达观点明确、宣传主张透彻。

（2）说服他人的能力——要求做到能够发掘对方的利益点、先予后取。

在与人合作方面，应当具备以下几种能力：

（1）自我包装的能力——要求做到外在形象与内在品质的和谐统一。

（2）组织策划的能力——具有创新精神和创意性思维，目标十分明确。

（3）面对现实的能力——要求做到脚踏实地，把握细节，掌握今天。

（4）平衡利益的能力——能够做到平衡各种利益、求大同而存小异，合力取胜。

（5）人际交往的能力——能够做到与人为善，广交朋友，理解和宽容他人。

（6）保持独立人格的能力——要求做到不唯书、不唯上，坚持真理。

（7）适应变化的能力——要求具备对环境的变化和突发性事件的应变能力。

（8）忍受孤独的能力——要求做到能够忍受在事业成就之前的孤独黑暗的时光。要成功，就需要比别人付出两倍、三倍乃至四倍的努力。

（9）忍耐坚持的能力——必须明白成功往往被赋予坚持到最后的人。

（10）抓住机遇的能力——智者创造机遇，强者寻找机遇，弱者等待机遇，败者错过机遇。

➤ **创意无限**

创新意识培养

心理学家认为，以下 15 条方法有助于创新意识的培养：

（1）多了解一些名家发明创造的过程，从中学到如何灵活地运用知识以进行创新。

（2）破除对名人的神秘感和对权威的畏惧感，克服自卑感。

（3）不要强制人们只接受一个模式，这不利于发散性思维。

（4）要能容忍不同观念的存在，容忍新旧观念之间的差异，相互之间有比较，才会有鉴别、有取舍、有发展。

（5）应具有广泛的兴趣、爱好，这是创新的基础。

（6）增强对周围事物的敏感度，训练挑毛病、找缺陷的能力。

（7）消除埋怨情绪，鼓励积极进取的批判性和建设性的意见。

（8）表扬为追求科学真理不避险阻、不怕挫折的冒险求索精神。

（9）奖励各种新颖、独特的创造性行为和成果。

（10）经常做分析、演绎、综合、归纳、放大、缩小、联结、分类、颠倒、重组和反比等练习，把知识融会贯通。

（11）培养对创造性成果和创造性思维的识别能力。

（12）培养以事实为根据的客观性思维方法。

（13）培养开朗态度，敢于表明见解，乐于接受真理，勇于摒弃错误的精神。

（14）不要讥笑看起来似乎荒谬怪诞的观点，这种观点往往是创造性思考的导火线。

（15）鼓励大胆尝试，勇于实践，不怕失败，认真总结经验。

创新意识不是天生的，需要靠后天不懈的培养。

二、策划方案的构成

策划案的结构一般由封面、策划小组名单、前言、目录、正文内容及附录等几部分组成。

策划方案的构成

（一）封面

一份完整的服务策划案文本应该包括一个版面精美、要素齐备的封面，以给阅读者留下良好的第一印象。

封面并非不可或缺。有的策划案只有一两页纸，因其篇幅短，封面就常被省略。但在一般情况下，封面还是一个要素，其表现方法常有以下几种：

（1）只用文字表现。

（2）将文字用格子框起来，使其更醒目。

（3）配上与策划内容相呼应的照片、插图等，加强人们的印象。

（二）策划小组名单

在策划文本中提供策划小组成员名单，其作用如下：

（1）可以向委托人或上级显示策划的正规化程度。

（2）通过介绍策划参与者的职级头衔，给人一种权威感。

（3）可以表示策划主持人对策划结果负责的态度。

（4）将工作人员在策划中承担的任务及他们之间的组织关系系统而明确地记载下来，有利于今后的操作执行。

（5）可以使阅读者更加容易把握策划案的整体。

一般策划案的参与人员包括委托策划人、责任人或上级单位、参与工作人、制作人、主持人、专家团、特别顾问、特邀专家等。

（三）前言

正规的策划案在最前面总有一个前言，它的内容一般包括致辞、感谢语、策划者的态度等。此页与主题关系不大，属于礼节性的致辞。但是，最初两三行内容的好坏便决定了人们是否愿意继续读下去，它是传达策划案要旨的首页，策划案多半通过前言部分的致辞而给人以良好的第一印象。因此，有经验的策划人都会在前言上下功夫。

（四）目录

在策划案目录中，应该列举策划案各个部分的标题，必要时还应该将各个部分的联系以简明的图表体现出来，这样做一方面可以使策划案文本显得正式、规范，另一方面也可以使阅读者根据目录快速地找到想要阅读的内容。

此外，策划案能不能做好，取决于该策划案的逻辑构造，亦即展开的顺序。而目录的编写便是将逻辑构造逐条罗列出来，罗列之后，其效果的好坏便可一目了然。有时，将某一部分安排的前后顺序做一个调整会更加有效。从这个意义上说，制作目录是一项很重要的工作。

（五）正文内容

在正文中，应该记述策划的目的、过程、使用的主要方法等等，以使策划审核人对策划案有一个全面的了解。

1. 策划环境

策划立案首先起始于对现状的观察，并发现该现状中存在的问题与矛盾。

2. 策划目的

明确地提出一个策划的目的。

3. 策划内容

是指实现策划目的的具体行动方案。策划内容有两种类型：一种是由单一项目组成的，另一种则是由复数项目组成的。事实上，一般策划的整体内容，可以看作由若干个次级内容组成，或者说，整体内容是可以分解成若干个次级内容的。在表现形式上，策划案的内容可以用文字表现，也可以用图形、表格来表现。

在策划内容中，一般要提出具体的策略和实施计划。其中，策略要具有一定的创意性；而实施计划则要包括营销的具体执行方法、时间、人员、费用、步骤等实际的行动性内容。

4. 策划效果

任何具有投资性质的公司行为，都是为了获得回报。为了使策划实施后，能够得到应有的回报，必须牢记策划的目的是什么。同时，还需要将策划的预期效果明确地记录在策划案中，附有效果评估的策划案大多给人以更加深刻、完整和客观的印象。

5. 策划预算

如果策划案中没有记述投资预算，那么即使策划内容得以通过，也很难将其付诸实施。预算的构成因素包括以下几个方面：（1）策划活动的总额预算；（2）各个分项活动预算；（3）不同作业项目预算；（4）固定费用和可变费用的区别。

前两点大家都很明白，关于第三点，比如在策划活动中要用到宣传画册，那么宣传画册的制作费用就会有许多具体内容。主要的有摄影费、模特费、平面设计费、印刷费等不同的费用支出项目。

6. 策划日程

策划日程也是策划案实施细则中不可缺少的部分，将日程这一项中的构成要素列举出来，应有以下几点：（1）策划活动需要的总天数；（2）活动开始时间；（3）活动结束时间；（4）个别作业项目分别为多少天。

策划进入实施阶段后，会面临一些难以预料的问题，而要解决这些问题需要花费宝贵的时间。因此，对于上述可能性的项目要明确加以说明，或者在个别项目各自所需天数中插入一些预备日，以确保各个作业在总天数中有宽裕的部分。

7. 实施督导（控制）

（1）策划效果预测。

（2）实施注意事项。

（3）实施过程中的信息反馈、实时应变调整。

（4）风险评估以及规避风险的对策。

（六）附录部分

与本策划案有关的基础性数据资料、事件事例、补充性说明等可以收录在附录中。

基础资料和参考事例也是策划背景的重要资料。进一步说，附有大量的基础资料和参考资料，会使人觉得这份策划案具有一定的权威性。但是，如果将基础资料和参考资料事例过多地插入策划案的正文之中，就会使正文显得冗长而繁杂，策划的逻辑亦会被中断或打乱。因此，原则上应将基础资料、参考事例收录在附页或另册中。

作为一种归纳方法，无论是基础资料还是参考资料，如果页数过多，不妨制作一张表页，在表页上编好目录和索引。

当然，以上所列举的策划案各子项目，并不一定要在策划案中全部表现出来。比如，由保险公司内部的策划部门专职策划的策划案，其策划小组名单和前言部分就可以简略一点，甚至不要。另外，各个子内容的展开顺序也应视情况而定。

➤ 知识文件夹

策划案表现方法上的要求

策划案表现方法上
的要求

写策划案不是写一般的报告，它的表现形式除了文字以外，框图、表格、数据和插图在特定的情况下都是必要的。

（一）文字

文字表现适用于对策划内容中的各种概念、状况、策略等加以说明。文字表现是策划案最基本的表现手法，它是我们其后要说明的表格表现手法的支柱，也是数据表现及插图表现的补充。

文字表现的总原则是使阅读者易于理解所表达的策划内容。其基本要求是：

（1）文体统一。在整个策划案中前后文体必须统一，避免使用口语化的文体及过于考究的文体。

（2）文字简洁。简洁在文字表现中是非常重要的。它要求：①一段文字最好控制在50～60字。②最好能将文字内容分条列出。将文字条理化的最大好处在于即使不擅长写文章的人也比较容易写作，而且这种方式能够明确文章的主题，加深阅读者的印象。

（3）结论明确。策划案中应避免出现内容含糊、态度暧昧的表述。例如，在文中出现"也许……""可能……""好像……""我想大概…"等等，容易给人留下策划者缺乏自信或过于主观的印象。

（4）策划用语要统一。在策划案中，某些策划用语的使用有助于阅读者理解策划内容。然而，要注意某一相似含义的词语的不同用语表达。避免出现诸如"课题""项目""主题"混用，"目标""目的"混用，"策划""计划"混用等情况。在文字表达过程中，策划用语既要浅显易懂又要前后统一。

（5）按顺序记述。按照一定逻辑关系的顺序记述的文字是比较容易理解的。写作策划案时，一般可按内容逻辑顺序或时间顺序来归纳文字。

（6）用词准确。应避免使用具有感情色彩的用语（如绝对、非常、很好等词语），避免使用易产生误解的多义词语，尽量少用代词（如这、那、这个、那个等），以确保策划内容的明确性。

（7）数字使用方法要统一。数字表达有中文大写、阿拉伯数字及加括号或加圈圈等多种表达方式。在使用时，应预先确定好使用规则，特别是与策划内容相关的章节、目录等内容的数字表达，直接关系到策划中各部分的相互关系，务必准确统一。

（二）框图

所谓框图，包含"用图来理解"及"用图来说明"这样两个含义。

因此，它是图形与文字二者结合的表现形式。

采用框图表现手法的主要目的是更好地表现策划的整体结构及策划内容相互间的逻辑关系，从而使阅读者更容易理解策划的内容。

在图形中填入关键词，然后将各图形按逻辑关系用箭头连接起来，这种表现手法最初用于整理计算机程序设计，而现在已在策划案中广泛使用。

画框图的工作程序分这样几步：

（1）整理资料。把握各内容的内在逻辑关系，将要传递的内容分条列出。归类内容，列出标题。

（2）决定框图的大小和位置，并将各框图用箭头连接起来，以明确相互之间的关系。

（3）将条理化的信息记入图框中并列出标题。根据资料多少，将无法写入图框中的内容剔除。

（4）修改图框。经优化之后，重新修改图框的组合方式及形式。另外，标题较重要的部分可改变字体或加上网格及下划线等等。

（三）图表

将一组或多组数据转化成图形，可以帮助读者更好地理解数据的内涵。在策划案中运用图表形式来表现数据往往是不可少的。

在策划案中，一般柱形图、饼图和折线图用得比较多，而其他图形运用得相对较少。

做策划图表的关键不仅是呈现数据，更重要的是帮助读者理解数据，即通过图表使数据特征一目了然。所以，策划工作者应选用最适当的图表来表现数据。

（四）图片

信息传递的重点已逐渐由文字表现向视觉表现方向发展，借助图片等视觉化元素，有助于策划整体形象的表现。因为，图片能够表现出用文字难以表述的微妙差异，强化策划内容的现实感。

一般运用于策划案的图片有四种：

（1）插图。插图可选用绘画、漫画、卡通画等各种手法来表现。插图的应用非常广泛，策划者可根据要表述的内容选择最适当的插图形式。

（2）设计图或透视图。这里所说的设计图就是将商品或宣传的形象描绘出来；透视图则是将诸如设施的完成结果，或集会的实际布置等内容用透视的手法描绘出来。

（3）照片。将实实在在的人、物及设施以实景拍照的形式表现出来。

（4）拼贴画。把照片或印刷物进行剪切拼贴，成为一个新的图片，展示一个新的形象，或传递一种策划形象。此时要注意不要侵犯他人的肖像权或著作权。

三、策划人思维训练

（一）发散型思维训练

1. 发散性思维的定义

发散型思维是从给定的信息中产生新信息，其着重点是从同一来源中产生各种各样为数众多的输出，并由此引发思路的转移和思想的跃进。

发散型思维具有流畅性、变通性和独特性的特点。流畅性是指在发散思维的过程中，思维反应灵敏、迅速、畅通无阻，能够在较短的时间内找到较多的解决问题的方案。变通性是指在发散思维的过程中能够随机应变，不受现有知识和常规定式的束缚，敢于提出新奇的构想。独特性是指发散思维的种类要新颖独特，能够从前所未有的新角度、新观念去认识事物，思维的结果具有新异、独到的特点。

2.发散性思维的方法的运用

（1）考虑所有因素。

我们先看两个问题：

问题1：请列举各种不同的"笑"；

问题2：如何把营销活动信息传播出去，方法有多少种？

在认识和把握一个问题时，不只是考虑其中某几个要素，不只是考虑单方面的后果，不只是看到成功与否的个别条件，也不只是在层面上匆匆扫描便对某一途径做指向性思考，而是要考虑"所有因素"，即尽可能周全地、具体地从各个方面考察和思考一个问题。这在制定总体方案时特别有用。

➤ 问题1参考答案

有人研究人的笑容，并把各种"笑"列举出来。

衷心感到高兴的大笑；感动而压住声音的笑；喜极而泣的笑；转怒为喜的笑；皮笑肉不笑；甜蜜的笑；放心的笑；会意的笑；善意的笑；恶意的笑；哈哈大笑；苦涩的笑；不出声的笑；有礼貌的笑；暗暗地笑；止不住的笑；抑制悲伤的笑；嗤之以鼻的笑；大方的笑；开朗的笑；夸张的笑；蔑视的笑；下流的笑；冷淡的笑；和解的笑；安慰的笑；开怀大笑；爽朗的笑；冷笑；强笑；嘲笑；讥笑；狂笑；窃笑；耻笑；讪笑；狞笑；嬉笑；苦笑；微笑；傻笑；欢笑；嫣然一笑……

➤ 问题2参考答案

如何把营销活动信息传播出去，方法有多少种？试着举一下。

①通过电视台新闻或广告传播。

②通过报纸新闻或广告传播。

③通过广播电台新闻或广告传播。

④通过印刷宣传单传播。

⑤通过发送手机短信传播。

⑥通过计算机互联网的网站、网页和网上相关论坛传播。

⑦通过向目标对象群发电子邮件传播。

⑧通过营销员每人每天给自己的亲朋好友、客户和准客户打电话口头传播。

⑨通过另一事件渠道传播，比如组织其他的问卷调查活动时顺便传播。

⑩制造某一新闻性事件，在引起人们关注该新闻事件时顺便传播。

（2）横向跳跃法。

先来看一个小故事：

从前，伦敦的一位商人很不幸，欠了放债人一笔巨款，而又老又丑的放债人幻想娶这位商人的漂亮女儿为妻。于是放债人向商人提出一桩交易，说如果他能得到商人的女儿做妻子，他愿意将债务一笔勾销。

商人和他的女儿对这个提议惊惶不已。狡猾的放债人建议让上帝决定此事，放债人告诉商人和他的女儿，他要把一颗黑卵石和一颗白卵石放进一个空袋子里，然后让女孩子从中挑出一颗卵石，如果她拿出的是黑卵石，她就得做他的妻子，她父亲的债务也随之取消；如果她拿出的是白卵石，她就可以继续和父亲待在一起，而债务同样一笔勾销。但是，如果她拒绝挑卵石，她的父亲将被投入监狱，而她就会挨饿。

商人无可奈何地同意了。他们商谈时正站在商人花园铺满卵石的小径上，这时放债人弯腰捡起两颗卵石放进口袋，然后让女孩从中挑出一颗卵石以决定他们父女的命运。在放债人捡卵石时，女孩眼快，发现他放进口袋里的两颗卵石都是黑色的。

设想一下，如果您自己是那位不幸的女孩，您会怎么办？如果让您帮女孩想办法，您会建议她怎么做呢？

横向跳跃法的特点是在解决问题的过程中要善于变换思维模式，或者说，要有一种用不同方式看待事物的能力，避免思维僵化或固定于某种模式。

➤ **问题解析**

对于上面的问题，用逻辑分析的话，面对这种情况，女孩有三种可能的做法。

（1）女孩应拒绝挑卵石。

（2）女孩应该指出袋中两个卵石都是黑色的，戳穿商人的伎俩。

（3）女孩应该拿出一颗黑卵石，牺牲自己以免父亲入狱。

上述建议没有一个有用，怎么办都不利。

"横向思维"关心的是女孩拿走一颗卵石后剩下的卵石，探求观察问题的所有不同方法。

这个故事中的女孩把手伸进口袋，抓出一颗卵石，她看也不看就失手让它掉在满是卵石的小径上，卵石随即埋没在其他卵石中。"哎，我真笨，不过您不要着急，只要看看口袋剩下的那个卵石就知道我抓的那颗是什么颜色的了。"

横向跳跃法常常使用如下几种思路展开。

（1）预先决定对问题看法的数目——有些人已有这样的经验，考虑某一问题时，先预设有三种方案，然后再一条一条地想，总能找出个一、二、三来。

（2）有意识地颠倒事物的关系——例如，想一想电视的屏幕不是我们常见的方形，而是圆形、椭圆形、三角形。

（3）改变问题的初始状况——使之更便于产生新的设想，或者遇到问题时先把解决问题的有利条件列出，反过来考虑问题的难点。通过重新措辞的方式，使问题得到简化，以便更准确地把握问题的实质。

例如：一半的2/3是多少？这样的问题要经过一番计算来回答；而问：2/3的一半是多少？您会脱口说出是1/3。

（4）把问题的焦点变换一下，从新的角度、新的情境再看问题，就会产生新的看法，想出新的解决办法。

横向跳跃法在策划中的作用十分明显。比如，如何才能动员更多人加入保险公司的营销团队中来，如何才能更好地提升团队的总体业绩水平，等等，都可以运用横向跳跃法进行思维。

（二）收敛型思维训练

1. 收敛型思维的定义

收敛型思维是指某一问题仅有一种答案，为了获得正确答案要求每一个思考步骤都指向这一答案，从不同的方面集中指向同一个目标去思考。

收敛型思维以某种研究对象为中心，将众多的思路和信息汇集于这个中心点，通过比较、筛选、组合、论证，从而得出在现有条件下解决问题的最佳方案。收敛型思维具有集中性和最佳性特点，即收敛思维的过程是集中指向的，目标单一，就像瞄准靶心，其结果是寻求最佳，或者说，在一定条件下是最佳的。

2. 运用收敛型思维的方法

（1）层层剥笋。

➤ **小问题**

一天，三位好朋友小白、小蓝、小黄在路上相遇了。他们之中背黄书包的一个人说："真巧，我们三个人的书包一个是黄色的，一个是白色的，一个是蓝色的，但却没有谁的书包和自己的姓所表示的颜色相同。"小蓝看了一下也赞同地说："是呀！真是这样！"请问，这三个小朋友的书包各是什么颜色的？

在思考问题时，最初认识的仅仅是问题的表层（表面），因此也是很肤浅的东西，然后层层分析，一步一步逼近问题的核心，抛弃那些非本质的、繁杂的特征，以便揭示出隐蔽在事物表面现象内的深层本质。在层层剥笋这一方法中，常常用到的技巧就是假设排除。

➤ **问题解析**

根据题意，没有谁的书包和自己的姓所表示的颜色相同，可以假设这些情况：

小白背蓝书包或是黄书包。

小蓝背白书包或是黄书包。

小黄背白书包或是蓝书包。

已知小蓝不背黄书包，那肯定是白书包；剩下的蓝书包必然是小黄背的，而背黄书包的一定是小白。

假设两种情况，排除一种情况，则肯定是另一种情况，这就是假设排除法。

其实，在策划的过程中，也常用到假设排除法。例如，上级决定要在某个时期统一组织开展某项市场营销活动，各地中心支公司还可以根据自身条件自由策划组织一些适合当地实际情况的营销活动。在这种情况下，由于地方中心支公司受到当地条件限制，策划人员就要运用假设排除法，将可能的预案一一排除，最后留下切实可行的方案。

（2）聚焦法。

聚焦法，就是人们常说的"三思而后行"，是指在思考问题时，有意识、有目的地将思维过程停顿下来，并将前后思维领域浓缩和聚拢起来，以便更有效地审视和判断某一事件、某一问题、某一片段信息。由于聚焦法带有强制性指令色彩，因而它对人们的思维可产生双重作用：

其一，可通过反复训练，培养定向、定点思维的习惯；形成思维的纵向深度和强大穿透力，犹如用放大镜把太阳光持续地聚焦在某一点上，就可以形成高热。

其二，由于经常对某一片段信息、某一件事、某一问题进行有意识的聚焦思维，自然会积淀起对这些信息、事件、问题的强大透视力、融解力，以便最后顺利解决问题。

方法是，首先要研究问题是如何存在的，以加宽注意的广度及想出较多的解决方法，然后试着区分问题的叙述，以决定是否把精神集中于一个更特定的层面上。要点在于：在思维的特定指向上积累一定量的努力，最终达到质的飞跃。

➤ **小案例**

案例一：达尔文是善于积累第一手资料的能手。从 1831 年踏上军舰作航行考察开始，他就孜孜不倦地收集各种珍贵动植物和地质标本，挖掘古生物化石，研究生物遗骸，观察荒岛上许多生物的习性，经过长达二十七年的资料积累和分析、写作，终于发表了著名的《物种起源》。

案例二：门捷列夫在发现元素周期律并制成元素周期表之后，有人认为他的成功靠的是偶然的运气。一次，《彼得堡小报》记者问他："您是怎样想到您的周期系统的？"门捷列夫正颜厉色回答道："这个问题我大约考虑了 20 年。有人认为坐着不动，一行一行地写着，突然就成了，事情并不是这样！"当有人称誉他是天才时，他又笑笑说："天才就是这样，终身努力，便成天才。"他写《有机化学》一书时，两个月内几乎没有离开过书桌。

案例三：有一天，伽利略参加比萨大教堂的集会，牧师滔滔不绝的讲道丝毫未引起他的兴趣。他的思维焦点指向了大教堂天花板上的一盏吊灯——那盏吊灯在风的吹动下，不停地摆动着。他的思维停顿下来，聚焦在吊灯的摆动上。他聚精会神地注视着、思考着……经过观察，发现吊灯摆动的振幅虽然慢慢地减小了，但摆动的周期还是不变，即摆动周期与振幅有关。之后，他带着这个问题，进一步"聚焦"，观察了许许多多不同材料做成的不同形状的钟摆，得到了共同的结论。钟摆摆动等时性原理，由此而"聚焦"出来了。

（3）间接注意。

间接注意法，即用一种拐了弯的间接手段，去寻找"关键"技术或目标，达到另一个真正目的。也就是说，要求把东西分类，分类的过程导致另一个结果。对被分类的东西进行仔细考察，去评估每一种有关的价值，这才是使用间接注意法的真实意图。

➤ **小案例**

案例一：一个农夫叫懒惰的儿子把一堆苹果分为两种装进两个篓子里，一个篓子装大的，一个篓子装小的。傍晚农夫回家，看见儿子已经把苹果分开装进篓子，而且鸟啄虫蛀的烂苹果也被挑出来堆在一边了。

农夫谢过儿子，夸他干得漂亮，然后取出一些口袋，把两个篓子里的大小苹果混装在一起。

儿子气坏了，他认为父亲在耍花招，想考考他，看看他是否愿意干活。父亲本来就要把大小苹果混在一起的，干吗又要他把苹果分开呢？这是白费劲呀！

农夫告诉儿子说，这不是什么花招。他是要儿子检查每一个苹果，把烂苹果扔掉。分装两个篓子只不过是拐了一个弯的间接手段，他的目的是要儿子非常仔细地检查每一个苹果。如果他不拐个弯，而是直截了当地叫儿子把烂苹果扔掉，那么儿子就不会仔细检查每一个苹果，只拣出那些一望而知已经坏透了的烂苹果，而不会去检查那些貌似完好其实已坏的烂苹果了。

案例二：在唐朝时，同时有几个邻国的使者来聘娶唐朝公主。皇帝说："我要出一个题目考考你们，谁能解答这个问题，谁就可娶到公主。"

他拿出一个有着弯弯曲曲孔道的玛瑙球，要求使者们用丝线穿过去，谁穿过去了，公主就嫁到谁的国家去。第一个使者用金丝线直接往里穿，穿了个眼冒金星也没穿进去。第二个使者换了个花样，用嘴在玛瑙的另一端直接吸气，想把线吸过去，累了个满脸通红，也没把丝线吸过去。第三个是吐蕃使者，他将丝线系在一只大蚂蚁腰上，在玛瑙的另一端涂上蜂蜜，蚂蚁为了吃到蜂蜜，沿着弯曲孔道快速前进，很快就将丝线穿过了玛瑙球。该使者通过蚂蚁间接地实现了穿线的目的。

（三）立体型思维训练

1. 立体型思维的定义

立体型思维，就是指通过多种多样的思维活动，从思维的各个角度出发，对事物进行多角度、多方面、多因素、多变量的系统思考。

立体型思维包含以下几方面的要求：一是思维可以从不同的方面、不同的角度、不同的逻辑起点、不同的思维程序来考察世界，而不拘泥于某一方面、某一角度。二是它要求多种思维活动的并存性与联系性，即通过多种思维形式来揭示事物的多层次联系。三是各种思维形式依据一定的条件相互转化，彼此之间不存在绝对界限。

2. 运用立体型思维的方法

（1）纵横坐标法。

纵横坐标法，是指我们在思考问题之前，预先设计出一个纵横两根主轴构成的坐标，确立两个注意区域，用它们去考察特定的情景；反过来又用各种情况去填充每一个注意区域。其总体效应是防止思维混乱，并保证思维的每一个侧面都受到注意。

在纵横两个轴线上，设计出相应的要素盒，每一个盒子都把注意力汇聚到一个具体的任务上，把注意力引向一个又一个区域，每注意一个区域时，只需考察该区域的特定情景或内容。比如说，我们买二手车时，往往会考虑价格、型号、公里数、车主情况、各部件情况、适用性怎样、是否便于维修等等，这便可以形成横坐标；而目的、想法、资金、选择方案等可以形成纵坐标。将它们一一结合起来，一般不会有太大失误。

组织一场市场营销活动时，活动的核心内容、组织形式、传播方式、营销辅助品采购等，可构成横轴系统；在什么时间、需要多少资金、可动员哪些人参加、在什么地域展开等资源性因素，可构成纵轴系统。将它们一一结合起来，就是一张极其明晰的策划图。

（2）枚举法。

枚举法也是一种帮助拓宽思路、展开问题的方法，它把事物的各个方面加以罗列分析以寻求更好的解决途径，包括特性枚举、缺点枚举、希望点枚举和综合枚举等。主要是针对事物的特性、存在的问题、差距、优点、人们的需求和愿望等进行一一枚举，不断地克服不足，不断地创新和完善。

➤ **小案例**

雨伞给人们带来生活上的方便，但也存在缺点，比如：

（1）遇到大风雨就挡不住了。

（2）有时遮挡视线，雨中行走容易出事故。

（3）携带不是很方便。

（4）伞的支架容易出毛病。

（5）晴天和雨天两用时，式样不能兼顾。

针对其不足，可以考虑新的改进措施：

（1）便于携带的折叠伞。

（2）增加伞面的图案。

（3）改变伞的形状，使之不挡视线。

（4）可做成专人用的、小孩用的、老人用的等。

（5）可加装其他便于夜间或盲人使用的设备。

（四）直觉型思维训练

1. 直觉型思维的定义

直觉型思维是一种非逻辑抽象的跳跃式的思维形式，它是根据对事物的生动知觉印象，直接把握事物的本质和规律，是一种浓缩的高度省略和减缩了的思维。

直觉思维表现了人的领悟力和创造力。直觉一般表现在艺术创造和科学研究的过程中，经过长期的思索，猛然觉察出事物的本来意义，使思维得到突然的醒悟，进入一种走出混沌的清晰状态，就如古诗词中所描绘的那样："众里寻他千百度，蓦然回首，那人却在灯火阑珊处。"所以，直觉思维是创造性思维的重要组成部分，在我们的生活、学习，特别是科学研究中，具有不可忽视的重要意义。

2. 运用直觉型思维的方法

（1）暴风骤雨式的联想法。

它是指主体在思考问题时，以一种极其快速的联想方式进行思维，并从中引出新颖而具有某种价值的观念、信息或材料。在进行上述思维活动时，只要求主体思维飞快运转，将涌现出来的任何信息，不评价其好坏优劣，一律立刻记录下来，等联想结束之后，再来逐一评判其价值，寻找出最优答案。

在暴风骤雨联想思维过程中，主体的思维积极、活跃、自由奔放、无拘无束、可行空间广阔，而且可以调动认同、反向、类比、幻想、形象等多种思维形式的积极功用，使主体获得创造性的思维成果。

（2）笛卡儿连接法。

在思维时，将抽象的概念、原理、关系等，用生动具体的图像模型加以展示，并进行相关分析、处理。这种思维技巧便是"笛卡儿连接法"。

➤ **小案例**

凯库勒在梦中发现苯环结构式，一直是人们津津乐道地用以作为直觉思维成功的典型例子。不可否认，实践经验对凯库勒的发现是必不可少的基础。前人的积累也是其发现必不可少的条件，但其中，必要的思维推动力也是不能缺少的。

为什么凯库勒会发现苯环结构是蛇状环形的呢？有资料介绍，凯库勒年轻时，曾做过审讯炼金术士的法庭陪审员。在法庭上，他不止一次地目睹过作为物证出现的炼金术的象征物——首尾相接的蛇状手镯，这一情境图像深深地印在他脑海里。更有趣的是，他做梦发现苯环结构的那个晚上，曾经给准备出席晚会的夫人戴过项链，也是环形的，搞了很久才把它戴上，又一情境图像鲜明地印在他的脑海里。再加之，那天深夜，他在壁炉边打瞌睡，炉子里即将熄灭的柴火，冒出点点火星，特别像蛇的眼睛在黑暗中一眨一眨地闪光。这些外界条件（情境图像），与他沉思了多年的苯环结构在梦中产生了"连接"，"原子在我眼前飞动，长长的队伍，变化多姿，靠近了，连接起来了，一个个扭动着，回转着，像蛇一样。看，那是什么？一条蛇咬住了自己的尾巴，在我眼前轻蔑地旋转，我如从电击中惊醒，那晚我为这个假说的结果工作了整夜"。于是才有了苯环结构图式的诞生。

凯库勒正是（自觉或不自觉地）运用了"笛卡儿连接"这种思维技巧，将苯环结构这种抽象理论用蛇状环形这种具体图像展示出来，获得了具有科学意义的发现。

直觉型思维技巧还是有其局限性的。

一是它容易局限在狭窄的观察范围内，导致不一定科学的判断。即使是一些经验丰富的研究者、心理学家、医生等，在凭自己的经验或所掌握的数据，靠直觉提出假说、做出结论时，也会出现偏差或误判。

二是直觉还常常会使人将两个风马牛不相及的事件纳入虚假的联系之中，而这种联系带有很强烈的主观色彩和心理、情绪因素，有时甚至会导致误判。

在应用直觉型思维技巧时，还必须结合其他类型的思维技巧的优点，这样才能得出完整的科学的结论。

（五）逆向型思维训练

逆向型思维，即从相反的方向对事物进行多维探究，有利于发现新问题、解决新问题和避免失误。

➤ **小案例**

台湾震旦是一家非常优秀的办公设备生产商。1968年台北市政府为了加强公务人员出勤管理，拨出预算经费，要买两台电子出勤打卡机，以便试行上下班打卡制度。

那时，参加投标的厂商竞争非常激烈，而每部电子打卡机的市场价格均在一万七千元左右。为了夺标，震旦的策划人员出人意料地使用了逆向思维方式：不用买，用送的。于是只象征性地以每台电子打卡机一元的价格（两台共计两元）参加投标。结果当然是震旦中标胜出。

次日，台北市各大报纸对此事进行大篇幅报道，其中还包括台北市市长赠送锦旗的照片。就新闻报道和商业宣传而言，震旦的这一举措所获得的利益就远远超过两部打卡机的价值。

不仅如此，后来因为试用满意，台北市政府陆续向震旦购买了七十多台电子打卡机。从此，震旦所售的打卡机顺利地打入了公营事业的市场，其市场占有率高达97%。

人们常常只习惯于用正向思维，却忽略了逆向思维，而许多创意就恰恰产生于逆向思维。例如，占领日本30%胸罩市场的华歌雨前扣型胸罩，就是把扣环从传统的后背移到了前胸。这也是一个逆向思维的典型案例。

在保险营销活动中，一听说要搞活动，许多人就想到送礼；那么反过来，有没有搞活动不送礼的呢？如果不送礼也能将活动搞得很成功，那才是策划高手。

➤ **思考与练习**

（1）体会"80/20原则"及其在实际工作中的应用，谈谈为大客户服务的重要性。

（2）大客户服务专人负责制有必要吗？为什么？

（3）角色演练：和你的同学一起演练一个大客户服务场景，一个扮演大客户，一个扮演客户服务人员，从中体会在维护大客户、为大客户服务的过程中应该注意的操作细节。

（4）请同学们分组登录财险公司和寿险公司网站各一家，了解两家公司客户服务的项目，并对两家公司的客户服务进行比较，理解客户服务规划的真正内涵。

（5）不借助字典等工具，写出你所能想到的带有"大"结构的字，写得越多越好。

第七章

保险呼叫中心管理

> ### 知识目标

1. 了解呼叫中心的特征与建立呼叫中心的意义。

2. 了解保险公司呼叫中心的主要功能。

3. 掌握回访的定义及保险公司的回访项目。

4. 掌握保险电话营销的话术，了解保险电话营销人员应具备的素质。

5. 掌握运用语音语调进行营销的方法。

> ### 能力目标

1. 能够了解客户呼叫中心的主要工作，并进行呼叫中心业务作业。

2. 能够进行各种情况下的回访。

3. 能够运用电话营销这一营销手段进行产品的销售。

第一节　呼叫中心业务作业

一、呼叫中心的定义

保险呼叫中心

　　呼叫中心，是指综合利用先进的通信及计算机技术，对信息和物资流程进行优化处理和管理，集中实现沟通、服务和生产指挥的系统。传统意义上的呼叫中心是指以电话接入为主的呼叫响应中心，为客户提供各种电话响应服务。现阶段呼叫中心的概念已经扩展为：通过电话、传真、Internet 访问、E-mail、视频等多种媒体渠道进行综合访问，同时提供主动外拨服务，应用于丰富业务种类的客户综合服务及营销中心。

　　目前对呼叫中心普遍接受的界定是：呼叫中心是以高科技电脑电话集成技术（CTI）系统为基础，将计算机的信息处理功能、数字程控交换机的电话接入和智能分配、自动语音处理技术、Internet 技术、网络通信技术、商业智能技术与业务系统紧密结合在一起，将公司的通信系统、计算机处理系统、人工业务代表、信息等资源整合成统一、高效的服务工作平台。具体地说，是指客户拨打的电话接入呼叫中心后，就能收到呼叫中心任务提示音（通过自动语言应答系统或者人工座席代表实现），按照呼叫中心的语音提示，就能接入数据库，获得所需的信息服务，甚至完成交易。

➤　**阅读材料**

中国人寿 95519 蝉联"中国最佳客户联络中心"称号

　　近日，中国人寿保险股份有限公司（以下简称"中国人寿"）95519 客户联络中心连续 15 年蝉联"中国最佳客户联络中心"称号，并荣获"中国客户联络中心最佳创新实践"等 7 个奖项。

　　据了解，近年来中国人寿 95519 不断以新科技赋能客户联络服务，重塑服务体系与运营模式，顺利通过了中国信息化推进联盟客户关系管理专业委员会和 CCCS 客户联络中心标准委员会的严格选拔和现场评审，并获得系列奖项。这充分印证了中国人寿 95519 客户联络中心通过对客户服务管理革故鼎新、优化升级，赢得了社会和客户的广泛认可。

　　智能服务，不断创新服务模式。 近年来，中国人寿 95519 秉承"以客户为中心"的理念，在传统呼叫中心语音服务的基础上，颠覆再造服务流程，形成"电话＋互联网""在线机器人＋在线人工"和"语音自助＋语音机器人＋语音人工"多媒体联络布局，支持电话、e 宝 APP、总分官微等多触点专业一体化服务，实现客户自主选择和控制联络渠道与服务内容。

　　互联互通，有效提升服务效能。 95519 自主设计"统一作业台"，整合 26 个业务系统，全互联互接，破除跨业务、跨渠道、跨系统数据共享难题，建立省级共享标准作业、任务智能调度，真正实现了销售、服务和作业的大融合。2018 年 9 月，面对 22 号超强"山竹"台风灾情，中国人寿 95519 合理调配话务、人员资源，确保电话服务不间断，践行 7×24 小时不间断的联络服务承诺。截至 2018 年 10 月底，向广大用户提供 15.56 亿次场景化、数字化、标准化、差异化的高效服务。

转型升级，直面挑战，优化管理。中国人寿 95519 客户联络中心非常注重队伍转型升级建设，立足本岗、精准定位，进行"差异化"人员管理。同时，不断强化各基层岗位人员关于"统一作业台"等 AI 自动化作业的培训，制作推广内含 60 余份技能的"工具包"及共享微课堂等材料，确保人人通关。此外，还加强 IVR 智能语音导航、智能客服知识运维及宣导，将客户联络服务由线下人工向线上自助迁移。95519 客户联络中心超半数人员具有多岗复合经验，年富力强，专业过硬，敢于直面转型升级的挑战。

优化服务，快捷高效，客户满意。95519 秉承"以客户为中心"，坚持"亲切、专业、理解、感动"的服务理念，关注电话人工接通率、话后满意度等关键 KPI 指标监控和考核。2018 年 1 月至 10 月，人工接通率大幅提升 10.5 个百分点，达 97.00%；话后满意度达 99.95%，再创新高；新单犹豫期内电话回访成功率 99.99%。同时，智慧服务带来联络渠道多样化，智能交互量 6463.10 万次，自助服务量 2583.82 万次，智能语音导航客户使用占比 78.00%，智能客服分流率达 13.52%，自主回访替代率达 66.28%，实现客户联络服务大变革，助力公司高质量发展。

勇于担当，创新服务，赢得信赖。中国人寿作为大型国有控股保险企业，勇于担当社会责任，积极探索创新，优化服务流程，提升服务水平和客户体验，高效、快捷地服务奥运、服务首届进博会，深受国内外客户的信赖和褒奖。

据了解，近年来中国人寿积极推进多媒体客户联络中心转型升级，在创新实践、智能解决方案和服务体验等方面不断取得智能化应用成果。获得诸多荣誉，也体现了中国人寿 95519 联络中心通过持续加强服务管理、狠抓服务质量、创新服务模式、优化服务体验所取得的成绩。

资料来源：https://baijiahao.baidu.com/s?id=1618440587645163041&wfr=spider&for=pc。

二、呼叫中心的特征

呼叫中心就是一种与客户建立关系，保持和发展客户，并时刻掌握客户需求的战略平台。它通过高科技系统的支持和受过专业培训的服务人员，利用高效工作流程来实现对客户的专业管理。通过这一渠道随时了解客户需求的变化，使公司在市场上更具竞争力。呼叫中心的特征主要体现在以下两方面。

（一）与传统电话服务相比所具有的显著优势

（1）集成性：它将公司内分属各职能部门的、为客户提供的服务，集中在一个统一的对外联系的"窗口"，采用统一的标准服务界面，为用户提供系统化、智能化、个性化、人性化的服务。

（2）便捷性：实现"一号通"，便于客户的记忆；通过自动语音应答设备做到为客户提供 24 小时全天候服务；提供灵活的交流渠道，允许客户在与客服人员联络时随意选择包括传统的语音、IP 电话、E-mail、传真、文字交谈、视频等在内的任何通信方式。

（3）智能化：智能化呼叫路由使资源得以充分利用，采用智能呼叫处理（ACD），由多种条件决定路由的选择；自动服务分流，由自动语音或自动传真可使客户呼叫分流，或由不同业务代表提供不同服务的客户呼叫分流。

（4）主动性：能事先了解客户的保单信息，以便为其提供更有针对性的服务；主动向新的客户群体进行产品宣传，扩大市场的占有率，树立公司品牌形象；完善客户信息管理、客户分析、业务分析等功能，为公司的发展、决策提供事实依据。

（二）与传统商业模式相比的鲜明特征

（1）无地域限制：传统商业采用开店营业的方式，客户必须到营业网点才能得到相应的服务。这一方面意味着公司在规模扩张时的高成本（需要不断增加营业网点），另一方面意味着客户在选择产品和接受服务时受到居住地的限制。采用呼叫中心则解决了这两方面的问题。公司不必为到偏远地区开设营业网点而费心，客户也不必出家门，一个电话就能解决问题，快速而又方便。

（2）无时间限制：在自动语音应答设备的帮助下，即使人工座席代表下班，呼叫中心也能为用户提供 24 小时全天候的服务，而且无需额外开销。相比之下，普通的营业网点要做到这一点就很困难，至少会大大增加营业成本。

（3）个性化服务：呼叫中心可为客户提供更好的，而且往往是普通营业网点提供不了的服务。例如，在呼叫到来的同时，呼叫中心即可根据主叫号码或被叫号码提取出相关的信息传送到座席的终端上。这样，座席工作人员在接到电话的同时就得到了很多与这个客户相关的信息，简化了电话处理的程序。这在呼叫中心用于客户服务时效果尤为明显，在用户进入客户服务中心时，只需输入客户号码或者甚至连客户号码也不需输入，呼叫中心就可根据其主叫号码从数据库中提取与之相关的信息。这些信息既包括用户的基本信息，诸如姓名、电话、地址等，也包括以往的电话记录及已经解决的问题与尚未解决的问题，这样双方很快就可进入问题的核心。呼叫中心还可根据这些信息智能地处理呼叫，把它转移到相关专业人员的座席上，这样客户就可以马上得到专业人员的帮助，从而使问题尽快解决。

三、建立呼叫中心的意义

（一）一站式服务提升公司形象，树立公司品牌

公司能通过呼叫中心将分属各职能部门的为客户提供的服务，集中在一个统一的对外联系"窗口"，采用统一的标准服务界面，最终实现一个电话解决客户所有问题的目标。呼叫中心的建立避免了公司内部各部门之间相互扯皮、推诿的现象。对客户实行"一站式"服务，客户的电话按预先设置的自动语音系统或人工席位进行转接，确保转接有人服务，一旦服务完成，必须及时回复客户，客户也可以在任何时候都能查询到自己业务的处理情况。如此一站式的服务充分提升了公司形象，树立了公司良好的品牌。

（二）高科技提高公司运作效率，降低公司成本

由于高科技、新技术的采用，呼叫中心有效地减少了通话时间，降低了网络费用，提高了员工、业务代表的业务量。特别是自动语音应答系统可以将公司员工从繁杂的工作中

解放出来，去管理更复杂、直接和客户打交道的业务，提高了工作效率和服务质量。

此外，呼叫中心统一完成语音与数据的传输，用户通过语音提示即可轻易地获取数据库中的数据，有效地减少每一个电话的时长，每一位座席工作人员可以在有限的时间内处理更多个电话，大大提高电话处理的效率及电话系统的利用率，降低公司成本。

（三）个性化服务提高客户满意度，强化客户忠诚

呼叫中心可为客户提供更好的，而且往往是普通营业网点提供不了的服务。例如，自动语音设备可不间断地提供礼貌而热情的服务，即使在晚上，客户也可以利用自动语音设备提取所需的信息，而且电话处理速度的提高，大大减少了用户在线等候的时间。采用CTI技术后，呼叫中心的座席代表可以在接听电话之前，就从计算机屏幕上了解到有关来电客户的基本信息。根据这些资料，座席代表就能为客户提供更加亲切的个性化服务。

同时客户服务中心提供多种与客户沟通的渠道，使客户拥有更多的选择权，由他们决定以何种方式在何时进行交流，这样便可大大优化针对客户的关怀实践，增加客户价值，提升客户满意度。值得一提的是，不少呼叫中心在接受客户呼叫的同时，也能主动向客户进行产品宣传，实现客户重复购买，在扩大市场份额的同时，也强化了客户忠诚。

（四）多种功能提升公司商机，优化资源配置

呼叫中心集中了公司所有客户的信息资料，完善的客户信息管理、客户分析、业务分析等功能，能帮助公司判断出最有价值的客户，留住老客户，找出客户的需要并满足他们的需要。在挖掘商机的同时，为公司的发展、决策提供事实依据。呼叫中心也为公司提供了更好地了解客户、与客户保持联系的机会，使公司能从每次呼叫中捕捉到新的商业机遇。

呼叫中心的建立有助于公司充分掌握客户的情况，使公司能在自身资源和能力范围内，合理分配有限的人力、物力、财力，按业务重要性程度实现资源的最优化利用，实现资源优化配置。

➤ 阅读材料

呼叫中心的发展过程

根据呼叫中心采用的技术状况，可以将呼叫中心的发展历程分为四个阶段。

（一）第一代呼叫中心——人工热线电话系统

第一代呼叫中心起源于20世纪30年代，此阶段的呼叫中心的主要作用是咨询，将客户的呼叫转移到应答台或者专家处，由应答台或者专家回答客户的问题。由于当时的通信技术和计算机技术还比较薄弱，第一代呼叫中心是一个由两人或更多人组成的、在一个特定地方用专用设备处理电话业务的小组，而内部的工作人员就是通常所说的呼叫中心代理（人）。一个呼叫中心可以只提供信息接收服务（呼入电话），或者只提供信息发送服务（呼出电话），或者兼具呼入和呼出功能。第一代呼叫中心还是以人工操作为主，故多被称为人工热线电话系统。

第一代呼叫中心的特点：硬件设备为普通电话机或小交换机（排队机），造价低、功

能简单、智能化和自动化程度低、技术含量低、人工成本大，一般仅用于受理客户投诉和咨询，适合规模小或业务量小、客户要求不高的公司使用。目前，许多规模较小、无力正式设立呼叫中心的公司都倾向于采用这种方式。缺点：由于没有采用 CTI 技术，因此只能提供人工服务，客户的来电无法转接，网络及操作系统落后。由于基本是人工操作，对座席员的要求相当高，而且劳动强度大、功能差，已明显不适应时代发展的需要。

（二）第二代呼叫中心——交互式自动语音应答系统

随着计算机技术和通信技术的发展，随着要转接的呼叫和应答的增多，第一代呼叫中心已明显不适应时代发展的需要。因此，功能完善的第二代呼叫中心系统应运而生。第二代呼叫中心开始建立起 IVR 系统，这种系统能把常见的、由人工解答的问题交由机器，即"自动话务员"来应答和处理。

第二代呼叫中心的特点：广泛采用了计算机技术，如通过局域网技术实现数据库数据共享；运用语音自动应答技术，减轻话务员的劳动强度，减少出错率；采用自动呼叫分配器均衡座席话务量、提高客户的满意度等。

但第二代呼叫中心也存在一定的缺点：它需要采用专用的硬件平台与应用软件，还需要投入大量资金用于集成与客户个性化需求，灵活性差、升级不方便、风险较大、造价较高。

（三）第三代呼叫中心——兼有自动语音与人工服务的客户系统

随着业务量的不断扩大，原有的呼叫中心越来越难以满足公司的需求。公司迫切需要一种能与技术发展保持同步的呼叫中心。他们希望传统的呼叫中心进一步发展成为可以提供一流服务以吸引客户并增强现有客户忠诚度，最终为公司带来丰厚利润的"客户联络中心"。

与第二代呼叫中心相比，第三代呼叫中心采用 CTI（Computer Telephony Integration）技术，使计算机网和通信网融为一体，实现了语音和数据同步。它主要采用软件来代替专用的硬件平台，由于采用了标准化的通用软件平台和通用硬件平台，使得呼叫中心成为一个纯粹的数据网络。

第三代呼叫中心的优点：采用通用软硬件平台，造价较低；随着软件价格的不断下调，可以不断增加新功能，特别是中间件的采用，使系统更加灵活，系统整合度更高，系统扩容升级方便；无论是公司内部的业务系统还是公司外部的客户管理系统，不同系统间的互通性都得到了加强；同时还支持虚拟呼叫中心功能（远程代理）。

（四）第四代呼叫中心——网络多媒体客服中心

近年来，Internet 的崛起及数据、语音和视频传输网络三网合一的技术发展，给呼叫中心的应用带来了新的空间，呼叫中心的服务内容、服务方式、服务技术和服务领域发生了巨大的变化，用户可以通过电话机上的按键来操作呼叫中心的计算机。第四代呼叫中心很大程度上是为 Internet 用户服务的，其功能更加强大，应用范围也更加广泛。

第四代呼叫中心的特点：在接入方式上集成了 Internet 渠道，实现接入和呼出方式的多样化，使用户可以用各种方便快捷的方式（电话、传真、计算机、手机短信息、WAP、寻呼机、E-mail 等）与呼叫中心客户代理人进行沟通和交流。同时也实现了多种沟通方式之间格式的互换，诸如文本到语音、语音到文本、E-mail 到语音、E-mail 到短消息等的自由转换。语音自动识别技术可自动识别语音，并实现文本与语音自动双向转换，即可实现人与系统的自动交流。基于 Web 的特点使之能完成 Webcall、独立电话、文本交谈、非实时任务请求。

第四代呼叫中心系统设计重点主要集中在应用层面上，而不是硬件（如 PABX）上，因此更能适用公司的需求，能更有效地配合公司客户关系管理 CRM 的进程。第四代呼叫中心系统采用的开放式设计（Open System），大大提高了系统的灵活性，同时加强了与其他系统的整合性。

从目前的情况看，这四代呼叫中心，在我国公司中并存着，但第四代是发展方向。

四、呼叫中心的基本构成

严格讲来，一般的呼叫中心构成至少应该包含一个交换机和 ACD 系统，一个 CTI 服务器，3～50 个服务代表的座席包括服务代表所用的电脑终端、电话机、耳机，另外还有电话管理系统（CMS）、数据库和语音交互系统（IVR）。

这里主要以一个典型的基于交换机的呼叫中心系统为分析对象，来研究呼叫中心的基本构成。一个典型的基于交换机的呼叫中心系统由自动排队机系统、计算机电话集成系统、交互式语音应答系统、数据库应用系统、来话呼叫管理系统、去话呼叫管理系统、人工座席系统、电话录音系统、呼叫管理系统所组成。

（一）自动排队机系统

自动排队机系统主要实现电话呼入、呼出功能；还需要配套提供自动呼叫分配 ACD 系统；呼叫管理系统，用于有效管理所有话务；支持 IVR；提供 CTILink 模块作为计算机 / 电话集成接口。

（二）自动呼叫分配

自动呼叫分配（ACD）系统是现代呼叫中心有别于一般的热线电话系统和自动应答系统的重要标志，其性能的优劣直接影响到呼叫中心的效率和客户的满意度。不同品牌的 ACD 设备最主要的区别在于条件呼叫路由选择、综合语音处理、报表和容量等方面。

（三）计算机电话集成系统

基于计算机电话集成 CTI 技术的中间件，能够提供呼叫管理、监控，并能与呼叫中心用的 ACD、IVR、录音设备、FAX、应用软件、数据库各部件相集成，由于其提供统一标准的编程接口，能屏蔽 PBX 与计算机间的复杂通信协议，给不同的 CTI 应用程序开发和 CTI 应用系统集成带来极大方便。

在呼叫中心中，计算机电话集成系统的功能是实现屏幕弹出功能、协调的语音和数据传送功能、个性化的呼叫路由功能、预览功能、预拨功能、"软电话"功能。

（四）交互式语音应答系统

IVR 系统是呼叫中心的重要组成部分，实际是一个"自动的业务代表"。通过 IVR 系统，客户可以利用音频按键电话或语音输入信息，从该系统中获得预先录制的数字或合成语音信息。先进的 IVR 系统具备 Internet 语音、3TS 文语转换、语音识别、E-mail 转语音等先进的语音功能。

IVR 相对于其他呼叫中心技术来说，能使公司获得更高的生产率。在通常情况下用户呼叫的处理有 70%～80% 是无需人工干预的。从市场方面来看，IVR 系统是不可替代的必需品。

IVR 系统可以采用专用 IVR 设备，也可采用通用的工控机平台上插入 Dialogic 或其他语音卡厂家的语音卡组成 IVR/FAX 交互式语音和传真系统，并支持中文语音合成 TTS 等技术。

（五）数据库应用系统

数据库应用服务器是呼叫中心的信息数据中心，主要是用来存放呼叫中心的各种配置统计数据、呼叫记录数据、话务员人事信息、客户信息、业务受理信息和业务查询信息等。呼叫中心的数据源包括已有的业务系统中的历史与当前的数据内容，有些数据可定期从业务数据库复制到呼叫中心数据库或经过应用网关从业务系统数据库中联机检索得到。

数据库应用系统，能实现为 ACD 系统提供基于产品信息、客户信息的路由分配方式，为客户提供更为迅速、更为个性化的服务；另一方面可为 IVR、座席等系统提供数据库访问服务、文件服务。同时，应用服务器还提供认证加密、系统管理配置、网关等功能。由于数据库应用服务器必须具有高性能、高可靠性、可扩充性、开放性、标准性，因此大型呼叫中心的数据库应用服务器一般选择集群技术，采用两台或多台数据库应用服务器，外接大容量的磁盘阵列，构成大规模的集群系统，实现高性能、高可靠性和安全性。数据库系统一般采用公司级数据库软件。

（六）来话呼叫管理系统

来话呼叫管理系统（ICM）是一种用于管理来话的呼叫、呼叫转移和话务流量的计算机应用系统。当呼叫进入呼叫中心系统后，ICM 借助 CTI 技术能够有效地跟踪呼叫等待、接听、转接、会议、咨询等动作，以及与呼叫相关的呼叫数据传递，如 ANI、DNIS、IVR 按键选择、信息输入等数据，做到数据和语音同步，提供有用的呼叫用户个人信息，满足个性化服务需求，并节约时间和费用。

同时，ICM 能够根据 ACD 系统参数和呼叫用户信息，将呼叫分配给最适合的业务代表，提高资源的利用率和服务效率。

（七）去话呼叫管理系统

去话呼叫管理系统（OCM）负责去话呼叫及与用户建立联系，即所谓的主动呼出。去话呼叫管理系统可分为预览呼叫和预拨呼叫两类。

预览呼叫能激活业务代表的话机，拨打电话号码，业务代表负责接听呼叫处理铃音并与被叫用户通话，若无人应答，业务代表就将呼叫转给计算机处理。

预拨呼叫的工作原理是由计算机自动完成被叫方选择、拨号及无效呼叫的处理工作，只有在呼叫被应答时，计算机才将呼叫转接给业务代表。它依赖复杂的数学算法，要求系统全盘考虑可用的电话线、可接通的业务代表数量、被叫用户占线概率等因素。由于预拨呼叫使业务代表无需花时间查找电话号码和进行拨叫，大大提高了呼叫中心的效率。OCM可单独使用，也可与ICM结合使用。同时具备OCM和ICM功能的呼叫中心允许处理来话呼叫的业务代表在业务低峰期处理去话呼叫，进行电话销售、信息收集和客户服务等，将呼叫中心真正由过去的"支出中心"转变为可直接为公司创造经济效益的"收入中心"。业务代表也可通过IVR、FAX设备，实现主动语音通知、发送传真功能。

（八）人工座席

人工座席是为客户提供服务的业务代表，包括当事人所使用的电话耳机和计算机终端设备。数字话机一般采用与ACD交换机配合使用的数字话机，支持自动摘机和挂机功能，负责管理任务的班长座席的话机还具有扩充功能、支持电话监听等功能。座席计算机一般采用PC微机，通过局域网访问CTI服务器和数据库服务器，运行桌面应用系统。桌面应用系统本身还具有软电话功能，实现各种电话操作，如电话摘机、挂机、转接、保持、外拨、会议、咨询等。呼叫信息随着电话振铃能够自动弹出在座席终端上。

（九）呼叫管理系统

呼叫管理系统实现对呼叫中心实时状态监控和呼叫统计。系统管理人员依据当前的状态监控显示掌握当前系统的工作状况，如忙闲程度、业务分布、业务代表状态、线路状态等。领导决策人员依据对呼叫信息的历史统计，进行针对性的决策，决定系统的规模、人员数量等的调整，以提高系统的运行效率和服务质量。

➤ 小案例

平安保险公司北京分公司客户服务系统简介

平安保险公司北京分公司客户服务系统是国内首家保险业客服中心的成功典范。

该系统有一整套完整保险的解决方案，拥有60路中继接入、16个人工座席，服务于北京120万保户。该系统基于先进的CTI技术，功能全面、完备、强大，是针对保险业开发的一个保险客户服务Call Center系统，面对保险公司客户服务的特殊要求，充分利用保险公司人力资源、专业知识优势及信息系统资源，为保险公司客户和业务员提供语音和人工的保险服务。

平安保险公司北京分公司电话客户服务系统包括两部分：自动语音和人工座席。用户拨入系统后，先进入自动语音系统进行处理；用户在任何时候均可按"0"转入人工座席。系统可直接访问保险公司的数据库，因此查询的信息均为实时信息。

该系统自开发实施以来运行正常，后经过第二期工程的实施，功能得到进一步的增强，在平安保险北京分公司的客户服务方面起到了很大的作用，对于提高平安保险的公司形象，增强客户对平安保险公司的满意度起到了良好的作用。

（一）系统功能描述

1. 语音信息查询功能

用户拨号呼入系统后，按照系统的提示，进行按键操作，便可提取系统存储的公司简介、客户服务、条款简介等项语音信息。公司简介中有公司及其各分支机构的通讯录；客户服务，则为保户介绍基本的保险知识，以及保户在享受保险服务过程中，应了解的各种须知；条款简介，则简要地介绍了保险公司的全部险种。

2.传真信息查询功能

利用系统提供的传真信息查询功能，有传真机的用户在接听语音信息过程中，随时按"0"键，便可用传真机接收所听语音信息的详细文字资料，与各条款简介对应的是各详尽的合同条款文本。

3.续期数据库查询功能

通过在续期数据库的查询，客户可查到保单的交费情况，及其续期服务联系人、联系电话。

用户拨号呼入本系统后，在系统提示下，正确输入自己想查的保单号，系统便将该保单的保费转账交付情况播报给用户，若保户的保费转账不成功，则会播报原因及相应的处理办法，以保证保户能及时交付保费。系统在完成上述处理后，还会告诉保户该保单的续期服务联系人及联系电话。

4.业务员数据库查询功能

系统提供的业务员数据库查询功能，一方面可供客户在业务员推广保险服务业务时，识别该业务员的真实身份。另一方面利用该查询功能，老保户能查到原业务员的最新联系电话，或原业务员是否已离职，以及其离职后，其续期服务由谁负责。

5.语音留言功能

利用系统提供的语音留言功能，客户可随时呼入本系统，向平安保险北京分公司提出各种寿险服务要求，公司指定专人，负责在两个工作日内（含留言当天）做出回应。客户每次最长可用十分钟留下自己的姓名、联系方法，以及讲述清楚自己的寿险服务要求，诸如投保留言、投诉留言、报案留言等。

6.取留言功能

公司指派的操作员利用系统提供的取留言功能，可对系统保存的客户留言，按年、月、日、小时，分成一小时一个时间段，进行听留言处理。同时，系统对每次听留言操作，做如下记录：操作员代码、留言种类、留言时间段、取留言键操作起始时间、取留言操作时长，以便让公司对客户留言的处理工作有据可查，真正做到对客户负责。

（二）软硬件运行环境

1. 自动模块

2. 系统管理模块／留言管理模块

3. 数据库前置模块／本地数据库服务器

4.CTI LINK 软件

5.CTI 平台软件

6. 智能交换平台

资料来源：www.ccw.com.cn。

五、呼叫中心呼叫的内容

（一）呼入内容

呼入服务的应用包括：（1）咨询；（2）投诉；（3）保单状态查询，客户可通过自助服务进行保单及交费查询；（4）挂失登记；（5）报案登记；（6）保单变更；（7）业务员身份确认。

呼入服务是呼叫中心最初的业务应用，伴随着被叫付费业务为公司所广泛采用，呼入服务在接听数量、服务时间及服务方式等方面有着巨大的发展潜力。

（二）呼出内容

呼出服务的主要业务内容包括：

（1）回访。包括新单回访、进入宽限期仍未交纳续期保费的保单回访、失效保单回访、给付业务回访、退保保单回访、投诉处理满意度回访、其他业务回访等。

（2）电话营销。呼叫中心座席员通过电话方式，采用有效的营销及沟通技巧，向目标客户进行产品和服务的推介及促销。

（3）客户满意度调查。通过客户数据库，按照一定的条件筛选出合适的呼出对象，在选定的时段通过合适的方式进行客户满意度调查。

（4）预约服务。呼叫中心座席员联系目标客户预约服务或产品的推介会面时间。

（5）服务升级管理。呼叫中心座席员向目标客户进行生日问候及交费日期提醒等服务，提升公司形象，强化客户关系管理。

➤ **延伸阅读**

95519、95522 服务热线

（一）中国人寿保险股份有限公司 95519 服务热线

中国人寿保险股份有限公司 95519 呼叫中心自 2001 年成立以来，始终秉承"专业、真诚、感动、超越"的服务理念，坚持创新和发展，其使命是员工满意、客户满意，成为公司的"联络中心、服务中心、资讯中心、品管工具、营销工具"。其在满足咨询、查询、投诉、挂失登记、报案登记等一系列一站式服务的基础上，正在成为公司客户资料采集、数据挖掘与分析、绩效管理的基础和源头，成为公司联系客户的桥梁和纽带，为中国人寿打造中国寿险业优质服务旗舰发挥着重要作用。

95519 呼叫中心开通之后，以"真诚服务客户，造就卓越品牌"为目标，凭借良好的品质、优良的管理、领先的技术、高素质的员工队伍和极具凝聚力的文化建设得到了客户和行业内外的广泛认可。

中国人寿 95519 服务热线架构参见图 7-1。

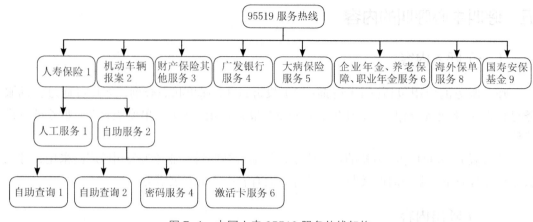

图 7-1　中国人寿 95519 服务热线架构

（二）泰康人寿保险股份有限公司 95522 服务热线

95522 号码隶属于泰康人寿保险股份有限公司运营中心，是泰康新生活广场四位一体服务体系中的重要组成部分，是公司与客户之间的桥梁和纽带，是公司自建的以支持业务发展为目的的服务中心。

1. 泰康人寿 95522 成立背景

为了满足公司业务的发展需要，并为广大客户提供高效、便捷、准确的服务，在公司管委会的高度关注和大力支持下，2004 年 5 月 14 日，泰康人寿保险股份有限公司第一个集中的电话服务中心——95522 服务呼叫中心在北京正式投入运营，为全国 32 家分公司、180 余家中支公司的客户提供高水平的客户服务，业务范围覆盖了个人寿险、银行保险、团体保险和健康险等全业务系列，为客户提供全面的查询、预约投保、投诉和理赔报案等服务，这标志着泰康人寿保险公司的客户服务水平提升到一个新的平台。

正式投入运营的 95522 服务呼叫中心，是在原分布式电话中心的基础上建设的一个具有先进技术和先进管理理念的服务中心。在系统集成和软件开发方面，公司选择了具有世界先进管理经验的 IT 厂商 IBM，使得 95522 服务呼叫中心在复杂的网络管理、系统管理、密集型事务处理、庞大数据库、强大的可伸缩服务器及系统集成等方面形成了强大的优势。

2. 泰康人寿 95522 服务质量

为了保证 95522 服务呼叫中心的服务质量，公司在人员的招聘、培训和培养方面也投入了大量精力，对所有电话服务人员均进行系统科学的业务培训和技能、技巧培训，同时在上岗前进行实战演练，保证每个人员都合格上岗。严格的培训加上严格的考核，有力地保证了 95522 服务呼叫中心的服务质量和服务水平。

95522 服务呼叫中心是公司全新客户服务体系的一部分，是公司联系客户的主要纽带和桥梁，在公司管理委员会的高度关注和支持下，全体呼叫中心服务人员努力工作，为把泰康建设成为服务最好、客户服务满意度最高的寿险公司，在全社会树立起最具亲和力、最受市场青睐的新型保险企业形象而奋斗。

寿康人寿 95522 服务热线架构参见图 7-2。

图 7-2　泰康人寿 95522 服务热线架构

六、呼叫中心服务标准

高效的呼叫中心服务标准是提供高品质客户服务的依据，是客服人员进行实际操作的制度性规范。

1. 提供自助服务

客户可以自助查询或接触到所需信息，自由选择自助服务还是人工服务。很多客户会更倾向选择自助服务。

2. 客户交流个性化

掌握客户类别、过去记录情况或者其他的归类整理的客户信息，使每一次客户服务都是个性化的，让客户感受到服务是为其量身定做的。

3. 服务不"封顶"

无论是何种方式、何种场合、何种时间，呼叫中心都应尽全力为客户提供高质量服务。

4. 努力成为最好

确保每一次服务、每一次客户接触都能取得成功，努力为客户提供最好的服务。

5. 为员工提供足够的支持

呼叫中心应为员工提供合适的工具、高效的流程及足够的信息和知识，使其能为客户提供优质的服务。

6. 持续不断地了解客户

客户服务人员和系统工具能够准确识别每一位客户，利用每一次接触客户的机会及时丰富客户的资料信息。

7. 不断提高自身素质

客服人员素质要求，不仅包括其行业要求的语言能力、表达能力、电脑应用能力等基本素质要求，还包括积极、热情、认真、耐心等个人性格魅力。

8.深化服务理念

加深服务理念，清晰了解公司的业务流程及产品，能站在客户的角度为客户服务，有效地安抚客户；有良好的逻辑思维，表达时能让客户听明白。

➤ 知识链接

克服呼叫中心沟通障碍

在与客户沟通的过程中，由于受个人层面、组织层面和程序层面等方面因素的影响，常常会出现沟通障碍，影响沟通效果。

（一）克服个人层面中的沟通障碍

（1）清楚且连贯。沟通过程中表达要清晰，语言、语音连接要流畅。

（2）可信性。谈话内容应该是公开、明朗化的。

（3）时间控制。谈话时间的长短控制要适当。

（4）信息的目的地。保证发送信息的目的地是正确的，否则接收者是不愿意接收的。

（5）准备及表达方法。谈话前话题内容的准备及采用怎样的表达方式应该详细具体。

（二）克服组织层面中的沟通障碍

（1）自然环境。要从客户的角度出发，减少大环境对发出信息和接收信息的影响。

（2）组织文化。使话题融入客户的文化背景中。

（3）规模与结构。针对不同客户的组织架构和发展规划，应采用不同的方式。

（4）工作及活动的节奏。不同公司工作时间安排和工作节奏不同，应考虑客户的工作时间，以免造成客户的厌烦情绪。

（三）克服程序层面中的沟通障碍

（1）传递途径。应采用简便、易操作的媒介，便于交流和沟通传递。

（2）资料装载。采用客户可以接受的方式传递信息。

（3）反应与响应，即信息发出者和接收者不同的反馈。在发出信息之前，要考虑到客户的反馈意见。

（4）在日常的接触中使用提问技巧。使用适当的提问方式可以更快、更迅速、更完整地接收信息。

（四）克服沟通中存在的障碍时的要点

（1）要设身处地。

（2）做一个好的倾听者。

（3）以不同的说话方式对待不同的人。

（4）提供正确的数据以避免谣言。

（5）对发出的信息要加倍留意。

第二节　回访作业

一、回访定义及回访项目

（一）回访的定义

客户回访，是指公司与客户订立保险合同或客户的后期服务请求完成后，公司对客户进行通知、确认及告知的过程。目的是向客户提示或核实与保险合同有关的重要内容，以保护客户权益、强化服务监督、提高客户满意度。

回访作业

（二）回访项目

1. 新单回访

为了确保承保契约真实性，提高承保质量，减少因投保人的冲动或投保人、被保险人对契约项目不明确而造成的退保、无效契约及保险纠纷，在保单送达后要进行回访。回访内容主要包括条款责任、条款免除责任、交费期间及交费能力、退保须知、投保契约签名、告知事项、客户通信地址及电话等联络信息。

2. 对进入宽限期仍未交纳续期保费的保单进行回访

为提醒客户及时交纳保费，避免保单失效，防范和化解公司经营风险，要对进入宽限期而仍未交纳续期保费的保单进行回访。回访内容主要包括提醒客户及时交纳保费，以免保单失效；了解客户是否已交纳保费、客户交费的途径。

3. 对犹豫期撤单或强制撤单的保单回访

为了解犹豫期撤单或强制撤单的具体原因、加强公司的内部管理、提高内控建设的水平，要对在犹豫期撤单或强制撤单的保单进行回访。回访内容主要包括了解撤单原因、给付金额、撤单日期及公司服务人员的服务态度等。

4. 失效保单回访

为通知客户对暂时失效的保单进行确认，减少客户因保单长期失效而造成的损失，防范和化解公司经营风险，树立公司良好的社会公众形象，要对失效保单进行回访。回访内容主要包括失效日期、失效原因、是否申请复效。

5. 对永久失效的保单进行回访

为通知客户其保单已永久失效及通知保户来公司办理相关退保手续，要对永久失效的保单进行回访。回访内容主要包括失效日期、失效原因，通知客户办理退保手续。

6. 给付业务回访

为了确保退保金、给付金等及时准确地到达客户手中，并对整个给付行为进行监督，要对付费有关的保全、理赔、生存给付等业务行为及过程进行回访。回访内容：生存给付回访内容主要包括给付日期、给付金额、领取人生存调查等；与付费有关的保全业务回访内容主要包括给付金额、给付日期、保全服务态度等；理赔给付业务回访内容主要包括给付日期、给付金额、客户对理赔服务的意见等。

7. 离司业务员保单回访

为了给客户提供长期、不间断的服务，维持保单状态的有效性，要对离司业务员保单进行回访。回访内容主要包括通知业务员变更事项、确认客户手中保险合同的完整性、真实性、准确性。

8. 对转保、退保的保单进行回访

核实客户转保、退保原因，防范和化解公司经营风险，树立公司良好的社会公众形象。回访内容主要包括退保金额、日期，转保险种，了解转保、退保是否经投保人申请，是否存在误导客户的情况。

9. 投诉处理满意度回访

为了在投诉处理完毕后与客户进行沟通，提高公司的社会形象和市场影响，进而提高公司市场占有率而进行回访。回访内容主要包括投诉处理完整性、公正性及客户满意度调查等。

10. 其他业务回访

除以上所列项目以外的回访，如生日回访、配合公司的统一行动而进行的专项回访活动等。

（三）回访流程

1. 回访信息提取

回访内勤人员根据回访要求确认回访范围，提取回访信息。

2. 回访准备

在回访前缮制客户回访信息表。

3. 回访分派

已使用呼叫中心系统的，系统自动分派回访信息；未使用呼叫中心系统的，回访内勤就回访信息进行分派，缮制《客户回访分派表》（见表 7-1）及《客户回访信息表》，回访人员在《回访分派表》上签字确认，并领取相应《客户回访信息表》。

表 7-1　客户回访分派表

编号	险种	保险单号	投保人			回访内容	回访员签名	签领日期
			姓名	住址	联系电话			

回访内勤：　　　　　　　　　分派日期：

4. 进行回访

回访员外拨电话进行回访，登记《客户回访信息表》。

5. 整理回访信息

对《客户回访信息表》进行审核、清分，将回访结果录入电脑；如客户有其他要求或问题的，在呼叫中心系统或呼叫中心支持系统内进行记录。对回访不成功件（如没有联系到回访对象），由回访内勤查找原因，安排重访。

6. 归档

将回访资料、回访内容分类、排序、归档。

二、新单回访

（一）监管对新单回访的要求

回访范围：公司签发的费用补偿型个人医疗保险新单业务和超过一年的人身保险新单业务。

回访对象：投保人本人。

回访比例：进行 100% 回访。

回访时限：犹豫期内（客户签收日次日起 10 天内）。

回访方式：电话回访（个险渠道符合条件可微回访）。

回访话术：符合监管要求，由总公司统一制定。

新单回访

（二）回访问卷内容

回访问卷内容包括开场白、身份验证、主题问卷和结束语四大部分。开场白确认应访人，说明来意并征求是否同意接受回访。接下来是身份验证，核对出生年月日或身份证后四位。第三部分是主题问卷，包括保单送达、确认投保人／被保险人签名、确认交费、保险责任、犹豫期、退保和确认客户联系方式。最后是结束语，有效、礼貌地结束。

（三）新单回访话术

（1）您好，请问您是××先生／女士吗？我是××人寿保险股份有限公司××号客服人员。感谢您购买我们的产品！为了维护您的权益，现在对您做一个简短的电话回访，请问可以吗？

（2）首先需要与您核对一下信息，请问您身份证上的生日是19××年（读出××年）的×月×日／您的身份证号后四位是××××吗？（二选一）

（3）您近期从××银行（或××兼业代理机构或电话方式或我公司营销员）购买了×份保险，请问您收到保单（保险合同）了吗？如果是客户自助购买保险产品，则表述为您近期从××行购买了×份保险，请问您是否了解电子保单下载相关事宜？

（4）请问投保时投保单／《电子投保确认单》上是您和被保险人（或被保险人××的监护人）自己签名的吗？

（5）您投保的××险种是××年交费／一次性交清，每年／每月交费是××元，保险期间是××年，请问对吗？万能险：您投保的××险种是××年交费／一次性交清，每年／每月交费是××元，保险期间是××年（如为多份保单同时核对：您投保这×份保险共交费××元），请问对吗？

（6）请问您在投保前已经阅读并了解了产品说明书和投保提示的内容了吗？

（7）请问关于保险责任、责任免除、理赔及费用补偿规定，您都了解吗？

（8）（分红险专用）您投保的分红型保险，宣传材料上的利益演示是基于公司精算假设，保单每年分配的红利是不确定的，主要取决于公司实际经营状况。请问您知道吗？

（9）（万能险专用）您投保的万能型保险，超过最低保证利率的收益不确定，主要取决于公司实际经营状况，上个月的万能险结算利率是年利率X%，每月结算，每月公布，您可以登录公司网站进行查询。请问您知道吗？

（10）从您签收保单次日起有10天／15天的犹豫期，您可以进一步了解和考虑这份保单是否适合您，犹豫期内解除合同会退还所交保费，超过犹豫期退保可能会有损失，您是否了解呢？

（11）（万能险专用）您是否了解该保险产品所有的费用扣除项目、扣除的比例或金额？

新增"双录"环节回访内容：

（12）请问投保时您是否接受了录音录像？

（13）请问录音录像中的陈述是否是您真实意思的表示？

根据监管要求：自2017年11月1日起对于以下三种情况调整了新单回访问卷：一是通过保险兼业代理机构销售保险期间超过一年的人身保险产品；二是公司销售的投资连结保险产品；三是投保人年龄为60周岁（含）以上购买的保险期间超过一年的人身保险产品。上述三种情况，回访问卷中增加了"双录"环节的有关问题。

（14）请问您的通信地址是××，联系电话是××吗？（回访时拨打的电话号码与保单中的号码一致则无需核对），如果未留手机，则说为了方便联系到您，请问您能补充手机号码吗？

（15）感谢您的配合，有任何需求可拨打××××热线电话。祝您及家人身体健康！再见！

（四）新单回访注意事项

为避免因新单回访中产生的客户不配合回访、客户联系信息不准确、未同时核销回执等问题而造成回访不成功，从而影响佣金发放，建议提前宣导培训以下注意事项。

（1）提醒销售人员务必指引客户准确填写手机号码，并切实做好客户回访提示，对于个险渠道60周岁以下符合微回访条件的客户，可引导采用自主回访方式。

（2）同一客户多份保单，需同步核销，才能确保一次回访，呼叫中心于核销回执次日开始首访。

（3）依法合规销售，有效规避监管风险。避免产生合同未送达、代签名、不清楚保险权益、销售误导、雷同号码、微回访业务员代操作等回访问题件。

最后注意：对于投保人电话错误的，必须先到柜面变更后再在外呼系统里追加新号码，否则无法回访。

第三节　电话营销

一、保险电话营销

（一）保险电话营销的定义

保险电话营销

保险电话营销顾名思义就是用电话的形式，向客户介绍保险产品，使客户足不出户就可以了解保险产品，咨询与保险有关的事宜，最后达到购买的目的。作为销售保险的新形式，保险电话营销正以其高效率、低成本的优势，被越来越多的保险公司所采用。

➤ **延伸阅读**

电话营销在国内外的发展

进入21世纪以来，信息技术和电子商务的兴起，对保险行业的发展产生了重大影响，保险行业正在经历一场新的"营销革命"，使保险业的营销渠道结构发生了显著的变化。以电销和网销为代表的新型直销业务得到了快速发展，占比不断上升，以代理和经纪为代表的中介业务占比则出现了明显的下降。英国通过代理人购买保险的比例从1998年的54%下降到2008年的35%，而通过电话和网络直销渠道购买保险的比例已上升到32%。在美国，电销和网销的保费收入已占总保费收入的30%左右。在韩国，车险电销和网销保费占整个车险市场的份额从2001年的0.36%上升到了2009年的22%，在主要城市，个人车险直销渠道覆盖率大约为30%。2008年以来，受国际金融危机的影响，美国、日本等保险业发达国家脱保率大幅上升，整体保费规模出现了下降，但以经营新型直销业务为主的保险公司却逆市而行，增长势头强劲，呈现出勃勃生机。这场营销革命正在向我国保险业传递，近几年来的传递步伐明显加快。

在我国，寿险电话销售仍然处在初级阶段，寿险行业电销渠道发展大致经历了三个阶段：第一阶段是市场萌芽期（2003年—2005年），主要特点是个别外资公司开始利用电销渠道进行差异化竞争。第二阶段为市场建设期（2006年—2007年），主要特点是电销市场进入整体发展的阶段，从外资公司的个别行为演化为行业性行为，渠道建设初成体系。第三阶段为快速发展期（2008年至今），主要特点是电销渠道开始进入大发展的阶段。

（二）保险电话营销的优势

1.电话营销覆盖面广，投保流程简易

电话营销覆盖面广，服务人群可迅速触及社会各阶层，销售范围可延伸至各地，不仅打破了地域的限制，也打破了机构的限制，销售与管理一体化，大大降低了经营成本。根据国内外经验，电销中心一般在两年左右即可实现收支平衡。投保客户操作简单，既减少了传统营销模式填写投保单等环节，也减少了部分客户因不会使用网络而无法上网购买保险的顾虑。客户只需通过电话在线提供相应资料，即可完成投保流程。

2. 电话营销产品成本低廉

因为电话营销的对象是客户本身，所以在手续费上实行的是"零费用"，与目前盛行的"高额手续费买单"形成鲜明对比。节省下来的费用，一部分可以直接让利给客户，另一部分则转化为公司利润，实现公司核心价值，增强竞争力。

3. 电话营销渠道可控，效率可控

电销渠道完全由公司自建，不会像银保等渠道在管控上完全受制于人。电销人员的用工方式主要以签订劳动合同为主，提供一定的底薪，可以招聘到高素质的人才，有利于提高产能。

4. 有利于中小公司快速发展成长

中小公司发展的一个主要障碍就是机构发展存在一定问题。电话营销不需要大规模铺设机构，在偏远地区不设机构也可使市民快速获得保障。其集中化管理也有利于公司从粗放型经营向集中化经营转变。

5. 对于政府监管机构而言，电话营销过程可以做到全程监控

有录音记录，语言基本统一，能有效防范误导行为，有利于监管机构对保险公司的监管，规范保险市场。

（三）保险电话营销面临的问题

1. 消费者对电话营销方式认可度不高

保险电话营销方式对国内的消费者而言还是比较新的概念。虽然经过几年的发展及电话的普及，已有部分人可以接受电话营销这种方式，但绝大部分人对此销售形式还存在一定的顾虑。这源于两个方面，一方面，很多人认为电话营销打扰了个人生活；另一方面，也有部分人认为电话营销这种方式侵犯了个人的隐私权，不安全。

2. 客户资料的来源问题

电话营销某种程度上可称为数据营销，它依赖于数据的真实性和完整性。目前关于客户资料的问题主要有两个：一是如何建立长期、稳定的提供客户资料的渠道。另一个是对客户资料的有效判断，即根据客户资料的特征去了解客户的需求和承受度，进而细分客户的问题。

3. 电销产品设计和定位的困扰

电话营销在我国刚刚起步，人们的保险意识和对保险产品的认识都是非常有限的，仅仅通过电话让客户理解保险、理解产品并达成购买的协议存在一定的困难；同时保险电话营销的产品单一性也不能满足所有的客户需求，尽管各家保险公司都推出了意外险、重疾险、养老险等主要营销产品，但从实际社会需求出发，这还是不够的，公司还需要从产品定位、价格、市场空间、知名度、美誉度、认知度、后续服务等方面综合考虑，设计出符合市场需求的新产品。

4. 保险电话营销人才缺乏

保险电话营销作为在国内近几年才兴起的渠道，管理人才及销售人才的储备十分有限。同时对保险电销人员在表达能力、心理素质、学习能力及知识结构方面均有较高的要求，电销人才的甄选、培训及管理都对保险公司提出了较大的挑战。

5. 存在一定的道德和法律风险

传统的销售模式常常通过多层核保来控制道德风险，有的险种甚至要求客户通过体检、契约调查等方式完成核保工作。而电话营销一般是通过全国统一的呼叫中心异地投保核保，这无疑增加了核保难度，从而增加了道德风险的发生。在电话销售过程中，保险公司的电话录音作为证明保险合同成立的证据，存在证据不足的法律风险，而保险公司销售人员未尽到明确说明的职责，对需要注意的内容简略带过，更会导致合同部分失效。

（四）保险电话营销面临问题的对策

1. 制定完善的电销人员管理模式

制定完善的电销人员的管理模式，建立一支讲诚信、守纪律、负责任的高素质电销团队，通过服务营销方式提升电话销售市场认同。近几年，队伍粗放式发展，人员大增大减，留存率低，队伍不稳定，由此给行业生态带来了一定的影响。通过建立良好的市场环境、人才环境、金融环境、监管环境，共同促进电话营销健康发展。

2. 客户数据的来源和选择

（1）建立统一的内部数据库采集平台。

当前电销的数据库主要是从外部采集信息建立的，缺乏法律依据，采集过程中存在风险，成本高，效率低。鉴于现状，公司应整合内部各类资源，深度开发公司内部各条销售渠道存储的客户资源，主要是个险渠道、团险渠道、银保渠道、财险及满期给付、理赔等各类资源。对于以上各类数据资源的采集，应由总部建立一个统一的采集平台，经过过滤、分类后，再分发至各个区域电销中心，这不仅能够提高效率、节约成本，更为重要的是，公司资源形成一个有效的"产业链"，优势互补，资源共享，有利于公司整体竞争能力的提升。

（2）通过开展活动收集有效客户资料。

通过微信公众号、广告等宣传方式或通过开展客户服务等活动来搜集客户资料，在活动中留下客户名单的这种获得客户名单的方式的优点在于信息简单易得，成本低，数据质量好。

（3）强强联手。

资源互动应不失为获取客户资源的有效途径。招商信诺保险公司与招商银行的有效合作，则将强强联合发展到极致。与大型企业资源相互开发，是值得研究的发展方向。

3. 开发电话营销特色产品

产品开发的目的是为了销售，也就是通过合适的渠道，将合适的产品，卖给合适的客户。鉴于此，开发电销产品应该考虑两个因素，一是电销渠道的作业环境，电销的环境不同于传统渠道的面对面销售，是仅靠一个电话线连接在一个虚无空间里，即使客户的接受程度非常高，但是限于时间要求，很难确保客户有足够的耐心，这就要求电销产品必须简单易懂，能够在较短的时间内让客户听懂直至接受，这是电销产品必须考虑的首要因素。二是电销产品的目标客户群特征，也就是要以客户需求为导向，将适合电销客户的产品卖给电销客户。从近几年国内电销行业的发展来看，购买电销产品的客户年龄80%都集中在25~45岁，普遍具有学历高、收入高的特征，这些客户接受新事物快、投资意识强、保险意识高、倾向于便捷的电子购物，是当前社会的主要消费群体。考虑以上两个因素，在开发电销产品时，应以既有稳健收益又有保障的分红型保险为主，捆绑销售一些简单的意外险、健康险等。

4. 培养高素质的电话营销人才

要从招聘和培训两方面把关才能建立起一支专业性强、沟通能力强、自信得体的电话营销团队。一方面，在招聘过程中，公司把电话销售人员的招聘条件提高到大专及以上学历，并根据招聘人员的需求来严格筛选应聘者。另一方面，由于电话销售还不能让很多人接受，销售人员被拒绝率很高，因此还应对销售人员进行心理疏导、心理测试等，以维护团队的士气，打造一支专业的优秀的电话营销队伍。

5. 多渠道完善道德风险监控，增强法律意识

严格数据保密制度，签订电销人员保密协议，对电话营销全过程进行电话录音，送单时客户在投保单或有"客户声明"的回执单上签字确认，设立保单犹豫期，制定完善的规章制度有效规避风险，提高对客户的风险监控，可通过对客户资源的细分，如年龄段、工作单位等，进行判断筛选，尽量做到投保前对客户风险要有了解和监控。

6. 完善专业规范的营销话术

营销话术的优劣直接影响到电话销售的成功率，必须要对已设计好的话术进行模拟测试，并且在运用过程中不断改进，这样才可以更好地帮助销售人员开展业务。另外，一套完整规范的营销话术必须包括投保人必须了解的信息，如犹豫期、保险责任、免责条款、注意事项等，并且要求销售人员如实告知这些事项，这样才能有效防止误导，减少日后的赔偿纠纷。

（五）保险电话营销的目标群体与产品类型

赛迪呼叫在对北京地区的2500名电话保险消费者进行调查之后，公布了一份《北京地区保险电话营销策略咨询报告》。报告显示：金融、IT、教育科研等行业的从业者对保险电话营销的接受程度明显高于其他行业人员；险种的选择上，呈现随收入升高，储蓄型健康保障险投入逐渐下降、分红险逐渐上升的趋势；25~45岁的消费者更容易接受保险电话营销；男性在保险电话营销的消费者中的占比达到了65%；女性消费者除了在儿童险的购买比例中超过男性外，在健康保障、分红等险种的购买比例上都低于男性。

通过以上数据，大致可以勾勒出目前保险公司电话营销的目标群体特征：主要是从事金融、IT、教育科研等职业，年龄在25~45岁之间的男性消费者；产品方面，女性消费者主要倾向于购买儿童险，男性消费者则注重健康保障、分红等险种；分红险与家庭收入存

在正相关关系，即随着家庭收入的升高，分红险也呈现出上升的趋势。

此外，研究结果还表明，电话营销的产品还应该具备标准化和通俗化的特点，以降低消费者的认知难度，节约销售时间。同时，保险产品要兼顾保障和储蓄的功能。

（六）保险电话营销流程

1. 电话销售前的准备

准备工作包括：（1）客户信息的准备，要尽可能多地了解客户信息，并根据信息做出提前判断。（2）准备好记录本，以备在电话销售过程中记录有用信息。（3）将电脑算单系统调整至最佳页面，防备客户要求当时计算保费。（4）心理上要做好准备，以应对客户可能给你的任何一种尴尬，做到不亢不卑，维护公司形象。

2. 电话销售过程

这一过程一般会很短，除非客户有要求，一般情况下，控制在3~5分钟为最佳。通话目的应该明确：（1）通过电话实行直接出单。（2）通过电话交谈发现潜在消费需求，比如有意购买，但现在正使用其他公司产品的客户。（3）通过电话交谈，实现"电话约访"，约定时间对客户进行面对面销售。在这短短的几分钟内，让陌生人接受电话另一端的你，应该说是难度很大，这就对电话营销人员提出了很高的要求。"台上几分钟，台下十年功"正是电话营销人员的真实写照。

3. 信息的归档和完善

在每个电话结束后，都要在专门的记录本上记录电话交谈情况，可以用星级来划分客户类别，并对各种情况注释分析结果；所有信息要按类别归档，可以有多种归档方式，如以时间划分，以优劣划分，混合划分等。如有交谈中发现的新信息，要及时补充到原有信息中，使信息更完善。

4. 总结得失

每天都要对当天电话交谈情况做回顾总结，总结话术得失，积累成功经验，探讨疑难问题的答案，等等。

5. 循环至第一步骤，准备第二天的电话信息

● 特别提示

电话营销的注意事项：

1. 电话销售人员业务水平的熟练程度要高，语言表达能力、语速、话术等要进行必要的培训，做到"问不倒，问不垮"。

2. 心态一定要平和，要懂得调整。每个成功的电话销售背后都有无数个不成功的电话，只有不断总结、坚持不懈，才能成功。电话销售，遭遇拒绝非常多，有些甚至很没有礼貌，所以导致电话销售人员有强烈的挫折感，使他不愿意继续打电话，毫无疑问，这是正常的心理反应。强调心理调整，就是要把这种挫折感的影响最小化。

3.选择合适的电话销售时间。这个小细节很重要，避开对方的休息时间是非常必要的，不然只能起到反面的效果。一般情况下，大多数公司会在周一上午开会，因此，避开这个时间也非常必要。

4.重要的第一声。电话营销客户最先接触的是你的声音，因此，若电话一接通，就能听到你亲切、优美的招呼声，心里比较容易接受，双方对话也能顺利展开，且对公司也会有较好的印象。因此要记住，通电话时应有"我代表单位形象"的意识。

5.要有愉悦的心情。打电话时我们要保持良好的心情，这样即使对方看不见你，也能在轻松的语调中被你感染，对你留下较好的印象，由于面部表情会影响声音的变化，所以即使在电话中，也要抱着"对方正看着我"的心态去应对。

6.要做详尽的记录。记录对于电话营销来说非常重要，记录客户详尽的要求和补充客户更为详尽的资料，能为将来进一步开展工作打下扎实的基础。

7.挂电话前的礼貌。要结束电话交谈时，应有明确的结束语，说一声"谢谢""再见"，待客户挂断电话后，方可结束通话。

➤ **小链接**

保险电话销售的开场白

1.随机打电话的开场白：

"您好，请问是138********的机主吗？这里是XX保险公司贵宾理财中心，我姓林，工号XX。为庆祝公司新产品发布，我们随机挑选了5000位优质客户，来参加我们公司推出的XX理财计划……"（接着做产品推销）

2.知道姓名的开场白：

"您好，早上好/晚上好，请问是某先生/小姐吗？我是XX保险公司贵宾理财中心的员工，是您的客户专员，专门为您做理财服务的……"（推销产品）

这两个开场白非常流畅，如果加上甜美的声音，客户一定会继续听你讲的。

（七）保险电话营销人员的必备素质

1.良好的态度和作风

（1）永远保持积极乐观的态度。

积极乐观的态度对所有人来说，都是非常重要的，它也是对保险电话销售人员的最基本要求，因为积极的心态会形成积极的行为。积极意味着无论什么时候，都应向着对销售有利的、能推动销售进展的方向思考问题，它是走向成功之路的重要保障。

（2）自信。

自信是掌握保险电话销售最重要的工具，它包括两方面的内容：一是对自己的自信；二是对所销售的产品的自信。如果销售人员对自己没有自信，对是否能够做好工作没有自信，那其他人凭什么相信我们呢？如果对所要销售的产品没有自信，那怎么能够期望客户接纳我们，进而接纳我们推荐的产品呢？

（3）设立目标。

不论是学习还是工作，都必须设定目标。目标就是成功的地图，它将引导我们走向成功。对于从事保险电话销售的人员来说，设定一定的目标是非常重要的，目标可以按天、周、月来设定，它既是对自己工作的督促，又可以增加工作的信心。

（4）正确认识自己的工作。

在电话销售人员当中，普遍抱有"我在打扰客户"的心理和急于求成的心态，这都是销售人员的大忌。保险实现的是对人身、财产方面的保障，这些都是与客户切身利益相关的。销售人员是通过电话这种便捷、方便的方式，向客户提供服务，使客户发生意外之后的损失降低，所以应该树立"我在为客户服务"的心态，而不是所谓的打扰客户。

2. 电话销售的基本技能

（1）认真倾听。

向客户推荐保险产品时，客户都会讲出自己的想法，在他们决定是否购买时，我们通常能从他们的话语中得到暗示，所以说，倾听水平的高低能决定销售人员成交的比例；另外，认真倾听客户所说的话，有目的地抛出引导性问题，可以发掘客户的真正需要；认真的倾听与滔滔不绝的讲述相比，前者给客户的印象更好。

（2）充分的准备工作。

积极主动与充分的准备，是挖掘客户、达到成功的最佳动力。抛开对所售产品内容的准备不说，作为保险电话销售人员，在给客户打电话前必须做好准备工作，包括对所联系客户情况的了解、自我介绍、该说的话、该问的问题、客户可能会问到的问题等，另外还有对突发性事件的应对。因为电话销售人员是利用电话与客户进行交谈的，它不同于面对面式的交谈，如果当时正遇到客户心情不好，他们可能不会顾及面子，把怒火全部发泄在电话销售人员的身上，这就要求电话销售人员在每次给客户打电话之前，对可能预想到的事件做好心理准备和应急方案。

（3）正确认识失败。

保险电话营销中的客户拒绝率是很高的，成功率只有5%～10%。所以，对保险电话销售人员来说，客户的拒绝属于正常现象，也就是说，销售人员要经常面对失败。这些失败不都是销售人员个人的原因所致，它是人们对大环境——国内诚信度、小环境——保险行业内的问题等的综合性反映。作为保险电话销售人员，应该正确认识这种失败，同时站在客户的角度看待他们的拒绝，这些都会增加对失败的心理承受力。

（4）分析事实的能力。

按照历史数据的统计，在90%～95%的失败案例中，有大约一半是客户在电话中一表示出拒绝，销售代表就会主动放弃。如何尽可能地挖掘这部分客户的购买潜力，使一次看似不可能达成任何交易的谈话变成一个切实的销售业绩，对保险电话销售人员来说，提高对事实的分析能力是非常关键的。

保险电话销售人员在向客户推荐产品时，遭到的拒绝理由多种多样，比如没有需要、没有钱、已经买过、不信任、不急迫、没有兴趣等，但是客户说的不一定都是实话，他们往往不会在一开始就告诉销售人员拒绝的真正理由，销售人员应该认识到，客户的拒绝并不代表他对所推荐的产品不感兴趣，而是因为有很多其他因素左右着客户的决定。例如对你所代表的公司的信任程度、服务情况、与竞争对手相比的优势等等，这时需要电话销售人员有一定的敏锐度，具备对事实的分析能力，从客户的言谈中分析出客户是否存在需求和购买能力，从而利用一些技巧，说服客户购买产品。

（5）了解所销售产品的内容和特点。

一般来说，通过电话销售的保险产品，大都是低参与度的标准化产品，比如意外/保障型保险、健康医疗保险、车险等，多数情况下，客户一听到名字就已经对产品有大致的了解了。但涉及产品的具体内容，还需要电话销售人员给予详细介绍，尤其是突出对所推荐产品特点的介绍，目的是吸引客户购买。当然这些介绍必须是以事实为依据，既不能夸大客户购买后能够享有的好处，又不能通过打击同行业的其他产品而突出自己的产品，否则很可能会弄巧成拙，反而得不到客户的信任。

（6）具备不断学习的能力。

俗话说"活到老，学到老"，所有行业的所有人都要加强学习。作为保险电话销售人员，不断加强学习更是非常重要的。学习的对象和内容包括三个方面：第一，从书本上学习。主要是一些理论知识，比如如何进行电话销售、销售技巧等。第二，在实践中学习。单位组织的培训、讨论等，都是大家学习的机会。另外，同事之间也要利用各种机会相互学习。第三，从客户处学习。客户是我们很好的老师，客户的需求就是产品的卖点，同时销售人员也可能从客户处了解同行业的其他产品。保险电话销售人员要珍惜每一次与客户交流的机会，尽可能获取更多的信息，补充更多的知识。

（7）随时关注和收集有关信息。

由于保险是与大家生活息息相关的，作为此行业的从业人员，在平时应多注意与保险相关的事件，尤其是保险电话销售人员。在与客户进行交流的时候，一些负面消息的报道，会使客户产生对此行业的坏印象，这也是客户质疑最多的地方或者是客户拒绝的重要理由。这要求保险电话销售人员既要了解和分析这些负面新闻，同时也要收集正面的消息和有利的案例，必要时用事实说服客户，打消客户的疑虑，从而达成购买意愿。

（8）及时总结的能力。

因为保险电话销售结果的失败属于正常现象，相反，成功销售的概率相对较少。电话销售人员要对每一次的成功案例进行及时总结，找出成功销售的原因，分析成功是偶然现象，还是由于销售人员的销售技巧、话语、真诚度等方面打动了客户，从而保证在以后的销售中提高成功的概率。

随着保险行业的发展，国民对保险的认知度和保险的普及率越来越高，注重产品竞争的时代已经过去，保险业正面临着从产品竞争向管理和服务竞争的转变。以客户为中心、以需求为导向的服务理念已经成为大家的共识。保险行业经过多年的经营和大量客户基础数据的积累，为实施电话销售业务的开展创造了必要的条件，尤其是通过呼叫中心，对应个人开展的保险电话营销更因其广泛的应用性、高度的可扩展性、灵活的 CRM 连接特征和完善的服务而备受保险行业的青睐。要进行保险电话销售，其人员的素质是否满足要求是非常重要的，从某种程度来说，它决定着保险电话销售的成败。

语音语调

二、语音语调

（一）了解声音对电话销售的重要性

研究表明：面对面交流身体语言占55%，声音占38%，用语占7%。电话交流声音占85%，用语占15%。当人们看不到你时，你的语音、语调变化和表达能力占你说话可信度的85%。作为从事电话沟通的工作人员，每天会接触数以百计的客户，其专业优质的语音无疑是成功沟通的基础。

相信每个人都深有同感，一个甜美的嗓音能够给你留下深刻的印象。外呼工作最基本的就是沟通，它的行业特殊性决定了交流并非是面对面的，信息只能通过声音、语气传达。

当然，音质音色很大程度上取决于先天条件，但这并不能抹杀后天训练的重要性，通过科学的方法，完全可以塑造更加专业的声音。

（二）掌握运用语音语调进行营销的方法

1. 声音的特征

（1）声音会暴露我们所有的情绪。

语音语调有的时候会暴露出我们所有的情绪。有的时候我们脱口而出的一个字，包括一声尖叫、一声大笑都会把情绪暴露无遗。精神分析师说，人跟自己声音的关系实际上是一种想象的关系，这中间也有他对自己自身形象的一种期待，因为通过声音这种沟通工具表达出来的是人内心深处的状态，比如说常见的情景：当你工作的时候，你的声调就会很专业，声音可能会绷得很紧；但当你下班的时候，你的声音就会慢下来，显得很轻松；面试的时候声音会变得颤抖；生气的时候会变得很尖锐。

（2）声音具有画面感。

声音的影响力远远大于我们的想象，它是具备画面感的。在平时的交往当中，肢体语言占55%，声音占据38%，而大家平时留意的语言的措辞仅占7%。心理学家研究表明：我们的耳朵对旋律（指语音语调的变化）很敏感，声音的音乐性决定了声音画面感，和谐的声音会让我们觉得有信任感、安全感；喇叭一样的声音会让我们有压迫感，还有可能会勾起我们的伤心事。所以画面感也是声音的一种特性。

2. 语音语调的练习方法

（1）保持积极乐观的心态。

声音跟情绪是息息相关的，一个乐观自信的心态，是能通过声音表现出来的。

（2）对声音的练习抱有持之以恒的心态。

声音练习的持续性。相对销售技巧的练习，大多数人会忽视对声音的练习，声音练习就像学唱歌一样，不是靠一两天有意识地调整就能够改变过来的，而是需要不断地持续练习。如果一个电话销售人员讲话有口音，则会给客户一种不信任感，这对他的销售是非常不利的。

3. 构成声音的要素及在销售过程中的重要性

构成声音的要素包括语音、音量、语调、语速和语气。语音上要发音标准，吐字清楚。音量上不能太轻，也不能太响，以客户感知度为准。语调上要有轻重缓急、抑扬顿挫，通过语调能够突出想要表达的重点内容。语速上要比客户稍快，以客户听懂为主。语气上要不卑不亢，热情、肯定、微笑。

声音会影响客户对产品的认知、客户对销售的信任度、客户的情绪、客户理解度和客户的信心。

4. 如何把声音营销做得更好

如果你很热情，就会降低客户拒绝你的概率，所以要微笑。如果你口齿不清，就会降低客户的信息接收度，所以要表达清晰。如果你好胜心强，急于和客户辩论，赢了辩论却会输了好感，所以要站在客户的角度去表达。如果你对自己的产品或者公司有顾虑，你的语气肯定程度就会有所下降，所以要自信。没有什么比真诚和自信的声音更有影响力了，没有什么拒绝会在愉悦的沟通氛围中出现，所以要释放你的热情。

语音、语调、语气上要做到始终保持微笑；模仿和自己相近销售风格的录音中的语音语调并练习；不断模拟公司产品销售，给自己增加自信。

音量、语速上要注意考虑客户的接受度；听自己的销售录音，找到不足，进行练习修改；不要因为遇到拒绝或者未知的事情或者客户成交而改变自己的音量语速。

练习语音语调的时候，不要小看任何微小的调整，它的难度不亚于学唱一首新歌，你要花很长时间持续地去练习，才能把你的声音调整过来。对于电销这份工作来讲，我们需要时刻注意自己说话的语音语调，它代表了你的基本职业素养，所以声音练习跟销售技巧一样，也是电话销售的基本功之一。

三、赞美技巧

赞美是人与人之间最美的语言，赞美可以营造良好的沟通氛围；可以拉近关系，打破尴尬；可以增加亲和力，赢得客户信任。我们要充分地了解赞美的重要性，敢于及善于赞美。

赞美技巧

（一）赞美的重要性

没有不喜欢被赞美的人，只有不会赞美别人的人。

受到赞美是人们心理上的需要，人们有被尊重、被欣赏、被鼓励、被肯定的心理需求。

赞美的注意事项：真实诚恳的态度，翔实具体的内容，要贯穿始终。

（二）赞美常用技巧

1. 具体化赞美

在赞美客户时，要有意识地说出一些具体而明确的事情，而不是空泛、含糊地赞美。

好的赞美总是具体的赞美，具体的赞美才有说服力和影响力。要知道，当你夸一个人"真棒""真漂亮"时，他内心深处立刻会有一种心理期待，想听听下文，以求证实："我棒在哪里？""我漂亮在哪里？"此时，如果没有具体化的表述，是多么令人失望啊！

电话销售的过程中，我们一定要找出客户具体的闪光点，然后给予评价，比如声音好听、性格随和、条理清晰、考虑全面……

2. 接过话题、顺势赞美

交谈过程中，如果对方谈到自己的得意之事，那就是渴望与你分享他的喜悦。这也可以看成他准备接受你赞美之辞的信号，此时，你要接过话题顺势赞美一番，以满足对方的心理想法。

3. 先抑后扬式赞美

与人交往的过程中，应该多赞美别人，不能轻易否定对方。然而，有一种形式的否定，对方是能够接受的，那就是先抑后扬式——否定过去，肯定现在。

例如：开始我觉得你这人有些清高，时间长了，我发现你其实是一个挺随和的人，我喜欢你这样的人——真实。

（三）发现赞美的点

硬件：外在的具体的——姓名、性别、年龄、声音、通话环境等。

软件：内在的抽象的——理财、风险意识、谈吐、品格、学历、爱心、兴趣爱好等。

附件：间接的关联的——职业、家庭、车子、房子、亲朋好友、籍贯、住址、工作单位等。

1. 年龄

小孩：赞美可爱、机灵、活泼、懂礼貌……

年轻人：赞美知识丰富、有上进心、聪明……

中年人：赞美有风度、有内涵、有品位、有爱心……

老年人：赞美身体好、精神好、健康……

2. 职业

公务员：铁饭碗、工作稳定、待遇好，真是让人羡慕。

教师：非常羡慕您，每年都有寒暑假，而且桃李满天下，受人尊敬，老师是人类灵魂的工程师。

医生：人吃五谷杂粮没有不生病的，任何时代都需要您这个行业，救死扶伤，受人尊敬。

行政：工作稳定，压力也不会太大，风吹不着雨打不到，真是羡慕您。

业务员：社交能力强，收入高，一般的企业家都是从做业务开始的。

IT：高薪职业啊，现在整个社会都朝着科技化发展，无论哪个行业都需要 IT 人才。

3.性别及其他

男性：赞美成熟、稳重、能干、事业有成、风度翩翩、有责任心等。

女性：赞美气质、有品位、身材好、家庭幸福美满、工作成就等。

夫妻一起：赞美双方感情好、和睦、民主等。

母子、母女等两辈人一起：赞美老人有爱心、慈祥，儿子、女儿有孝心等。

4.赞美的原则

赞美要发自内心。能引起对方好感的只能是那些基于事实、发自内心的赞美。相反，那些不切实际、夸张且虚情假意的赞美，不仅会引起客户的反感，更会让客户觉得你油嘴滑舌、狡诈虚伪、毫无诚信。

（四）赞美话术应用

1.建议话术——能力

（1）您懂得真多，特别喜欢和您这样的客户沟通，既能开阔视野，又能学到不少东西。

（2）一看您对保险就非常了解，直接问到点子上了，和您沟通特别轻松。

（3）您在公司肯定是管理者吧，思路特别清晰。

（4）您这么年轻就开始自己创业了，真羡慕，这就是常说的已经赢在起跑线了。

（5）您说的这家公司我听说过，入职要求非常高，您在那儿上班，一定非常有能力。

2.建议话术——声音

（1）您声音真好听，非常有亲和力，您朋友肯定都特别喜欢和您说话。

（2）您普通话太标准了，一开始我以为您是专业的主持人。

（3）林志玲您知道吗？您的声音和她的特别像，真好听。

（4）您声音非常稳重雄厚，能感觉得出来，您一定非常有责任心。

➤ **思考与练习**

（1）请同学们通过电话或者上网查询，获取保险公司呼叫中心的服务内容和主要流程。

（2）请同学们设计新单回访信息表及对进入宽限期仍未交纳续期保费的保单回访信息表。

（3）角色演练：和你的同学一起演练一个汽车保险的电话销售场景，一个扮演客户，一个扮演电话销售人员，从中体会电话销售中的注意事项。